曾經風雅

——文化名人的背影

張昌華 著

自序
文化名人的背影

白雲蒼狗。

轉瞬之間，一個甲子的時光，從我的指縫中悄悄地溜走了。甲申歲末，歸隱田園。回眸此生，前半輩子當教書匠，為人做蠟；後半輩子做編輯匠，為人作嫁。但絕不後悔，尤其是後半生的編輯生涯，使我有幸結識了中國現當代一批文學前賢：大陸的冰心、巴金、蕭乾、季羨林；臺灣的蘇雪林、林海音、余光中；海外的顧毓琇、夏志清、聶華苓等等。聆聽前輩們的教誨，如沐春風，他們的道德、情操和學問，如春雨潤物，教我做人，示我作文，令我沒齒不忘。

歲月不居。

不知始於何時，每年秋風乍起，文壇書林的枝頭便有落葉凋零，不勝感慨——每每總想把與前賢們的過從記錄下來，奈何忙於紉工，無暇自顧。自告離編席，時間裕富，勞作起來，最初寫點紀念文字，旨在自怡留痕，多侷於曾受教澤的文學前賢。在查閱相關背景資料時，發現他們縱橫的人際關係盤根錯節，有許多鮮知的令我感興趣的人和事，且五彩奪目，萌生把他們寫成一個系列的想法，遂將寫作對象的範圍擴延到民初，試圖

勾勒民國文化人的群像和風采，斷斷續續寫了四十篇，形成刻下的規模，輯成《曾經風雅》和《故紙風雪》。這兩本書同根同心，似一棵樹上的兩片葉子，地道的姊妹篇，分開來看，各自成章；比照著讀，相映成趣。

這兩部書稿寫了四十六位名人（含六對伉儷），以文壇為主，少量的兼及政治、教育、科技和藝術領域。名流雅集，百彩紛呈。除周有光、季羨林等八位先賢仍在「風雅」外，餘皆作古矣。儘管「風流總被風吹雨打去」，往事的「朱顏」已褪，然當年的「雕欄玉砌應猶在」！他們猶如一片片碎了的青瓷，沉睡在歷史的枯井中。瓷已碎，詩仍在。我著意鉤沉並重新拼接，嘗試著還原他們在歷史底稿上的本色；即若不達，權作歷史的注腳存檔，似可資研究者參考。

書稿以齒德為序。

有提倡男人拖辮子、納妾，女人纏足的「怪傑」辜鴻銘；敢向洋人叫板、創造「弱國也有外交」神話的顧維鈞；疾聲「蔣介石一介武夫，其奈我何」的狂人劉文典；殘目臏足、傲骨慈眉的大學者陳寅恪；北大的「終身校長」蔣夢麟；「五四」宣言擬草人羅家倫；向宋子文、孔祥熙開炮的傅斯年；人見人愛、見人愛人的風流才子徐志摩；以及世界「核子物理女皇」吳健雄……且看他們哪一位不風采卓然？哪一位沒有曾經風雅的歷史或故紙風雪的滄桑？

「風雅」集內的人物，都是生於斯、長於斯的大陸人士。「風雪」集內的則是「民國人物」，含1949年前作古者、流徙赴台者以及萍飄海外者。總歸一句話，他們都是中國現當代思想史、科學史、文化史、文學史上不可或缺者，當今年輕一代不可忘卻的前輩！

　　必須説明的是，這兩部書所列人物有相當一部分與筆者有或深或淺的交往，因此行文中介紹、描摹他們時，糅雜著我對他們的直觀印象，摻和著傳主本人或至親摯友提供的軼趣，諸如梁漱溟、邵洵美、王映霞、錢鍾書等，頗有點「獨家新聞」的特色，兼有點亦史亦文亦故事、宜讀宜賞宜收藏的味道。

　　這兩部書的出版，得益於天時地利人和。在寫作過程中得到部分傳主本人或親屬的大力支持，包括已經仙逝的袁家騮先生。所採用的圖片，除署名者外，部分為傳主家屬、親友提供，諸如劉文典、梁漱溟、凌叔華、邵洵美、顧毓琇、夏志清等，一併在書末鳴謝；部分則從歷年各種版本書稿、雜誌中擷取，後者的版權理應得到尊重應予署名，奈何我無法與它們的版權繼承人取得聯繫，特將原圖片的出處附在書末，以表對圖片版權的擁有者、原著作者，以及原出版者的感謝。

　　蒙蔡登山先生的厚愛以及邵建教授的惠助，本書得以在臺灣秀威出版社出版，筆者當銘諸五內。

張昌華　2008年6月1日　於南京

目錄

還有一個劉文典

（一）人稱之謂「二雲居士」

　　江山代有人才出。

　　上世紀二、三十年代，那年月那些名士大都狂狷得很：或思維奇特言談駭世，或豪氣干雲狂傲不羈，或形跡放浪屑於流俗。其代表人物當數傅斯年，世說他是唯一一個敢在老蔣面前蹺著二郎腿說話的文人，因而得渾名「傅大炮」，炮口居然敢瞄著皇親國戚宋子文、孔祥熙之流。葉公超也算一個。他從政蟄居台島後，坐在「外長」的椅子上，也不把老蔣放在眼中。他最煩老蔣的文山會海，尤反感對與會者還要查崗（簽到）。一次在聽老蔣報告時，憤憤地對同事說：「囉囉嗦嗦，又浪費我半天時間。」還用英語補了一句：「他敢拿槍槍斃我！」在討論外蒙加入聯合國的問題上，兩人發生爭執，公然罵蔣：「他懂什麼外交，連問題都搞不清楚！」

劉文典

傅、葉都夠「牛」的。其實,在他們那班人中還有一個劉文典,更「牛」——他敢在老蔣面前「以牙還牙」,面對面地幹。

劉文典當年也是不同凡響的人物,精通英、德、日、意語,學貫中西,尤精國學。當過孫中山的秘書,師從章太炎學《説文》,與魯迅為章氏同門弟子,與陳獨秀亦師亦友,胡適、陳寅恪曾為他的書稿作序捧場,跟蔣介石幹過仗,與毛澤東握過手⋯⋯

未識其人,先觀其貌。且看他的舊雨、同事和門牆對劉文典的描述。

叔雅人甚有趣,面目黧黑,蓋昔日曾嗜鴉片,又性喜肉食。及後北大遷移昆明,人稱之謂「二雲居士」,蓋言雲腿與雲土皆名物,適投其所好也。好吸紙煙,常口銜一支,雖在說話也粘著嘴邊,不識其何以能如此,唯進教堂以前始棄之。性滑稽,善談笑,唯語不擇

言。（周作人，《北大感舊錄‧劉叔雅》）

有一年，余適與同車，其人有版本癖，在車中常手夾一書閱覽，其書必屬好版本。而又一手持捲煙，煙屑隨吸隨長，車行搖動，手中煙屑能不墜。（錢穆，《師友雜憶》）

三十年代初，他在清華大學任國文系主任，在北京大學兼課，講六朝文，聽過一年。……他偏於消瘦，面黑，一點沒有出頭露角的神氣。上課坐著，講書，眼很少睜大，總像是沉思，自言自語。（張中行，《負暄瑣話》）

他的長衫特別長，掃地而行。像辛亥革命以前中國婦女所穿的裙子一樣，不准看到腳，走路不能踩到裙邊，只得輕輕慢移蓮步。他偶爾也穿皮鞋，既破且髒，從不擦油。（文中子，〈劉文典：「半個教授」〉）

他的清華老門生描寫得更精彩：

記得那日國文班快要上課的時候，喜洋洋坐在三院七號教室裏，滿心想親近這位渴慕多年的學術界名流的風采。可是鈴聲響後，走進來的卻是一位憔悴得可怕的人物。看啊！四角式的平頭罩上寸把長的黑髮，消瘦的臉孔安著一對沒有精神的眼睛，兩顴高聳，雙頰深入；長頸高矗如望平空之孤鶴；

肌膚黃瘦兮似辟穀之老衲；中等的身材羸瘠得雖尚不至於骨子在身裏邊打架，但背上兩塊高聳著的肩骨卻大有接觸的可能。狀貌如此，聲音呢？天啊！不聽時尤可，一聽時真叫我連打了幾個冷噤。既尖銳兮又無力，初如饑鼠兮終類寒猿……（〈教授印象記‧劉文典〉，《清華暑期週刊‧1935.7》）

劉文典在上課

劉文典（1889-1958），字叔雅，原名文聰，筆名天明等。安徽合肥人，祖籍懷寧。他1906年入安徽公學讀書，師從陳獨秀、劉師培，並受賞識。在思想上、治學上深受薰陶和影響。1907年劉文典入同盟會，1909年東渡日本，就讀於早稻田大學，同時隨章太炎學《說文》，聽章士釗演講，愛國主義思想日趨成熟。辛亥革命成功後，劉文典回國，在上海同于右任、邵力子等辦《民立報》，用劉天明筆名發表一系列宣傳民主、反袁的文章。1913年袁

世凱派人暗殺宋教仁、范鴻仙時，他們兩人身亡。劉文典同時被刺，手臂中彈，倖存。孫中山的「第二次革命」失敗，流亡日本。劉文典也於是年再渡扶桑，參加了孫中山的中華革命黨，並任孫中山的秘書，積極從事反袁活動。袁世凱倒臺後，軍閥混戰，辛亥革命成果被葬送。劉文典感到苦悶、彷徨和失望，毅然遠離政治，立志從事學術研究。1916年從日本回國後，由陳獨秀介紹到北京大學任教，時年二十七歲，遂開始他的著書立說蒪蒪生涯，直至終老。有人評說，他是與辜鴻銘齊名的北大怪人。

（二）疾惡真推欄正平

功成恥受賞，高節卓不群。

中國知識份子歷有注重氣節操守的傳統，不畏強暴，不媚世俗。劉文典在安徽大學學潮中的表現即為一例。

1928年劉文典出任安徽大學校長（學校設在省府安慶）。是年11月23日，安徽學界引發了一場頗具規模的學潮。時恰「虎而冠者」的蔣介石途經蕪湖抵安慶，見之，十分惱怒。認為安徽學風不正，學潮囂張是共產黨活動猖獗的反映，決心嚴懲。29號日午蔣介石傳令劉文典。此前，劉文典聞訊曾揚言：

> 我劉叔雅非販夫走卒，即是高官也不應對我呼之而來，揮之而去。我師承章太炎、劉師培、陳獨秀，早年參加同盟會，曾任孫中山秘書，聲討過袁世凱，革命有功。蔣介石一介武夫耳，其奈我何！

劉文典自視甚高，蔣介石挾北伐之功，更盛氣凌人。兩人一見面便脣槍舌劍交鋒起來。關於當時場景描述有七、八個版本之多，實錄者、演義者混雜。筆者擇其三例較為平實、可信的版本列於後：

　　因有怨氣，見蔣時，戴禮帽著長衫，昂首闊步，跟隨侍從飄然直達蔣介石辦公室。見蔣介石面帶怒容，既不起座，也不讓坐，衝口即問：「你是劉文典嗎？」這對劉文典正如火上澆油。他也衝口而出：「字叔雅，文典只是父母長輩叫的，不是隨便哪個人叫的。」這更激怒了蔣介石，一拍桌子，並怒吼：「無恥文人！你慫恿共黨分子鬧事，該當何罪？」劉文典也應聲反駁蔣介石的不實之詞，並大聲呼喊：「寧以義死！不苟幸生！」躬身向蔣碰去，早被侍衛擋住。蔣介石又吼：「瘋子！瘋子！押下去！」（劉兆吉，《新文學史料》，2002年第4期）

　　蔣卻一再追逼劉文典交出肇事學生，劉文典「出言頂撞」，蔣介石大為震怒：「……爾事前不能制止，事後縱任學生胡作非為，是安徽教育界之大恥，我此來為安徽洗恥，不得不從嚴法辦，先自爾始。」劉文典毫不屈服，怒斥蔣介石為「新軍閥」，蔣隨即嚴令隨從陳立夫將劉文典送交公安局關押。（張正元、楊忠廣，《安徽師大學報》，1988年第2期）

見面時劉稱蔣為「先生」而不稱「主席」，引起蔣的不滿。蔣要劉交出在學生風潮中鬧事的共產黨員名單，並懲罰罷課學生。劉當面頂了回去，說：「我不知道誰是共產黨。你是總司令，就應該帶好你的兵。我是大學校長，學校的事由我來管。」說到激烈處，兩人互相拍桌大罵，一個罵「你是學閥」，一個罵「你是新軍閥」。蔣介石惱羞成怒，當場打了劉文典兩記耳光，並給他定了個「治學不嚴」的罪名，把他送進了監獄。（葉新，《近代學人軼事》）

劉文典終於被押進大牢。蔣介石還揚言「解散安大」。

消息傳出後，安大師生立即組成「護校代表團」，與安慶的多所中學學生四百餘人，聚集在省府前向蔣請願，要求釋放劉文典，收回關押、開除學生的成命。同時，安大教職員代表和皖省各界社會賢達，聯名致電教育部長蔣夢麟和中國公學校長胡適。劉文典夫人張秋華又去南京晉見蔡元培。所幸，蔡、蔣、胡分別致電蔣介石，歷數劉文典為人治學及任《民立報》主筆時宣傳革命功績，恕其一時語言唐突，並「力保其無他」。一說陳立夫也從中斡旋。在強大的社會輿論重壓之下，蔣介石最後放了人，但附前提，迫令劉文典「即日離皖」。

當時學界盛傳劉文典的一句名言：「大學不是衙門。」那是劉文典對當局迫害進步青年的憤慨。劉在安大曾以一種特別的方式保護了一些進步的青年學生。預科學生王某，江西瑞金人。某日國民黨安徽省黨部通知劉文典說王某是共產黨員，須嚴加監視。因說是「證

據確鑿」，劉文典命令校警警長丁某到王宿舍，的確搜出了「秘密文件」。劉文典立即叫傳達室王裕祥，送王某上輪船離校。是日夜，便衣特務來校搜捕，撲空。學校向當局推諉，最後不了了之。（楊起田，《安慶文史資料》總第七輯）

劉文典離開安大後，於次年初拜訪他的老師章太炎（炳麟），述及安大事件始末。章太炎聽罷，十分欣賞劉文典的氣節，抱病揮毫書了一副對聯贈之。聯曰：

養生未羨嵇中散，
疾惡真推禰正平。

贈聯巧妙地借用漢末狂士禰衡擊鼓罵曹的典故，揭露了蔣的獨裁專橫，頌揚了劉的不畏強暴、嫉惡如仇的氣節。三年後魯迅先生以佩韋為筆名，作〈知難行難〉（《十字街頭》第1期，1931年12月11日）。文曰：

安徽大學校長劉文典教授，因為不稱「主席」而關了好多天，好容易才交保出外。

魯迅在評述劉文典的同時，並幽了胡適一默：

老同鄉，舊同事，博士當然是知道的，所以「我稱他主席！」

無獨有偶，香港的高伯雨説得更為精彩：

> 為什麼會時時想到劉文典先生呢？我就是欣賞他有狂態。
> 當1929年前後蔣介石不可一世的時候，劉先生一如他的老師
> 章太炎那樣藐視袁世凱[註1]，對著蔣面前敢「哼」他，是真名
> 士，非胡適之、朱家驊等人所及。（高伯雨，《香港信報‧聽雨
> 樓隨筆》）

劉文典的氣節不止於如此。

劉文典在「國民代表打國民」的那天晚上給胡適的信中説：

> 典這兩天眼看人類十分墮落，心裏萬分難受，悲憤極了，
> 坐在家裏發呆，簡直揀不出一句話來罵那班「總」字號和
> 「議」字號的禽獸。（《劉文典全集》卷四，頁802）

不過後來他禁不住還是嬉笑怒罵了一番解氣：

> 想起這些人來，也著實覺得可憐，不想來怎麼的罵他們，這
> 總之還要怪我們自己，假如我們有力量收買了他們，卻還要
> 那麼胡鬧，那麼這實在應該重辦，捉了來打屁股。可是我們
> 現在既然沒有錢給他們，那麼這也就只好由得他們自己去賣
> 身罷了！（周作人，《北大感舊錄‧劉叔雅》）

1931年粵系軍閥陳濟棠（反蔣派）知道劉文典反蔣，曾多次函請劉赴粵共事，並匯來重金相聘。劉決然婉謝，將鉅款退回。歎曰：

> 正當日寇侵華，山河破碎，國難深重之時，理應團結抗日，怎能置大敵當前而不顧，搞什麼軍閥混戰？皮之不存，毛將焉附？（《安徽師大學報》，1988年第2期，哲學社會科學版）一說劉到了福建，又退回了禮金返回。

「九一八」事變後，東三省淪陷，舉國上下同仇敵愾抗日。北平愛國青年學生為敦促國民黨政府抗日，臥軌請願。劉文典積極支援當時在輔仁大學讀書的長子劉成章參加。劉成章因體質差臥軌時受風寒，請願歸來後患病死去。這更激發了劉文典對日本人的仇恨。1937年北平淪陷後，劉文典未能及時南下，日本人通過周作人等多次勸誘，請他出山教學、任偽職。劉斷然拒絕。此舉激怒了日人，兩次搜查他的北平北池子騎河樓蒙福祿館三號寓所。他面對日人搜查，橫眉冷對。他本善日語，但他以「發夷聲為恥」，在日寇面前不講一句日語獻媚。他常以「國家民族是大節，馬虎不得，讀書人要愛惜自己的羽毛」告誡自己（諸偉奇，《劉文典傳略》）。後在友人的幫助下，隻身輾轉到昆明西南聯大。劉文典見到於他後到西南聯大的吳曉玲教授，便問起周作人的景況。吳說周以「家中還有老小」為託詞未出來時，劉文典氣憤地說：

連我這個吸鴉片的「二雲居士」都來了，他讀過不少的書，怎麼那樣不愛惜羽毛呀！
（吳曉玲，〈憶劉叔雅先生數事〉）

劉文典在西南聯大

劉師培是他的業師，他十分敬佩劉的學問。因劉後來投靠袁世凱，在思想上消極保守，便很少往來，言談中鮮少提及他。

劉文典的四弟劉管廷本與他同居一寓，劉管廷後來在華北冀東一個日偽政府謀到一個差事後，劉文典十分氣憤，先以有病為由「不與管廷同餐」，又說：「新貴往來雜踏不利於著書」，逐其遷居。

全國解放前夕，胡適打算把劉文典弄到美國，已聯繫好學校，並為他一家三口辦好了簽證，買好了機票。在這人生十字路口，劉文典拒絕了：

我是中國人，我為什麼要離開我的祖國？（張文勳，《劉文典全集》卷四，頁943）

劉文典與陳獨秀的友情深厚。他們是同鄉、同事、亦師亦友的多重關係。

　　1918年有個叫易乙玄的寫了一篇詰難陳獨秀的文字〈答陳獨秀先生「有鬼論質疑」〉，劉文典馬上援手，做了一篇〈難易乙玄君〉反詰。他與陳同站在辯證唯物論的同一營壘中。五四期間，1919年6月11日，陳獨秀被捕。劉文典參加學界簽名活動，積極營救，還動員安徽旅京同鄉會各界知名人士（包括省長）致電致函營救。更為可貴的是陳獨秀出獄後，「陳先生雖然出了獄，但隨時還有再次被捕的危險，他不得不在劉文典先生家中隱藏下來。」（羅章龍，《紅樓感舊錄》）須知劉文典那時冒著殺頭危險的。

　　劉文典喜歡創作詩詞。他的愛國情懷，在詩詞中有強烈反映。諸如贈秋華夫人〈有感〉：

> 故國飄零事已非，江山蕭瑟意多違。
> 鄉關烽火音書斷，秘閣雲煙典籍微。
> 豈有文章千載事，更無消息幾時歸。
> 蘭成久抱離群恨，獨立蒼茫看落暉。

　　金無足赤，人無完人。

　　劉文典恃才傲物，驕傲自大。特別是在清華的十年（1927-1937），在學術上取得成就後，隨著地位的改變，有點「一覽眾人小」的傾向，加之客觀上的一些原因影響了他在學術上的長足發展。

在昆明的歲月艱苦異常，物價飛漲、貨幣貶值，教授越教越瘦。那時李鴻章之孫李廣平在昆，和劉文典是同鄉，兩人有點瓜葛之親，性情又相投。劉文典有時「難以為炊」，就書「刷鍋以待」四字差人送去。李廣平立即「雪中送炭」，幫他解困。

劉文典在夜讀

人是複雜的。在艱難竭蹶之中，劉文典的思想終於消沉了。

1943年他應普洱（磨黑）大豪紳、鹽商張孟希之邀，為其母撰墓誌。張孟希贈雲土五十兩。抗戰勝利後，雲南省政府主席盧漢的秘書朱麗東，透過李廣平找劉文典替蔣介石六十歲生辰寫賀表，他竟寫了。（張文勳，《劉文典全集》卷四，頁942）

劉文典的普洱之行，遭到聯大同事的非議，最後為聯大解聘[註2]。

必須補充說明一點的是：他的普洱之行還有「久無人知的秘密」，「連劉文典本人蒙在鼓裏的內幕。而這件事，在客觀上幫助了當時的中共地下黨員和進步青年」[註3]。

（三）只吃鮮桃一口

安大事件後，劉文典應蔡元培電邀，又回到北京大學任教。1929年，由羅家倫介紹，劉文典到清華大學任國文系主任，同時在北大兼課。1938年到西南聯大，1943年因磨黑之行被解聘，被雲南大學續聘。他在三尺講臺上躬耕終老。

劉文典開的課很多，在北大時達十門之多。主要有《文選學》、《校勘學》、《先秦諸子研究》和《莊子研究》等。他授課有特色，既注重疑難字句的考訂，又不囿於繁瑣的訓詁；善旁徵博引，信而有徵。他授課的方式獨特，不喜照本宣科，往往結合自己的學術研究心得，以啟發式循循誘導，例如對學生不得要領的亂用參考書，他諧諧地說：

> 去神廟燒香拜佛，燭光閃閃，煙霧嫋嫋，神佛真容常常模模糊糊、影影綽綽，只有撥開雲霧，才能看清廬山真面目。

文史大家游國恩、王力、張中行和任繼愈等都曾沐浴過他的教澤。張中行在〈劉叔雅〉中津津有味地說：

> 一次是講木玄虛〈海賦〉，多從聲音的性質和作用方面發揮，當時覺得確是看得深，談得透。又一次，是泛論不同的韻的不同情調，說五微韻的情調是惆悵，舉例，閉著眼睛吟誦「風壓輕雲貼水飛，乍晴池館燕爭泥。沈郎憔悴不勝

衣。」唸完，停一會，像是仍在回味。……對他的見解，同學是尊重的。

劉文典當年在西南聯大，上課前，先由校役帶一壺茶，外帶一根兩尺來長的竹製旱煙袋。講到得意處，他就一邊吸旱煙，一邊解說文章中的精義，下課鈴響也不理會。有一次他是下午的課，結束了上一講的內容。同學們以為他要開講新課。這時他忽然宣佈今天提前下課，改在下星期三晚飯後七時半繼續上課。

原來，下個星期三是陰曆五月十五日，他在皓月下講〈月賦〉。風雅極了。

當他解說〈海賦〉時，不但形容大海的驚濤駭浪，洶湧如山，而且叫我們特別注意到講義上的文字。留神一看，果然滿篇文字多半都是水旁的字，叔雅師說姑不論文章好壞，光是看這一篇許多水旁的字，就可令人感到波濤澎湃、翰海無涯，宛如置身海上一般。（宋廷琛，〈憶劉文典師二三事〉，《傳記文學》第44卷第4期）

每逢講授詩歌，劉文典常常搖頭晃腦、淺吟低唱，每到激越處便慷慨悲歌。他不僅自己吟誦，還要求學生模仿。有的同學不遵命，他雖不悅，但不苛責，只是打比方點撥：

詩不吟，怎知其味？欣賞梅先生（蘭芳）的戲，如果只是看看

聽聽而不出聲吟唱，怎麼能體會其韻味呢？（傅來蘇，〈是真名士自風流〉）

大名士吳宓對劉文典也很敬重，常把自己的詩作請他潤飾；也喜歡聽他的課，劉文典也不介意，講課時喜歡閉目，講到自以為獨到之處，頓時抬頭向坐在後排的吳宓張望，然後問：「雨僧（吳宓）兄以為如何？」每當這時，吳宓照例起來，恭恭敬敬一面點頭一面說：「高見甚是，高見甚是。」惹得同學們不免竊笑。

其實，吳宓跟劉文典的關係也很微妙。

吳宓在西南聯大開過《紅樓夢》講座，自以為紅學家的劉文典對吳的觀點不予苟同，就唱「對臺戲」。聽者眾，講座由小教室遷到室外小廣場，秉燭講授。劉文典著長衫登臺，一女生為他斟茶。劉文典忽然有板有眼地念出開場白：

只──吃──仙──桃──一口，不──吃──爛──杏──滿──筐！仙桃只要一口就行了啊……我講《紅樓夢》嘛，凡是別人說過的，我都不講；凡是我講的，別人都沒有說過！今天給你們講四字就夠！

接著在身旁小黑板上寫了「蓼汀花漵」四個大字，然後大抒己見。

在西南聯大，劉文典家住市郊官渡，離學校較遠。日本飛機常來轟炸，但他從不缺課。他說：「國難當頭，寧可被飛機炸死，也不能缺課。」

　　解放後，他年事漸高。雲南大學為了讓他集中精力進行學術研究，一度不排他的課。他堅持要上課，聲色俱厲地説：「教授怎能不教書？不教書就是失職！」

　　劉文典不僅課上得有特色，著述也宏富，除校勘古籍外，還有大量譯著。

　　他剛到北大當教授時，年僅二十七歲。當時的文科辦公室被稱為「卯字號」，其中有兩隻老兔子：己卯年生的陳獨秀、朱希祖，另有三隻小兔子：辛卯年生的胡適、劉半農和劉文典。北大，人才濟濟，漪歟盛哉。他深感自己學殖淺薄，自忖要想在北大立足，沒有著述支撐不行。他發憤，在學術上選定古籍校勘為目標，重點放在秦漢諸子上。歷數年青燈黃卷，1923年商務印書館出版了他的《淮南鴻烈集解》，胡適作序，推崇説：「叔雅治此書，最精嚴有法。」那時胡適已倡導白話文，為了對這部書的尊重，他破例用了文言。該書出版後，受到學術界的好評，劉文典的學術地位也大大提高。他發憤不止，1939年又出版了《莊子補正》，不肯輕易譽人的陳寅恪作序贊曰：「先生之作，可為天下之慎也。」「此書之刊佈，蓋將一匡當世之學風，而示人以準則。豈僅供治《莊子》者之所必讀而已哉？」

　　「一字之微，徵及萬卷」是劉文典的治學格言。校勘古籍不僅字字講究來歷，連校對也一絲不苟，從不假他人之手。他在致胡適的信中，大歎校對的苦經：

　　　　弟目睹劉頤，莊逵吉輩被王念孫父子罵得太苦，心裏十分恐懼，生怕脱去一字，後人說我是妄刪；多出一字，後人說我

是妄增；錯了一字，後人說我是妄改，不說手民弄錯而說我
之不學，所以非自校不能放心，將來身後虛名，全繫於今日
之校對也。（書信輯存，《劉文典全集》卷四，頁795）

他所徵引的材料，特別強調「查證原文」，以免以訛傳訛、災
梨禍棗。他的一位老學生李埏，在上世紀四十年代曾向他借閱過一本
唐三藏取經的書，發現書的天頭地腳及兩側空白處，佈滿了先生的批
註。注文除中文外，還用日文、梵文、波斯文和英文。

其知識之淵博，治學之嚴謹，令人歎為觀止。（傅來蘇，〈劉
文典先生教學瑣憶〉）

（四）替莊子跑警報

恃才傲物者，古今有之。近代名士中，劉文典當屬一個。

他的特點就是比以「怪」聞名的劉師培還要怪上三分，所以
時人以「才高」、「狂傲」來評價他。
在北大教授中，劉文典尤以「狂傲」與辜鴻銘齊名。（文中
子，《劉文典全集》卷四，頁986）

劉文典並不否認。他曾反省自己：「以己之長，輕人之短，學術上驕
傲自大，是我的最大毛病。」不過，他又說：「但並不是在任何人面
前都驕傲自大。」陳寅恪、胡適當不在此列。他對業師劉師培也有微

詞，認為他「著述徵引的材料，有時只憑記憶」而失誤。

　　且先看幾節他的自述、與弟子談話時對他人的評論的片段：

　　前人校釋是書，多憑空臆斷，好逞新奇，或者所得，亦茫昧
　　無據。（張德光，《莊子補正》跋）

　　這兩位詩人（元遺山、吳梅村）的詩，尤其是吳梅村詩，老實
　　說，比我高不了幾分。（王彥銘，〈劉文典先生的一堂課〉）

　　弟近來所發見的，在老大哥面前，說句狂話，實在比石臞、
　　伯申賢喬梓的東西壞不了許多，要比起曲園來，竟可說「好
　　些」呢！（致胡適信，《劉文典全集》卷一，頁807）

　　別人不識的字，我識，別人不懂的篇章，我懂。你們不論來
　　問什麼問題，我都會予以解答。（郭鑫銓，〈初識劉文典先生〉）

　　據傳上世紀三十年代末，在西南聯大上課時，他偶提起跟章太炎
學《說文》一事時，順便說了一句「魯迅也參加學習」。同時一舉手
伸出小拇指，沒有褒貶之詞。解放後有人揭發他反對魯迅，儘管劉辯
稱：「那是尊敬他的表示。」伸小拇指喻人是褒是貶，已無從考證。
本意如何，唯劉文典自知。

　　關於他的癲言狂語在坊間流傳甚廣，現擇幾則有代表性的附於後：

1. 兩個半莊子

劉文典的《莊子補正》共十卷，1939年出版，陳寅恪作序給予較高評價，使劉的身價倍增。獲「莊子專家」美譽。每上《莊子》課時，開頭第一句總自負地說：「《莊子》嘛，我是不懂的嘍，也沒有人懂！」言下之意，他如不懂，別人就更不懂了。曾有人問他古今治莊子者的得失，他口出狂言：

> 在中國真正懂得《莊子》的，只有兩個人。一個是莊周，還有一個就是劉文典。

學界流傳的另一個版本是「有兩個半人懂《莊子》。」除莊周、劉文典外，還有「半個」，那「半個」，一說是指日本某學者；一說指馮友蘭或馬敘倫，因他倆都曾從哲學的角度講授過老莊。

2. 替莊子跑警報

在昆明時，某日跑日機空襲警報。師生們爭先恐後之際，沈從文恰巧與劉文典擦肩而過。他對同行的學生說：

> 陳寅恪跑警報是為了保存國粹，我劉某人跑是為了莊子，你們跑是為了未來，沈從文替誰跑啊？

3. 太上教授

劉文典看不起文學創作，他認為「文學創作能力不能代替真正的學問」。一次有人問他可知道名噪一時的巴金，他喃喃自語：「我

沒聽說過他,我沒聽說過他。」昔日在西南聯大他也不把朱自清這些「才子」出身的教授放在眼裏。當西南聯大要提沈從文為教授時,劉文典憤憤不平:

> 陳寅恪才是真正的教授,他該拿四百元錢,我該拿四十塊錢,朱自清該拿四塊錢。可我不給沈從文四角錢!

又說:

> 沈從文是我的學生,他要是教授,我豈不要做太上教授了嗎?

4. 吹牛的本錢

西南聯大青年教師陶光,是劉文典的得意門生。因教務繁忙,陶久沒去拜見老師。某日,陶撥冗專門拜訪。一見面,劉文典就劈頭蓋臉地把他臭罵一頓,說他是「懶蟲」、「沒出息」、「把老師的話當耳邊風」。陶光被罵得莫名其妙,忍無可忍正要反擊時,劉文典一拍桌子,更加大聲地說:我就靠你成名成家,作為吹牛的本錢,你不理解我的苦心,你忍心叫我絕望嗎?」口氣由硬變軟。劉文典以幽默的語言道出蓄意已久的心聲,陶光聽到老師是想把自己當作「吹牛的本錢」後很受感動,幾乎破涕為笑。師生的情誼更深了。後來劉文典特地請陶光為自己的著作題簽。

5. 好生之德

西南聯大時學生李埏向他借過一本《唐三藏法師傳》,發現書中

夾著一張老師用毛筆畫的老鼠，好奇地問他。劉文典大笑不已，說在鄉下點香油燈看書，燈芯上的油滴在燈盤上。一天深夜，他在燈下看書時，見老鼠爬到燈盤上，視若無睹地吃盤子上的油。他想打死牠。轉念一想，老鼠是在討生活，我讀書也是為討生活，何必相殘呢？隨手用毛筆為它寫生，將該畫夾在書中。李埏感慨：「先生真有好生之德！」

6. 觀世音菩薩

他在課堂上往往會發驚人之語。一次，學生向他討教，如何寫好文章。他信口說：

> 須注意觀世音菩薩就行了。

學生不解。他說：

> 「觀」，是要多觀察；「世」，是要懂得世故；「音」，是要講究音韻；「菩薩」，即是要有救苦救難，為廣大老百姓服務的菩薩心腸。

7. 擦皮鞋者

1957年3月，他在北京開全國政協會，給次子劉平章寫了一封覆信。稱呼為：「kolya」，落款為「擦皮鞋者」。開會期間，他在書店見《蘇聯畫報》上有一幅名為《擦皮鞋者》的幽默漫畫。畫面是嚴冬，一個滿額皺紋、衣著襤褸的老頭蹲在地上為兒子「kolya」擦皮

鞋。諷刺溺愛子女的社會現象。劉文典正好接到在成都讀大學的兒子來討生活費的信，聯想自己溺愛兒子有加，不免自責。他沒有擺出「老子」的架子，用此隱晦幽默方式教育兒子。信中不提寄錢的事，反說在京費用大，錢已用完，要兒子匯點來解除經濟危機。兒子平章讀後，既感溫馨又受教育。

（五）我再生了

雲南解放後，劉文典一直在雲南大學執教。在思想改造中，他比較順利的過了關。承認自己缺點很多，但無罪行。他把鴉片也徹底戒掉了。他多次宣稱：

> 出於反動統治的舊社會，走投無路，逼我抽上了鴉片，解放後，在共產黨領導下，社會主義國家蒸蒸日上，心情舒暢，活不夠的好日子，誰願吸毒自殺呢！今日之我，已非昨日之我，我再生了！（劉兆吉，《新文學史料》，2002年第4期）

當時李廣田任雲南大學校長，對他十分尊重。言必稱其為「老師」、「劉老」。每每開會，都請他先作發言。因劉文典有傑出的表現，受到了黨和政府的優厚的禮遇。評定職稱時，他是雲南省唯一一名一級教授（文科），並被推選為全國政協第一屆、第二屆委員，在懷仁堂受到毛澤東等黨和國家領導人的親切接見並交談。他在政協大會上發言：

我很僥倖的、很光榮的趕上了這個偉大時代，更高興的是以一個九三學社的成員來做一個共產黨的助手。我願意獻出我的餘生，獻出我的全力，為國家社會主義化而奮鬥！（〈在全國政協第二屆委員會第三次全體會議上的發言〉，《劉文典全集》卷四，頁780）

劉文典1958年7月15日病逝於昆明。他畢生從事高等教育和學術研究，在中國文化遺產的積累和人才的培養方面做出值得稱道的貢獻。

為紀念劉文典先生誕生一百一十周年，安徽大學、雲南大學聯手整理出版了近千萬字的四卷本《劉文典全集》。（安徽大學出版社、雲南大學出版社合作出版）

【注釋】

註1：當年章太炎反對袁世凱稱帝，被袁軟禁，逼他求饒。但章寧死不屈，用七尺宣紙篆書「速死」兩個大字貼在壁間，以示決心。竟託人買墳地，自題五字碑文，以死相抗。直至袁世凱病死，章太炎才得以生還。

註2：1943年5月西南聯大各校按慣例給教師發聘書。但清華大學沒有與時為系主任的聞一多聯繫，逕直把聘書寄給劉文典。聞一多本對劉文典的普洱之行不滿，對學校不打招呼就發聘書也很惱火。聞給劉寫信，聲稱發了聘書也要收回。信中不無譏誚：「昆明物價漲數十倍，切不可再回學

校，試為磨黑鹽井人可也。」發此信前，聞一多曾找到時為聯大文學院長（亦清華文學院長）的馮友蘭，建議對劉停薪，並考慮解聘。馮友蘭亦認為劉文典此行不足稱道，難為人師表。馮尊重聞的意見同意解聘劉文典。曾是劉的學生，此時為劉的同事的王力，為其說項。「我們幾個同事去見聞先生，替那位老教授（指劉）講情，我們說這位老教授於北平淪陷後隨校南遷，還是愛國的。聞先生發怒說：『難道不當漢奸就可以擅離職守，不負教學責任嗎？』他終於把那位教授解聘了。」（聞黎明，〈聯大舊事：劉文典被清華解聘始末〉）

劉文典對被解聘一事感到突然、不解，並有所認識。對此舉始料不及。於7月25日給清華校長梅貽琦寫信。信云：「典雖不學無術，平日自視甚高，覺負有文化上重大責任，無論如何吃苦，如何貼錢，均視為應盡之責，以此艱難困苦時，絕不退縮，絕不逃避，絕不灰心，除非學校不要典盡責，則另是一回事耳。今賣文所得，幸有微資，足敷數年之用，正擬以全副精神教課，並擬久住城中，以便隨時指導學生，不知他人又將何說。典自身則仍是為學術盡力，不畏犧牲之舊宗旨也，自五月以來，典所聞傳言甚多，均未深信。今接此怪信，始敢脛以奉詢究竟。」（聞黎明，〈聯大舊事：劉文典被清華解聘始末〉）

梅貽琦宕至9月10日作覆，信云：「尊處暫未致聘，是非得已。想承鑒諒。」顯然，梅貽琦對劉文典的普洱之行，是有看法的。儘管他愛才如命，但對這種目無校紀的出軌行為，他不得不揮淚斬馬謖以戒眾。

註3：1941年皖南事變後，中共雲南工委根據南方局避免無謂犧牲，保存革命力量的指示，將昆明大中學裏比較暴露的黨員和進步骨幹轉移到各縣。僅聯大就移出一百多人，其中西南聯大地下黨領導的「群社」成員吳顯鉞、董大成等到普洱中學任教，當校長。該校董事長就是張孟希，他附庸風雅，想找名教授為其母撰墓誌銘，聯大同學覺得此事有利於他們隱蔽，便派人回昆明找到劉文典。「劉文典的到來，在客觀上起到掩護聯大疏散同學的作用。」當年與劉文典同行磨黑者蕭荻有專文〈關於劉叔雅先生磨黑之行〉述此。（詳見1989年8月31日《春城晚報》）

陳寅恪：唯大英雄能本色

（一）「教授的教授」，名門之後

在科學、教育、文學、藝術門類裏，被冠為「泰斗」、「大師」、「宗師」者不勝數矣。姑且不論這一頂桂冠戴在受者頭上合適與否，總覺不新鮮；然被譽為「教授的教授」的卻只有一人：陳寅恪。

陳寅恪（1890-1969）是上世紀二十年代清華國學研究院所聘四導師（梁啟超、王國維、陳寅恪和趙元任）之一。他的學問大、名望高，掌握漢語以外的語種達十六種之多（一說為十三種），在對學生講「佛經翻譯學」時，能用十幾種語言來比較、研究，讓學生在比較中明白孰優孰劣，優在何處，劣在何方。他的拿手絕活是對歷史的研究，「在史中求史實」。

繼承宋賢史學大師，以求真實供鑒戒之史學思想與長編考異之法，治魏晉南北朝史、隋唐史、明清史等。

陳寅恪1902年十三歲，隨兄陳衡恪（師曾）留學日本，後赴美在哈佛學習梵文、巴利文，1921年又赴德在柏林大學研究院研究梵文和其他東方古文字學。旨趣在「以求知識為職志」。留學計達十多年卻無意追求博士學位。1925年，吳宓擬請陳寅恪為研究院教授。清華校長曹雲祥問梁啟超：「他是哪一國的博士？」梁答：「他不是博士，也不是碩士。」曹雲祥又問「他都有些什麼著作？」梁答：「也沒有什麼著作。」曹聽罷搖頭表示為難。梁啟超有點生氣地說：

> 我梁某人也沒有博士學位，著作麼，算是等身了。但總共還不如陳寅恪先生寥寥數百字有價值……

梁啟超列舉了柏林大學、巴黎大學名教授對陳寅恪的推譽之詞後，曹雲祥同意了。

1926年陳寅恪執教於清華國學研究院。他上課喜歡用布包裝著相關書籍資料，一進課堂便將布包攤在講壇上。異趣所在是他備有一黃一黑兩隻布包，凡上佛經文學、禪宗文學必用黃布兜，講授其他課程則用黑的。冬日喜歡穿長袍馬褂，因體弱，有時嚴寒還加上件皮袍。講課時一興奮覺燥熱，便適時脫去。凡引徵重要文句或參考書目，他都親自抄在黑板上，擦黑板髒活，學生要代勞，他一概謝絕。講課講到入神處，往往閉目而述，如入禪境，直至下課鈴響，也不介意。他倘有新的論文發表，必將單行本分給每個同學研讀。上課從不點名，也不小考。他不欣賞問答式的筆試，倡導學生提問題，創新，期以對

史識有新理解、新發現。他是一位「怪人」。國文考試加試是以科舉時代的方式對對子。以此測試學生的讀書博寡、語彙豐富及音韻學、邏輯學。此舉雖招致毀譽參半，但「寓意甚深」，可「測試作者的聯想力和美感力」以及「表現文學的天才和造詣，而修辭的程度更可以從這裏流露出來」。他既開風氣也為師。一面向學生提示可走的新路，一面指導學生如何去做。出於他的聲望，北大的同學為不失名師的教誨，不憚跋涉也來清華園聽課。那時陳寅恪不過三十多歲，還是單身漢。雖已被人稱為「教授的教授」，但他每週還要花兩天時間進城跟人學西夏文和蒙古文。他的勤奮令學生們臉紅，也激發了學生們的勤勉精神。

他與王國維（靜安、觀堂）私交甚篤。1927年王國維於昆明湖自沉。在向靜安先生遺體告別時，研究院的學生們在先，行的是三鞠躬，而陳寅恪行三跪九叩大禮。他送輓聯，撰〈王觀堂先生輓詞〉，賦詩言哀。次年，應研究院眾學生之請為王觀堂先生撰寫碑銘，於碑文中闡發觀堂先生「獨立之精神，自由之思想」的心曲。

陳寅恪，江西修水人，生於長沙。出身於詩書世家。他自言並非是「讀書種子」，那是自謙。祖父陳寶箴，咸豐年間詩人，光緒年間官至湖南巡撫。乃翁三立，別號散原，清末四公子之一，近代著名詩人。長兄衡恪，民初著名藝術家，詩、書、畫、印俱精，我國漫畫的創始人。稱陳氏「詩是吾家事」，再確切不過。尤當陳氏宗族定居南京後，對子女教育更為注重。除延聘西席外還在家開設學堂，所授課程不止我國傳統文化典籍四書、五經之類，還設置數學、英文、音樂和繪畫。延聘的塾師都是飽學之士，如王伯沆、劉翼謀、蕭屺泉等。

家中藏書也豐，多為古籍和佛典。童稚時代，家庭便為陳寅恪創造了一個中西合璧、自由發展的空間。

乃翁陳三立得陳寅恪時已三十有八。「恪」是兄弟間排行字，他生於（庚）寅年，由祖母黃太夫人命名為「寅恪」。

（二）一個賢內助，兩個好幫手

賢內助者，唐篔也。

陳寅恪、唐篔是一對結髮並白頭偕老的夫妻，一對相濡以沫、榮辱與共的伴侶。他們的琴瑟和鳴、真情相愛，演繹了一段傳統文人的婚姻佳話。

唐篔，又名曉瑩。1898年生，廣西灌陽人，也是名門之後。其祖父唐景崧是同治四年的進士，先後任翰林院庶吉士、吏部主事等職。後出任臺灣巡撫，在中法戰爭中屢建奇功，獲清廷「四品銜」、「二品秩」和「加賞花翎」的賞賜，是位愛國將士。唐篔畢業於金陵女校體育專業，後執教於北京女高師，曾是許廣平的老師。她的一生默默地消融在丈夫的光環裏。

陳、唐結婚甚晚，於1928年結縭於滬上。陳寅恪時年三十有八，唐篔亦三十。

1926年陳寅恪受聘於清華國學研究院，與趙元任是同事。陳寅恪「願有家而不願做家」。當時趙元任住清華南院一、二號兩屋，將二號讓一半給陳寅恪住，陳吃飯也在趙家搭夥。楊步偉是有名的熱心人，又快嘴快語。他見陳寅恪快四十歲了，便對他說：「寅恪，這樣下去總不是事。」陳寅恪答：「現在也很快活麼，有家就多出一些麻

煩來。」趙元任幽默：「不能讓我太太管兩個家啊！」於是趙元任夫婦就與清華學校的體育教師郝更生合謀為媒，將郝更生的女友高仰喬的義姐唐篔介紹給陳寅恪。

陳寅恪與唐篔一見鍾情，他們都很珍惜這命中註定的姻緣。

婚後的唐篔，主政家務，相夫教子，兼幫丈夫處理文稿等瑣碎事務。家中全靠陳寅恪工薪維持，在相當長一段時間內，他們一直堅持贍養老父散原先生和寅恪長兄陳衡恪的遺孀。後三個女兒陸續來到人間，為家庭平添了生活情趣。唐篔擔當教育子女的任務，她的字寫得好，把方塊字寫在紙上，教孩子們識字、背誦唐詩。最初七、八年間生活尚穩定。唯苦於唐篔在生長女流求時引發心臟病差點死去，此後一生終為心臟病折磨。自1937年日寇入侵，覆卵下豈有安巢，陷入苦難深淵。為避日寇，全家與難民們倉皇逃亡。他們拖著三個孩子，大的九歲，小的才四個月。由北平、天津、長沙、梧州，最後漂泊到香港。在濟南車站上車，一家人是從車窗口爬進去的，其狼狽慘不忍睹。在香港的歲月，陳寅恪還堅持在雲南西南聯大教書。唐篔在香港心臟病復發，幸得許地山援手獲救。因經濟窘迫，居無定所，四年內遷家六次。

「殘剩山河行旅倦，亂離骨肉病怨多。」1941年太平洋戰爭爆發，日軍佔領了香港，社會混亂不堪，食品奇缺，沒有飯吃。唐篔除自己節食外，還忍淚控制孩子們進食，吃紅薯根和皮的「神仙飯」。日軍燒殺擄掠，遍街建卡設哨，唐篔怕逃難時孩子們會散失，含淚用毛筆在布上寫上小女兒的名字、出生年月及親友們的住址，縫在四歲小女兒的衣襟裏。兩個大一點的女兒，怕碰上日本鬼子萬一被糟蹋，

強行給他們剪男孩的頭式，穿男孩的衣服，惶惶不可終日。1943年在成都燕京大學的日子，貨幣貶值，柴米飛漲。唐篔常發病，還得照料家中生活。為了能給陳寅恪增加一點營養，喝一口羊奶，家裏養了一隻跛足母羊，她和未上學的小女兒共同飼養。陳寅恪不顧病目和瘧疾之災，在那種惡劣的條件下除完成上課任務外，堅持寫完了〈論元白詩之分類〉、〈長恨歌箋證〉。學期終了，填寫學生成績單，格子小，紙張劣，陳寅恪看不清楚，唐篔和女兒幫忙完成。1945年陳寅恪雙眼失去光明，手術仍不見效。為了能給病弱的陳寅恪補身體，唐篔把兩件像樣的出客衣服送進當鋪……

在人生重大抉擇的關頭，唐篔傾心支持陳寅恪。尤當提及的是1948年底留在廣州而堅拒不去臺灣。1949年的「土改運動」衝擊了唐篔的親屬，她害怕，暫避香港月餘，後經中山大學副校長陳序經勸返廣州。

唐篔，本是一家庭主婦。1951年，陳寅恪的助手程曦不辭而別，陳寅恪無法上課，唐篔拿起課本，充當丈夫的助手走上講壇，直至一年後黃萱到來才作罷。

唐篔不止是丈夫的賢內助，晚年也成了丈夫的「賢外助」了。陳寅恪在生命最後二十年所寫的「聲明」、「抗議書」、檢討交代材料都出自唐篔之手，甘為丈夫遮風避雨。文革期間所遭的人格侮辱令唐篔十分憤怒。學校本配給陳寅恪三個半護士的護理工作和清潔工作全部取消，重任全落在唐篔一人身上。申請保留一老工友助陳寅恪坐椅、如廁、幹雜活，因他們的工資停發，少量的存款被凍結，以致無法支付工友的工資。使得陳寅恪、唐篔先後故去，家中的家具被人抬去抵債。特別是那一紙為活命而寫的「申請書」：

因心臟病需吃流質，懇求允許每日能得牛奶四支（每支每月四元八角），以維持生命，不勝感激之至。

教人不忍卒讀。

墨池飛出北溟魚。打個不恰當的比方：喻陳寅恪為史學界「北溟魚」的話，那麼唐簣就是那方廣瀚融和的「墨池」。沒有她，他是絕對「飛」不出來的。

陳寅恪常對女兒們說：

媽媽是主心骨，沒有她就沒有這個家，沒有她就沒有我們，所以我們大家要好好保護媽媽。

一次唐簣心臟病突發，陳寅恪在萬念俱灰時，事先為愛妻寫了輓聯：

涕泣對牛衣，卅[1]載都成斷腸史。
廢殘難豹隱，九泉稍待眼枯人。

唐簣好像專為陳寅恪而來到人間。陳寅恪故去四十五天後，她亦步其後塵而去。

陳寅恪是幸福的。他的人生之旅除了上帝給他安排了一個賢內助外，還有兩位好幫手。

遠在1941年陳寅恪一家困居香港時，有一位女性託人給以四十元「軍票」小小資助，陳婉拒。這份情誼，卻由此在嶺南大學得到延續。這位女性叫冼玉清。

　　冼玉清，嶺南大學中文系教授，自號「碧琅玕館主」，是廣東著名女詩人、女學者。她是一位「怪」女性，終身不曾婚嫁。上世紀二十年代她便出言：「以事業為丈夫，以學校為家庭，以學生為兒女。」帶著濃濃的人情味，她走入陳寅恪的視窗。兩家親人般的相互關懷和照顧。陳家的大到與學校的對話，小至女兒的婚事，冼玉清都十分關心。這給晚年的陳寅恪精神上增添了暖色。1956年春節，唐篔曾手書陳寅恪撰的春聯贈冼玉清：

　　春風桃李紅爭放，
　　仙館琅玕碧換新。

　　也就是這位冼玉清，孑然一生，身後將祖傳遺產四十四萬港元捐給國家，將廣州房產、全部書籍、收藏悉數捐給了中山大學和廣東文史館。

　　另一位女性叫黃萱，印尼華僑首富黃奕住之女、周壽愷教授夫人。1952年一個偶然的機會，黃萱應中山大學之聘為陳寅恪的助手兼助教。陳寅恪晚年的著述融入黃萱大量的心血，《論再生緣》、《元白詩箋證稿》和《柳如是別傳》都是由黃萱記錄、整理的。陳寅恪與其合作十分愉快，對其工作十分滿意，曾藉著作出版之際專事附記鳴謝。她在陳寅恪身邊工作了十四年。因愛人工作調動，黃萱一度欲辭

職。陳寅恪說：

> 你的工作幹得不錯，你去了，我要再找一個適當的助教也不
> 容易，那我就不能再工作了。

黃萱被感動，又留了下來。直至1966年被迫離開。不可設想，倘若沒
有遇到黃萱，陳寅恪晚年的著述將又會是什麼樣子。

令人啼笑皆非的是，黃萱在中山大學工作了十四年，月工資
七十六元。一分也沒漲。

（三）殘目臏足　慈眉傲骨

陳寅恪1937年右眼失明，五十二歲時左眼又發現眼疾，希冀有良
藥將其治癒。兵荒馬亂，豈容幻想。五十六歲時，左眼視網膜剝離，
終致雙目失明。日本投降後，應英國牛津大學之請，陳赴倫敦再治目
疾，仍不見好轉；擬次年赴美醫治，聞此疾美國名醫亦無良策而作罷，
遂與趙元任夫婦等於1946年春返回清華。「五十八年涕盡，可能留命
見升平。」之詩句可見情哀意悲。時國是蜩螗、民生凋敝，陳寅恪將書
齋命名為「不見為淨之室」。於昏昏中度過最後二十年苜蓿生涯。

禍不單行，1962年陳寅恪右腿骨跌折，因年邁不能手術，住院半
年，仍不能站立。即在失明臏足後仍堅持著述不輟，彰顯了一純正學
人的襟抱與風骨。

陳寅恪、吳宓和湯用彤當年被譽為「哈佛三傑」。陳寅恪為人
孤清、倔傲，處事情感「深摯」，吳宓為人謙和、寬容，做事「投

入」。陳寅恪給人的印象是狷介、孤傲，實則對朋友、門生而言，他是一位慈眉善目的藹藹長者。

季羨林在晚年的回憶中說，他是一位「平生不解掩人善，到處逢人說項斯」的好好先生。對人寬容，又樂於助人，當年清華一碩士生考試，吳宓為一個微小問題否決了一個學生的及格，陳寅恪覺得不公，為這個學生據理力爭。在獎掖提攜後生方面，季羨林感觸最深。他說他本研究西洋文學，後改專攻梵文、巴利文故紙堆，是受他在清華旁聽陳寅恪「佛經翻譯文學」的影響。1945年季留德已經十年，正準備回國，聽說陳寅恪在倫敦治療目疾，便寫信向他彙報學習的情況。陳寅恪本不瞭解季的學業，一聽說季的指導老師瓦爾德施米特竟是自己的同學，且季的師祖便是自己的導師，他馬上覆長函鼓勵季羨林，並熱情地把他推薦給胡適，致使季羨林一帆風順地到北大當教授。後來讀了季羨林的論文〈浮屠與佛〉大加讚賞，推薦給《中央研究院史語所集刊》，使季羨林「一登龍門，身價百倍」。季羨林晚年追憶陳寅恪時深情地說：

> 如果沒有他的影響的話，我不會走上現在走的這一條治學道路，也同樣來不了北大。

陳寅恪愛才，他還推薦朱延豐給胡適翻譯史學；他向主管中研院史語所的傅斯年推薦過張蔭麟，推薦信中說：

> 若史語所能羅致之，則必為將來最有希望之人才，弟敢書具
> 保證者，蓋不同尋常介紹友人之類。

他還向時為北師大史學系主任陳垣推薦過吳其昌，信中說：

> 吳君學問必能勝任教職，如其不能勝任，則寅恪甘坐濫保
> 之罪。

歷史證明，張蔭麟、吳其昌後來都是卓有建樹的教授、歷史學家。遺憾的是兩人都英年早逝。張蔭麟死時年僅三十七歲，陳寅恪聞訊極悲，還作詩以悼。

　　1949年流寓臺灣的老門生勞榦，早年畢業後即在中研院史語所工作，抵臺後仍在史語所任職。傅斯年逝世以後，他參加傅斯年遺稿的整理工作。一個偶然的機會裡，他在傅斯年的一本書中看到陳寅恪給傅斯年的覆函：

> 對我加以鄭重推薦，這件事陳先生從未曾直接或間接表示過
> 的，使我萬分感動。

同樣，令北大教授王永興感動的是，1990年清華大學紀念陳寅恪先生百年誕辰學術討論會出版「紀念文集」，在查閱清華校史檔案中，發現1947年陳寅恪致校長梅貽琦的信，希望解決王永興的住房，其言辭懇切，語意感人：「思維再三，非將房屋問題解絕不可」，否則「弟

於心亦深覺不安」。又云：「詳情悉有內子面陳。」為了成全弟子，陳寅恪竟令夫人出面說項。王永興拜讀四十多年前這封信，「大夢初醒，悲感萬分」，因為這件事陳寅恪與夫人都從未向王永興說過。王永興特作〈種花留與後來人〉頌揚先生仁者之懷的厚德。

陳寅恪也不乏幽默，研究院導師梁啟超、王國維曾是帝師，他便送學生們一副對聯：

> 南海聖人再傳弟子
> 大清皇帝同學少年

羅家倫出任清華校長時，送陳寅恪一本他編的《科學與玄學》，陳回贈一副對聯：

> 不通家法科學玄學
> 語無倫次中文西文

橫批是：

> 儒將風流

羅問作何解，他解釋說：

> 你在北伐中官拜少將，不是儒將嗎？又討了個漂亮的太太，

　　正是風流。

　　這兩副對聯被傳頌一時。

　　然而，更令我們品味、三思的是陳寅恪狷介、梗直和「駭人聽聞」的另一面。

　　太平洋戰爭爆發時，陳寅恪一家在香港，食品奇缺，沒有吃的。一位日本學者寫信給日軍軍部希望不要為難他。軍部行文給香港司令部，司令部派憲兵送去好多袋麵粉，陳寅恪與夫人堅拒，不吃嗟來之食，面臨行將餓斃，也不為五斗米折腰。後來朱家驊派人將其一家接到廣東，轉至重慶，住在妹丈俞大維家。全國解放前夕，國內物價瘋漲，陳寅恪家窮得連買煤取暖的錢也沒有。季羨林知道後，將此事告訴胡適。胡適以愛才名世，馬上擬贈一筆數目可觀的美金。陳寅恪不願無功受祿，又迫於燃煤（眉）之急，決定以自己的藏書來「易」取。胡適責成季羨林承辦，季羨林用胡適的小汽車從陳寅恪家拖走一車藏書，多為西文、佛教、中亞、古代、語言珍版書，陳寅恪只收了兩千美元。而據市價，他的一部《聖彼德堡梵德大辭典》書值就遠過此數。

　　解放後，政府對陳寅恪的禮遇是一般學者不敢企及的；而他的孤傲個性仍一如既往。從吳宓1961年8月30日拜他的日記中可見一斑：

　　　寅恪兄說明寧居中山大學較康樂便適（生活、圖書），政府於
　　　是特別尊禮，毫不繫於蘇聯學者之請問也！註2後政府再三敦
　　　請，寅恪兄決計不離開中山大學而入京：以義命自持，堅臥

不動，不見來訪之賓客，尤堅絕不見任何外國人士，不談政治，不評時事政策，不臧否人物……絕不從時俗為轉移。

1955年歲末，中華書局來函要修改與陳寅恪已簽的《唐代政治史述論稿》合同，因有失公允，陳寅恪聲言寧願不出版，也不改合同。最後易手由三聯出版。

1958年，陳寅恪被推上政治前沿。陳伯達的〈厚今薄古，邊幹邊學〉報告一發表，中山大學《大字報》直衝陳寅恪等歷史系知名教授而來，稱其學術為「偽科學」，要「拳打老頑固，腳踢假權威」。陳因病不出席批判會，唐篔抄錄《大字報》的要點，哭訴不忍卒睹的批判場面。陳寅恪為表達他「生命憤怒」，疾呼：「辱不能忍！」遂上書中山大學校長表示一，不再開課；二，上辦理退休手續，搬出學校，以討回做人的尊嚴。此後雖沒有搬出學校，但真的不再上課了。後來，學校勸他帶研究

陳寅恪在廣州

生，陳寅恪負氣地表示：「只要毛主席和周總理保證不再批判我才開課。」他要「為學術爭自由」。運動過後，當年充當批判陳寅恪的急先鋒金應熙，本是他的學生。金後來悔過了，負荊請罪。陳寅恪只淡淡地說：「你走吧，免我誤人子弟！」

次年，時任中宣部副部長的周揚訪問陳寅恪。陳問新華社你管不管，周揚說：「有點關係」。陳說1958年某月某日，新華社的新聞說大學生教學比老師還好，只隔了半年，為什麼又說學生要向老師學習？這不是前後矛盾？周揚說新事物要實驗，總要實驗幾次。周揚用買鞋作比喻，要實驗穿一穿才知道滿不滿意。陳寅恪不滿意，說實驗是可以，但是尺寸不要差得太遠。

最令人震撼的要數1953年那件被世人稱之為「駭人聽聞」的事了。

汪籛，1938年清華歷史系畢業，師從陳寅恪研究隋唐史。有兩年多時間與陳寅恪朝夕相處，吃住都在陳家。陳寅恪的學問、人品對汪籛影響尤深。汪1950年入黨，後入馬列學院（中央黨校前身）學習。1953年汪籛做為勸說陳寅恪「北上」的使者到廣州，懷揣著中國科學院院長郭沫若和副院長李四光的親筆信函。一到廣州，汪籛一頭住進老師家中。本想敘師生之誼，再談「正事」。不料，兩人談「崩」了，汪負氣住到招待所。

汪籛是受託，勸老師返京出任科學院哲學社會科學部歷史研究所第二所所長一職。11月21日晚，汪將兩位院長的信轉交給陳寅恪。據傳汪用了「黨員的口吻」、「教育開導的口吻」與老師談話，引起陳寅恪的反感。次日，陳寅恪寫〈對科學院的答覆〉（由唐篔執筆），信中說：

我絕不反對現在政權,在宣統三年時就在瑞士讀過《資本論》原文。但我認為不能先存馬列主義的見解,再研究學術。我要請的人,要帶的徒弟都要有自由思想、獨立精神……

他竟然提出兩個「駭人聽聞」的先決條件:

一、允許研究所不宗奉馬列主義,並不學習政治;
二、請毛公或劉公給一允許證明書,以作擋箭牌。

據傳,當時陳寅恪的助手冼玉清、黃萱在場,都勸陳寅恪不要這樣提,陳卻堅持說:「我對共產黨不必說假話。」

結果,當然是沒有結果。不過這一「駭人聽聞」之說影響甚遠。

陳寅恪用其特立獨行的言事行狀,為自己立了一個純正學人的雕像。

(四)中國,只有一個陳寅恪!

富有詩人氣質的陳寅恪,本是一個純正的學人。他的治學觀點,認為文化超越於政治、經濟、民族之上。因此,在治史實踐中他追求這種「超越」。他學問廣博、精深,在宗教、史學、語言、人類學、校勘學、文學上的建樹頗高。尤以中文古文的研究卓爾不群。有人在談及他的受世之尊之地位時說:「中國,只有一個陳寅恪!」此話未

必妥帖，但不失為一家之説。他的《唐代政治史述論稿》、《隋唐制度淵源略論稿》、《論再生緣》和《元白詩箋證稿》都將傳之於後。

在政治上，「在解放前夕國共兩黨對峙時，他似乎更不喜歡國民黨。」對「八一九」清華大搜捕深為反感，在教授的某些反蔣宣言上，他也簽名。有學生被捕，他立即表示願意保釋。1947年國民黨以防共為名，在北平搞大搜捕，北平十三位大學教授聯名宣言強烈譴責這一行為，他是列名者之一。1946年他身體不好，梅貽琦勸他休養一兩年再上課。他不肯：「我拿國家薪水，怎能不幹活！」樸素的語言，反映了他忠於國家民族的崇高精神。

陳寅恪是詩人，他往往用詩抒發自己的情懷。太平洋戰爭爆發後，他冒險從香港回大陸，在海上吟有「萬國兵戈一葉舟，故邱歸死不夷猶」的詩句，表達了他對祖國的眷念與熱愛。1957年元旦，他撰新春聯：「萬竹競鳴除舊歲，百花齊放聽新鶯」當是對黨的「雙百」方針的擁護。肅反期間，中山大學的副校長龍潛當眾污蔑陳寅恪的一首詩是懷念臺灣日月潭的，並公開在大會上聲言：「你不坦白，就槍斃你！」陳寅恪在1956年六十六歲生日壽詩中有「平生所學供埋骨，晚歲為詩欠砍頭。」以示憤慨。龍潛因極左，高教部給予嚴重警告處分後，陳寅恪的氣大概也消了些，數年後在另一詩抄稿中改為「平生所學唯餘骨，晚歲為詩笑亂頭。」顯然是心情舒緩多了。但他慨歎生命最後的二十年，中山大學沒有主動安排年輕學子跟他學習，助手黃萱是他私請的，最後又被攆走。他歎曰：「縱有名山藏詩稿，傳人難遇又如何？」

新中國的發展強大，他也為之歡欣鼓舞。當原子彈試驗成功時，

他激動地説：「我國有了足夠的自衛能力，便可不必依賴他人的保護傘了。」怎能説他對祖國不熱愛、對政治不關心呢？

　　大概真的「中國，只有一個陳寅恪」，中國共產黨和政府對他的禮遇或許是獨一無二的。且不複述1953年科學院禮聘他北上出任第二歷史所所長，他以「弟畏人畏寒，故不北行」謝卻；也不説中大副校長陳序經沿襲嶺南大學為陳保留的傳統做法：陳可以不參加除上課以外的任何活動，就説黨和國家領導人以及相關部門領導相繼叩訪、噓寒問暖，足令人動容。

　　1956年陳毅由廣東省省長陶鑄陪同到陳宅探訪並談文論道。陳毅走後陳寅恪十分感慨：「沒有想到共產黨裏有這樣懂學問的人。」並找陳毅的詩作來讀。

　　1959年，時任中宣部副部長的周揚探訪，「是想看看陳寅恪的藏書」。陳寅恪本不想見，後經陳序經再三勸説才見了。

　　1961年與郭沫若會見。郭主動對過去兩人的不快作了「解釋」，並徵詢陳寅恪有何希望和要求。陳真摯地提出應組織力量整理出版《文苑英華》；並云需要圖書資料和因寫《錢柳因緣》希望得到特製稿紙。郭沫若慨允並踐諾。

　　1962年胡喬木過訪，由陶鑄陪同，「以學生見老師的心態走到陳寅恪的跟前」（三十年代胡喬木在清華大學歷史系就讀）。陳寅恪頻頻發問，胡喬木儘量委婉地解釋。諸如談到國家近年經濟形勢時，陳寅恪發問：

　　為何出現那麼多的失誤？

胡喬木笑答：

> 就好比在一個客廳裏將沙發、台椅不斷地搬來搬去，目的想
> 找一個好的位置，所以就免不了產生搬來搬去的失誤，就好
> 比是經歷一場地震一樣。^{註3}

當陳寅恪問及他的著作為何遲遲不能出版時，「胡喬木以八個字回答陳寅恪的八個字發問：陳曰『蓋棺有期，出版無日』；胡答：『出版有期，蓋棺尚遠』。」^{註4}

因胡喬木、陶鑄的過訪，陳寅恪作〈壬寅元夕後七日，二客過談，因有所感，遂再次東坡前韻〉中有兩句值得玩味：「南國有情花處處，東風無恙月年年。」

還有章士釗和竺可楨等社會名流的造訪。

相映成趣的是康生步胡喬木後塵探訪，來得突然，「校長辦公室一與陳宅電話聯繫，才知陳寅恪病了，正在臥床休息。辦公室人員試圖說服陳家人動員陳寅恪接待一下，但沒有成功。」^{註5}

應特別值得寫入史冊的是陶鑄。他對陳寅恪呵護備至：關照中山大學將當年「中右」的陳寅恪「脫帽加冕」；為方便陳寅恪的散步，在門前修一條白色水泥路；陳病重時為其配三個半的護士；為陳寅恪能欣賞戲曲，他指示中山大學為其弄一臺好收音機，學校不認真辦，陶鑄很生氣，「學校不送，我送。」他送了臺落地電唱兩用機。陶鑄被打倒後，「造反派」曾統計出1966年6月到12月間，遠在北京的陶

鑄先後三十八次用電話對廣東省委作
「遙控指示」，其中一次或數次指示：
「對陳寅恪的待遇要保持原狀不變。」

　　無論文革中陳寅恪受了多少委屈、
折磨，但他畢竟是幸福的，有誰能享此
殊榮？

　　且看八方人物對陳寅恪的評頭論足：

陳寅恪墓園

　　讀陳寅恪的論文若干篇。寅恪
　　治史學，當然是今日最淵博、
　　最有識見、最能用材料的人。
　　（胡適）

　　陳先生的學問近三百年來一個
　　人而已。（傅斯年）

　　始宓於民國八年，在美國哈佛
　　大學得識陳寅恪。當時即驚其
　　博學，而 其卓識。馳書國內諸
　　友，謂今中西新舊各種學問而
　　統論之。吾必以寅恪為全國最
　　博學之人。……寅恪雖係吾友
　　而實為吾師。（吳宓）

歐美任何漢學家，除希伯和、斯文赫定、沙畹極少數人外，鮮有人聽懂陳寅恪先生之講者。……至少可以使今日歐美認識漢學有多麼個深度，亦大有益於世界學術界也。（陳衡哲）

日本學者白鳥庫吉曾以中亞史問題向德、澳學者請教，未得解決，柏林大學乃建議請教陳寅恪教授。白鳥庫吉終於在寅恪的信中得到滿意的答案，敬服得五體投地。（汪祖榮）

寅恪先生為一代史學大師。這一點恐怕是天下之公言，絕非他的朋友們和弟子們的私言。（季羨林）

他可能是見過列寧的唯一（最早）的中國人了。（金克木）

1967年，周總理在一次接見廣州學生造反組織頭目會上談到「古為今用」時說：

你們可以請教中山大學陳寅恪先生……

另外，周恩來有一次在正式場合說過，光是憑陳寅恪不乘蔣介石派來的飛機去臺灣這一點，陳寅恪的所有問題都不成問題。註6

【注釋】

註1：卅讀「xi」，意「四十」。

註2：指五十年代毛澤東訪蘇，閒談時，史達林向毛澤東打聽陳寅恪其人，並說知道此人的歷史著作。

註3、4、5、6：轉引自陸鍵東，《陳寅恪的最後二十年》，第359-473頁及第148頁。

梁漱溟的生前與身後

「**最後**的儒家」梁漱溟（1893-1988）先生逝世後，為聯繫出版《梁漱溟自傳》（梁培寬編）、《梁漱溟傳》（梁培恕著）事宜，筆者與他的兩位哲嗣一度過從甚密，多次叩訪。梁氏兄弟一住北大，一住社科院，令我吃驚的是，兩家的陳設十分簡樸，甚而可以說是簡陋。大概是遵先父「三不」的家訓：不謀衣食、不顧家室、不因家事拖累而奔赴的大事所致。寓所沒做裝修，且家無長物，上世紀八十年代巷陌人家的家居水平，唯培寬先生八平見方的小客廳內梁漱溟那幅頭戴瓜皮帽的遺像十分醒目：孤峰獨秀的鼻翼、微翹緊抿的嘴角、深邃不屑的目光，真能逼出你皮襖下的「小」來。

筆者好奇，梁漱溟這尊嚴峻冷面「佛」的背後，究竟是怎樣一副悲天憫人的心懷，他還有無另一副面孔？我搜羅流覽了梁漱溟先生生平的相關著述，「自傳」、「傳」、「評傳」、「紀念集」之類的著述、回憶文

字十二本，融以與培寬、培恕的多次交流，梳理耙抉一番，試圖用瑣碎的細節拼湊出梁漱溟「凡人」的背影。

（一）國事

　　梁漱溟先生是以著名愛國民主人士聞於世垂於史的，至於是在國內外享有盛名的學者、著名的哲學家、教育家當為次。他畢生的愛國言行世人皆知，毋須詳細介紹。但為保持其形象的完整性，就他人生旅程中為「國事」所發之驚世駭俗的言行或精彩絕倫的名句若干片段節錄於下：

我生有涯願無盡

梁漱溟

> 我要連喊一百聲「取消特務」，我們要看特務能不能把要求民主的人都殺完！我在這裏等著他！註1

　　1946年5月11日、16日，愛國民主人士聞一多、李公樸相繼在昆明被國民黨特務暗殺。全國震驚！時為民盟秘書長的梁漱溟聞訊後，勃然大怒，在接受

媒體採訪時説出這番話。他堅定地表示，他本想退出現實政治，致力於文化工作，但現在卻無法退出了。梁漱溟踐履篤實，冒著吃「第三顆子彈」的危險，代表民盟，赴昆明調查李、聞慘案，終將反動政府暗殺民主人士的罪行昭告天下。

　　　一覺醒來，和平已經死了。[註2]

　　1946年6、7月間，蔣介石悍然在全國發動大規模內戰，「政協決議」被撕毀。周恩來毅然由南京移居上海為抗議。9月30日，周分別致函馬歇爾、蔣介石，嚴正警告。梁漱溟為國共和談不厭其煩地奔走其間。10月10日，梁漱溟邀周回寧繼續和談。梁乘11日夜車返寧。翌日晨抵寧，驚見報端已刊發國民黨攻佔解放區張家口的消息。大愕。面對記者的採訪，梁漱溟驚歎地説了這句話。此話一時為媒體廣為引用，成為痛斥蔣介石背信棄義的經典話語。

　　有人説，如今工人的生活在九天，農民的生活卻在九地，有「九天九地」之差……[註3]

　　1953年9月中旬，梁漱溟列席中央政府擴大會議，應周恩來之請做發言。11日下午，梁漱溟作即席發言，主要談農民問題，要求對農民施行「仁政」，指出：「我們的建國運動如果忽略或遺漏了中國人民的大多數—農民，那是不相宜的」時説的這番話。始料不及，這篇發言引起毛澤東極大的不滿，梁漱溟遭到痛斥，釀成「廷爭面折」的尷尬局面。

我的態度是不批孔，但批林。註4

三軍可以奪帥也，匹夫不可奪
志也。註5

　　1973年底，江青反革命集團策劃
批林、批孔。江青在某次大會上捎帶批
判了梁漱溟。在政協學習批判會上，人
人要「表態」，梁一直沉默不語。有人
警告：「對重大政治問題保持沉默，本
身就是一種態度。」迫不得已，梁作了
〈今天我們應當如何評價孔子〉的長篇
即席講演，但不直言表態擁護。在眾口
追問他對「批林」的態度時，他說：
「我的態度是不批孔，只批林。」從而
引起對梁的大規模批判。1974年9月23
日，對梁歷時半年的批判會告一段落
時，主持人徵問梁對大家批判他的感想
時，梁脫口而出：「三軍可以奪帥也，
匹夫不可奪志也。」石破天驚，四座啞
然，旋群情激奮。主持人勒令梁作解
釋。梁說：

梁漱溟在「孔研會」上講話

「匹夫」就是獨人一個，無權無勢。他的最後一著只是堅信
他自己的「志」。什麼都可以奪掉他，但這個「志」沒法奪
掉，就是把他這個人消滅掉，也無法奪掉！

（二）家事

梁漱溟，祖籍廣西桂林。元人後裔，宦游北方。自曾祖赴京會試
中進士後居北京。

父梁濟（巨川，1858-1918），二十七歲中舉，四十歲時才踏上仕
途，曾做過教諭、內閣中書，至民政部主事。官不大，口碑較隆。

> 吾最得意之事，肩挑負販、拉人力車者多識我。常於途中遇
> 襤褸苦人，大呼曰：「梁老爺，你好嗎？」

時有趕驢車者見之，居然叫出他的名字，請他上車。[註6]《清史·忠
義，梁濟傳》有載：

> 濟以總局處罪人，而收貧民於分局。更立小學，課幼兒，俾
> 分科習藝，設專所授之，費省而事集。

在梁漱溟心中，父親「是一秉性篤實底人，而不是一個天資高明
的人」。他最不可及處，是「意趣超俗，不肯隨俗流轉，而有一腔熱
腸，一身俠骨」。

梁濟於六十歲生日前夕，家裏人準備為他祝壽大掃除。他藉故到朋友家小住，說生日那天回來。誰知生日前三天即民國七年十一月十日自沉於別墅附近的「淨業湖」。遺書〈敬告世人書〉中說：

> 國性不存，我生何用？國性存否，雖非我一人之責，然我既見到國性不存，國將不國，必自我一人先殉之，而後喚起國人共知國性為立國之必要。[註7]

因遺書中出現「殉清而死」四字令人費解，有人稱他「梁瘋子」。遜帝溥儀下詔追贈諡號。早在民國元年，梁濟首次向神明、父靈起誓殉清，著手寫遺書，稽延六年。見民國後社會道德繼續淪喪，甚而變本加厲，故「屍諫」。此為一說。據培恕告訴筆者，其祖父寫遺書時，連朋友的生日也未忘記，將準備好的賀儀留在桌子上。他是理智的。而梁漱溟將其父自殺的原因歸於精神耗弱所致。而梁濟在遺書中說：

> 中國每個朝代滅亡都有人或許多人為之殉，清亡無一人殉，這在歷史上是可恥的，既然如此，我來做這件事。

梁漱溟深感：

> 我最初的思想和做人，受父親影響，亦就這麼一路（尚俠、認真、不超脫）。

父親從小對他實施「寬放」式的教育。給其自由，任其「瞎鬧」，發現不對，點到為止，完全的啟發式。梁漱溟追憶兒時趣事時說：他積蓄的一小串銅錢不見了，吵鬧不休。父親在庭前的桃樹枝上發現，不斥責，讓他去看。梁漱溟見樹上有父親寫的小紙條：

> 一小兒在桃樹下玩耍，偶將一小串錢掛於樹枝而忘之，到處向人尋問，吵鬧不休。次日，其父親打掃庭院，見錢懸樹上，乃指示之。小兒始自知其糊塗云云。

梁漱溟到該讀四書五經的年齡了，乃父不使其讀，而令其學習《地球韻言》。青年的梁漱溟拒絕家中提婚的要求，想出家當和尚，其父雖不以為然，但也不明示反對……梁漱溟在處事做人上深得其父精髓，十七歲時，梁濟贈其兩個字——「肖吾」。民國以後，父子對時政見解的分歧日益增大，但父親只表示自己的主見而已，對兒子參加革命活動並不加干涉。梁漱溟年輕時因考慮人生問題不得其解，多次想自殺，而自他父親自殺後，他倒看重自己的生命，堅信在完成復興儒學使命之前不能死、不會死。

梁漱溟一生前後隔約十年娶過兩位夫人。「在父親的生活裏，家庭生活始終不重要，無論是第一個或第二個配偶都不重要。我料想，如果他回顧一生，會對她們兩人覺得歉然。」次子梁培恕如是說。

其元配夫人黃靖賢是家庭婦女型，經友人介紹於1921年結婚，育兩子。由於文化差異，兩人感情平淡。1935年因難產去世。客觀上使他「以有爽利的身子，容我全副精力服務於社會。」本不擬續娶，將

兩個兒子先後寄養於多位親戚家。十年後因緣際會，與小他六歲的陳樹棻結婚。陳北師大畢業，但個性強烈、脾氣暴躁，甚而在公眾場合不大講禮儀，令丈夫尷尬。兩人一直在齟齬中過日子。陳晚年患歇斯底里症，1979年逝世。比較起來，梁更懷念髮妻，耄耋之年寫〈紀念先妻黃靖賢〉，認為「只有她配做自己的妻子」。回顧以往，倍增愧然。

　　對先父梁濟的「道德理想和卓立精神」梁漱溟十分推崇，並將其對自己的教育方法，復施予兒子們。他十分尊重、理解、寬容兒子們的個性發展。對長子培寬有「多年父子如兄弟」之誼。弟弟培恕「患病」（意指思想、情緒、意向多變、浮躁），他讓培寬「研究研究恕之受傷或受『病』在何處，當如何藥之」。上世紀三、四十年代，梁漱溟為社會大事東奔西走，居無定所。培寬、培恕先後寄於多位親戚家，十三歲的培寬便為弟弟買布做衣服。1944年梁漱溟再婚時，培恕不願意接受後母，抄一首寫孀婦的詩：「故人恩義重，不忍復雙飛。」給父親看。梁漱溟看後點點頭，就算父子交換意見了。從現留存的父子數十封函箋資料看，梁漱溟還是不時關懷、培養兩個兒子的人品與學業的，不乏兒女情長—大到注意身體健康，用錢不要太苛刻自己以致凍餒，小到糾正信中的錯別字。

　　　兩人之自傳均閱看。寬兒所做雖不甚好，尚清爽簡潔，但開
　　　頭一句無主詞，在文法上是不行的，或漏去一「我」字耶。
　　　恕所作太簡短，總是因為他對所作之事無興趣之故；勉強他
　　　多寫怕也不行的。

> 我的原則是：一個人要認清自己的興趣、確定自己的興趣。
> 你們兄弟二人要明白我這個意思，喜歡幹什麼事，我都不阻
> 攔你們的。（1943.2.28）

培寬告訴筆者，有一年他的地理考了五十九分，要補考。父親看到補考通知單隨手退還給他，一句話也沒有批評。因為他相信兒子會知道怎麼做的。培寬記憶中一生父親只打過他一次，那是他十歲時，在鄒平父親的辦公室裏亂翻東西玩。父親打了他一下手心，也只是象徵性的。梁漱溟諄諄告誡、提醒子女「不要貪」，「不僅貪圖的事不應做，貪圖的念頭也不要起」。

梁漱溟把「不謀衣食，不顧家室，不因家事拖累而奔赴的大事」當作家訓，在兩個兒子的身上得到了傳承。培寬、培恕一生素不喜出頭露面，不喜張揚，為人低調。大概正因為如此，兩人在歷次運動中沒有遭到更多的磨難。培寬於1953年初即加入中國共產黨。

但他們父子之間也是有分歧的。

1977年初出版的《毛澤東選集》第五卷，收入〈批判梁漱溟的反動思想〉一文，梁漱溟看過後，認為其中毛澤東所說的話，有些似當年不曾在會上聽到過，推想這可能是在別的場合講的，現在將它們編寫在一篇文字裏了。但梁漱溟還是給中央統戰部寫了一封信，在信中說：「由於我狂妄冒犯主席，無可原諒」，「今日只有敬領訓斥，好好學習。」對此，梁培寬、梁培恕很不以為然。培恕試圖勸阻，無效。培寬時在北大，不知；知道後信已寄出。兒子們認為：根本無須表態，故信無須寫。

如果一定要表態，應該承認有冒犯之處的同時，應將過去一再
表明並無反對過渡時期總路線之意申述清楚，不可忽略不提。

培寬對筆者說：

> 父親只是一味地檢討自己，而對對方卻一字不提。這種「嚴
> 於律己」、「寬以待人」和「不計前嫌」是大可斟酌的。人
> 家看成政治鬥爭，而父親卻一心講道德修養，而只講自己的
> 修養不足，一味的「反求諸己」，這種以德報怨，有點虧待
> 了自己。

　　他們兄弟二人知道敬重父親的最佳選擇，是對他精神的傳承。
梁漱溟去世後，兄弟兩人已先後退休，全身心投入整理父親的遺
著，為其父編輯出版八卷本六百多萬字的「全集」，以及「自傳」、
「傳」；出版紀念集、書法集等，接待國內外梁漱溟的研究者。目的
是通過整理編輯先父的著作，加深對他的瞭解，把父親的思想完整地
交給社會，供世人研究。他們只繼承父親的遺志，不繼承家產。他們
將整理出版父親著作的數萬元稿費，只留下買一台電腦（供繼續編選著
述用）的幾千元錢之外，其餘以梁漱溟的名義全部捐給當年梁氏所辦
的勉仁中學，即現在的勉仁職業學校。筆者曾代為轉贈過一筆稿費。
我曾問培恕先生為什麼，是不是承老先生不謀衣食、不謀家室的遺訓，
他笑著說：「不為什麼，我們只覺得這樣做比較好。」孫子梁欽東向祖
父求字，八十八歲的梁漱溟錄諸葛亮〈誡子書〉，令其研讀自勉：

> 靜以修身，儉以養德，非淡泊無以明志，非寧靜無以致遠……

梁氏家風：還斯文於先人也。

（三）趣事

梁漱溟，原名煥鼎，字壽銘。二十歲時他在《民國報》當記者，發表文章常用的筆名是壽民或瘦民。那時他年輕，當外勤記者，上跑總統府、國務院，下訪學校團體，政治新聞、市井民生都是筆下文章。當年袁世凱在北京舉行臨時大總統就職典禮，他作為《民國報》記者親眼目睹。他晚年回憶說：

> 袁世凱與我們記者近在咫尺。他矮墩墩的個頭，光著禿腦袋（帽子拿在手裏），留著短鬍，已有幾根花白，鬍鬚周圍和兩頰都沒有修刮乾淨，一套軍服也是皺巴巴的，與大總統就職的莊重典禮很不相稱。

當時的《民國報》總編輯是孫炳文先生，一次興致所至為梁題寫一扇面，不知出於何意，將上款題為「漱溟」。「正中我意」，梁覺得此名很別致，自此始將梁煥鼎正式易為梁漱溟，沿用終生。

梁漱溟上有一兄長，下有兩個妹妹。父親特別喜歡他。少年時的梁漱溟愛靜中思維，不喜運動。體質較弱，且有少年斫喪身體之不良習慣（手淫），後覺影響健康，痛加改之。他的生活自理能力也差，六歲時自己不會穿褲子，因背帶褲，不會打扣。常晚起。家裏人呼他

起床，他卻說：「妹妹不給我穿褲子呀。」一直是家裏人的笑談。

自幼呆笨，幾乎全部小學時期皆不如人。

隨著年齡的增長，知識的豐富，他立志培養自己「自學、自進、自強」的精神。

十四歲時，梁漱溟入順天中學堂，與張申府、湯用彤同學。當時他與班上的廖福申、王毓芬、姚萬里三人最要好。廖少年老成，勉勵大家自學。相互間依年齒稱大哥、二哥、三哥。某日四個人談到興頭上，奔赴酒樓上喝酒吃蟹，以示慶賀。廖福申提議以每個人的短處揀出一個字來，以此呼名警示策勉。於是廖給大家起名：王同學懦弱，婦人氣重，取名為「懦」；姚同學擅體育，起名為「暴」；他自己很勤奮，卻自謙名為「惰」；而給梁漱溟起的是「傲」。梁漱溟覺得很中肯、貼切。梁漱溟當時確實很「傲」，他的作文成績在班上常名列第一。「我的特點總喜歡做翻案文章，不肯落俗套。」能出奇制勝，有時亦草率失敗。一位王姓的國文先生對他此舉很反感，批語為：「好惡拂人之性，災必逮夫身。」而後來的一位范先生卻偏偏賞識，以「語不驚人死不休」褒之。

在順天中學堂，梁漱溟特別崇拜年級低於自己的郭人麟：「其思想高於我，其精神足以籠罩我。」梁尊稱他為「郭師」，課餘常去討教，並將他的談話整理裝訂成冊，冠名「郭師語錄」。學友們諷之「梁賢人遇上郭聖人」。梁漱溟回憶說：「我一向狹隘的功利思想為之打破，對哲學始知尊重。」另一個是同班的插班生革命派甄元熙，

鼓勵他剪辮子，介紹他入京津同盟會，參加革命活動。

　　梁漱溟一生篤信佛學。孜孜思索，探求中國問題、人生問題。正是窮於思索和苦悶，他試圖從佛學中找答案。就苦、樂而言，他自覺自己家境尚好，也聰明，父母疼愛，卻常常苦悶不樂，而家中的女工，天天做飯、洗衣、幹雜活，辛苦得很，卻臉上常有笑容，並不覺苦。他苦苦思索，最後悟出：

> 人生的苦樂不在外界（環境），而在自身，即在主觀。其根源在自己的欲望，滿足則樂，不滿足則苦。而這種欲望是無窮盡的。

因此，他就注意觀察一些社會現象，如坐轎子與抬轎子的，走路的和坐車的。不再以為坐轎子的就樂，走路的就苦。他悟出：

> 坐轎子的正為某個難題（欲望）發愁，步行的卻悠然自得，並未感到苦。

因此覺得對人生苦樂探求與佛學合拍，他就拼命看佛家書。以至十八歲那年拒絕父母為其訂婚，十九歲開始茹素至終生，決意為僧長達九年。

> 無我為大，有本無窮。

這是梁漱溟送友人的一副聯語。勉人並自勉。對於生、死，梁漱溟是「任其自然」。

梁漱溟信奉孔子的「仁者不憂」之說，因此他「樂天知命」。抗戰期間，袁鴻壽先生在桂林七星岩宴請他吃素席，飯後在一株小樹下聊天，恰敵機在頭上盤旋下「蛋」，袁鴻壽大驚失色，要避，「萬一『中頭賞』」，何以對天下人！「而梁漱溟則鎮定自若，聊天如常。」1976年唐山大地震時，北京人都逃出戶外，梁漱溟卻安居不動。在居委會、家屬再三勸告下，最後才有幾個晚上到寓所後門的草地上露宿。

但有時他也「怕」的，怕的不是天，而是人。

1944年梁漱溟在民盟秘書長任上，介紹千家駒入盟，新盟員每人填寫「入盟志願書」並簽名蓋章，志願書填好後，他又叫其當場焚毀，不留蛛絲馬跡。究其原因，民盟當時還是「地下組織」。

梁漱溟面冷，似不苟言笑，但也不乏幽默。1944年在桂林梁漱溟的續弦婚禮上，熱鬧非凡，儀式無法結束，讓大家掃興也不好，梁站起來說，自己喜歡聽京劇《盜御馬》，借劇中人臺詞並做起身告辭狀，說「告辭了」──（拖長聲），他就藉機揚長而去，眾人隨之退場。

文革中，他以十分幽默而帶有不屑的意味向批判者說：

> 給我貼大字報，自是應有之舉；……責斥我、駁斥我，全是理所當然。這種駁斥、責斥與其少不如多，與其輕不如重，如果平淡輕鬆，則不帶勁，那倒不好。[註8]

晚年，因年歲已高，苦於絡繹不絕的訪客，為健康計不得不親題「告示」，但不像他人拒人千里，而是有禮、有節。親自書寫「敬告來訪賓客」的字條。上寫：

> 漱溟今年九十有二，精力就衰，談話請以一個半小時為限，如有未盡之意，可以改日續談，敬此陳情，唯希見諒，幸甚。一九八六年三月，梁漱溟敬白。[註9]

有情人從字紙的顏色和筆跡上判斷，那個一個半小時的「半」字，是後來加上去的。真可謂：「仁義之人，其言藹如也。」誠如趙樸初對梁的評說：「觀之儼然，即之也溫。」

梁漱溟享高壽，有不少人向其討教養生之道。他的回答十分有趣：「少吃多動。」他不煙不酒。酒偶爾為之，那是在迫不得已的場合。他風趣地說：「吃飯是應酬自己，喝酒是應酬人家。」他還認為養生還應包括精神上的自我修養。

（四）友事

「情貴淡，氣貴和。唯淡唯和，乃得其養；苟得其養，無物不長。」這是梁漱溟的座右銘；「勉仁齋」，是梁漱溟的齋名。

由此兩端，聊見梁漱溟的品格與操行之一斑。

梁漱溟的百年人生，由於他獨特的身分和社會地位，結交了一大批中外社會名流和賢達，甚而是其他雜色人士。無論對誰，他都通體

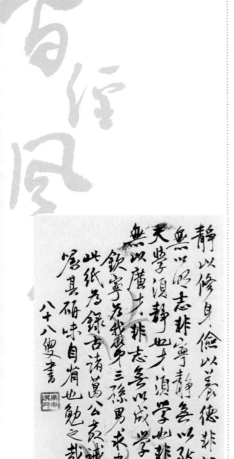

梁漱溟手跡

透明，表裏如一。他說：「在人格上不輕於懷疑人家，在見識上不過於相信自己。」這是他處事做人的原則；儘管「失言失態，這也並不少見」，甚而既「狂」又「狷」，但絕不乏一個「誠」字。當年馬歇爾、司徒雷登見梁漱溟形（光頭）與神（勞形，為國事奔走），稱他為「中國的甘地」。

四十年代，在重慶、桂林辦學期間，他以「得天下英才而教育之」為宗旨，接納不少窮困的學生；他明知有些師生是從事民主和學生運動的，也樂於保護。當學生被捕時，他多方奔走、呼籲，親筆書函甚而挺身交涉，保釋被捕的共產黨員和進步學生。據當事人回憶，當時的勉仁國專一度成為民主運動的「保護傘」、「避難所」。

他的平易近人是有口皆碑的。每遇有人相求，只要他認為在理，從不厭煩勞；覆信不假他人之手，即在垂暮之年，一時無力作覆，他都要在未覆的函件上注明「待覆」。對八方的不速之客，無論對方年長年幼，位尊位卑，

他都竭誠相迎、讓座，客人告辭，送之門外，還鞠躬揖別。「梁漱溟國際學術討論會」的開幕式上，他已九十一高齡。發言者大多坐在主席臺上講話，他發言十五分鐘一直站立，主持者三次請他坐下，他謝絕。敬人者恆敬之。

梁漱溟晚年回憶一生說：

> 我曾哭過兩次，一次在曹州，係由學生不聽話所致；另一次是陳銘樞出賣了李濟深，使李被蔣介石軟禁湯山溫泉一段時間，我覺得太不應該，曾大哭一場。

特別令人感動的是「一部字典」的往事。

文革中，紅衛兵抄家。

> 一聲令下，把我曾祖父、祖父和父親在清朝三代為官購置的書籍和字畫，統統堆到院裏付之一炬。
> 紅衛兵自搬自燒，還圍著火堆呼口號，我都沒有吭聲。我甚至想到，如真的是這一場不可理解的「革命」需要，把這些古董玩意燒掉也不是不可以的。但是，當紅衛兵們抱出兩本大部頭洋裝書《辭源》和《辭海》時，我出來勸阻了。

求情當然沒有用，「我站在一旁，心中十分難過」，因為那書是跟隨他多年的席潮傑的遺孀徐昌玉，為表惜別之情將席生前用的辭書送給他做紀念的，在他的心中有特殊的價值。

對於金錢，梁漱溟看得淡而又淡。

二十年代在北平，梁漱溟講演《人心與人生》，要收點費用，聽者每人一元。這個點子是梁漱溟自己想的。他認為收一點費用的目的：

> 是真想讓人來聽，或因花過錢而注意聽，否則不免有人隨便入座並不真有興趣聽。

但他又恐怕有的學生沒錢，說沒有錢者可以寫信給他，他可送上一張聽講券。一個叫唐君毅的學生，「受到一種精神的威脅沒敢去聽」。某天晚上，唐君毅收到梁漱溟託別人帶給他的五元錢。因為梁懷疑唐是沒錢才沒去聽的。當事者唐君毅晚年回憶此事終覺「感愧與並」。

梁漱溟好佈施，經常接濟一些難中的朋友、晚輩。解放初期他每月三百元工資，只留百元左右家用，其餘都濟助一些因冤假錯案而生活無助的友人。他的思維方式很獨特，送的錢不要還，但借他的錢必須要還。一位友人忘記歸還，他竟索債。他的觀點是：「可以與，可以不與，與傷惠。」梁提醒已擺脫困境者還借款，目的是給另一些仍在困苦中的友人雪中送炭。

四十年代在重慶北碚辦學，經濟困難，為維持學校的花費，把夫人的結婚戒指都變賣了。在香港辦《光明報》，他是社長，薩空了是經理，他給自己定的工資是月薪一百元，給薩空了定的卻是兩百元。因他生活節儉，獨自在港，花銷小；而薩空了全家在港，負擔重，梁又把自己一百元工資的一半貼給薩空了。

寫梁漱溟的友人，政壇首當要提的是毛澤東，學界要寫的是馮友蘭，還有那個軍閥韓復榘。

> 我和毛澤東本是老朋友，相互間比較熟悉，見面時無話不
> 談，有時發生抬槓，他批評我不對，我要他有雅量，不要拒
> 諫飾非……註10

梁漱溟那場「要雅量」釀成「廷爭面折」的悲哀往事，世人皆知，毋須複述。梁説他與毛是老朋友，倒真非攀龍附鳳。梁漱溟的堂兄梁煥奎生於湖南湘潭，早年供職於湖南省學務處，與毛的岳父楊懷中交情不淺。梁煥奎曾保薦楊懷中留日，又同渡日本。而梁漱溟的另一族兄梁煥均又是楊懷中的學生。1918年後，梁煥奎就住在北京梁漱溟的家中。楊懷中到北大任教時，與梁煥奎過從較密，絕非泛泛之交。1918年毛澤東到北京住在楊懷中家裏。1917年梁漱溟已擁北大教席，與楊懷中是同事、忘年交。梁漱溟常叩訪楊懷中討教哲學問題，寓寄楊家的毛澤東常為其開門，點頭相識，卻不互通姓名。毛澤東後由楊推薦在北大圖書館當月薪八塊大洋的管理員。後來，毛澤東在湖南發起的「驅張（敬堯）運動」曾得到梁氏兄弟的支持。不久楊懷中病故，家境窘迫，友人解囊相助，梁漱溟便是其中一員。而承辦楊懷中喪事的就是毛澤東……註11

再之後，梁漱溟1938年訪問延安，半個月中毛澤東與他長談八次，有兩次竟通宵達旦，所以毛澤東後來公開宣稱：「我同梁漱溟比較熟」。

毛、梁同庚。梁長毛兩個月。

即令在「廷爭面折」之後，梁漱溟始終把毛澤東當作朋友。1972年12月26日毛澤東生日，梁漱溟把尚未出版的《中國一理性之國》手抄書稿送到中南海作為賀毛澤東的生日壽禮[註12]。九十四歲的梁漱溟在追憶當年那場論爭時檢討自己說：

> 當時是我的態度不好，講話不分場合，使他很為難，我更不應該傷了他的感情，這是我的不對。他的話有些與事實不太相合，正像我的發言也有與事實不符之處，這些都是難免的，可理解的，沒有什麼。他們故去十年了，我感到深深地寂寞。[註13]

梁漱溟在延安訪問毛澤東

這兒的「他們」顯然包括周恩來。

至於周恩來，梁漱溟「不計前嫌」，不介意當年說他想「升官發財」、「一貫反動」什麼的。他認為周的「人品很高」，自己「不會因為發生

一件事情而改變對周的認識」。一直認為周「是天生的第二把手」，並設身處地地想，周在那個會上只能與毛保持一致。

梁漱溟長馮友蘭兩歲。

他們本有「師生之誼」。據馮自述：1918年他在北大哲學系讀三年級時，梁曾授其《印度哲學》。1921年梁出版《東西文化及其哲學》，在美留學的馮得知此書出版，「心中驚喜，渴欲一讀」。讀後致梁一通三千字的長函，談感想（實際上是書評），並直率地提出「不能贊同之點」。梁漱溟將此信收藏了六十年，可見他們的諍友情深。後馮也成為卓有建樹的學者，兩人交往不斷。1971年歲末，梁回憶、感慨五十多年前北大哲學系故舊多已凋謝，致馮信云：「難得吾二人還在北京，相距咫尺，豈不可一談耶？」馮請梁到他家中做客，相見甚歡。飯後握別時馮還頌《論語》：「發奮忘食，樂已忘憂，不知老之將至。」以抒情懷。轉至1973年，馮發表「批孔」文章，梁不以為然。在致友人的書信中直言：「他批孔而諂媚江青，我責叱之。」顯示一種諍友精神。1985年，馮九十華誕設家宴，馮女宗璞稟父之意電話請梁光臨。梁斷言拒絕。但即覆信說明拒宴理由：「只因足下曾諂媚江青，故我不願參加壽筵。」註14磊落大方。馮接信並無慍色，倒覺這種直言，是很難得的。遂命女宗璞寄《三松堂自序》，並信云：

「如蒙閱覽，觀過知仁，有所諒解，則當趨謁，面聆教益，歡若平生，乃可貴耳」、「來書直率坦白，甚為感動，以為雖古之遺直不能過也，故亦不自隱其胸臆耳。」並期冀「實欲有一歡若平生之會，以為彼此暮年之一樂」。註15梁接到信後，隨即閱讀，不顧腰病臥床，仍用三、四天時間，堅持將書讀完。梁見老友在書中意識到：

應該實事求是，不應該嘩眾取寵。寫文章只能寫我實際見到的，說話只能說我真想說的。

如果這樣，「就不會犯批林批孔時期所犯的那種錯誤」了。馮的自我剖析，使梁改變了對馮的態度，諒解了。

由拒不赴宴，變為表示「甚願把握面談。」

遂覆函擬往馮寓。馮執意甚誠，由女宗璞陪同於1985年12月24日趨赴梁府相聚。這是梁、馮最後一次晤面，「始終未提批林批孔的事」，又未就「諂媚江青」之事「發表任何意見」。會見時，梁寬容地聽了晚輩宗璞一番「童言無忌」的插話。宗璞慨歎：

> 我們習慣於責備某個人，為什麼不研究一下中國知識份子所處的地位，尤其是解放後的地位。
> 中國知識份子既無獨立的地位，更無獨立的人格，真是最深刻的悲哀！註16

梁最後以己著《人心與人生》相贈，親題：「芝生老同學指正，一九八五年著者奉贈」。

特別應當指出的是，梁漱溟晚年在與他人的談話中，多次提及馮友蘭等舊雨，特別關心馮的眼疾，淡淡中透出懷舊的情結。馮友蘭並

不因梁當年的直言批評而心存芥蒂，而是以友情為重，在梁去世後，撰文悼念，頌揚梁「敢於犯顏直諫」的中國傳統知識份子美德。

馮友蘭送的輓聯是：

鉤玄決疑，百年盡瘁，以發揚儒學為己任；
廷爭面折，一代直聲，為同情農夫而直言。

從上述梁、馮二人的「不快」始，到「為玉帛」止，雙方都是有理、有禮，有節、有度的。不像有些媒體的誇大其詞。

最初《梁漱溟問答錄》面世，影響甚大。或因這種問答的形式，讓人誤以為「答」是一絲不苟的「實錄」，也或因執筆者對問題的描述有失誤、措辭不當，有意或無意地拉大了梁、馮兩人間的距離。馮友蘭之女宗璞立即寫了〈對《梁漱溟問答錄》中一段記述的訂正〉以正視聽。「問答錄」的作者並沒提出異議。十二年後梁漱溟長子梁培寬又寫〈馮友蘭先生與先父梁漱溟交往二三事〉，坦言「問答錄」確有「失誤與缺陷」。註17無法傾聽三方聲音的讀者，不免產生困惑。鑒此筆者饒舌一番，力求客觀地復述一下事情的始末。

梁漱溟與軍閥韓復榘的交情不薄。

韓原是馮玉祥的舊部，當過馮的「司書生」。因韓念過私塾，讀過四書五經，寫得一手好字，又善戰，深得馮玉祥的重用。馮治軍甚嚴，韓某次不服軍令，馮當眾訓斥，令其滾，並罰跪於會場外的牆根下。散會後，馮怒氣未消，又給他一記耳光，才說：「起來吧！」韓復榘一氣之下帶領部屬開往山東。恰馮玉祥正與蔣介石混戰，蔣介石

乘機立即任命韓為山東省主席，統治山東八年。

　　梁、韓相識早在1922年，梁漱溟應馮玉祥之邀，在北京南苑給馮的官佐講儒家哲學，當時韓復榘是營長官銜，由這次聽講認識了梁漱溟。後韓任河南省、山東省政府主席，恰梁在此兩地搞鄉村建設試驗重逢。韓為梁的鄉村建設試驗提供了諸多方便。

　　韓復榘後來在抗戰之初不戰而逃。蔣介石為殺一儆百或剪除異己而殺了韓復榘。梁漱溟在談對韓的印象時稱他讀過孔孟的書，並非完全是一介武夫。

　　此外，梁漱溟對梁啟超向為敬重。然在紀念梁啟超的一文中不獨表彰他的功德，還評判他在政治上的得失；梁又與熊十力交誼亦深，在追憶熊的文章中亦「指摘」其著述有粗疏和錯失的弊端。梁認為：「學術天下之公器，忠於學術即吾所以忠於先生」。以為只有此舉才不負四十年的交誼。

　　梁漱溟就是這樣的一個「怪人」。他的這種處友方式、他的迂闊與率直，在同輩學人中大概是獨一無二的吧。

（五）身後事

　　仁者壽。

　　1988年6月23日，梁漱溟的人生大幕垂下。享年九十有五。在百年人生舞臺上，他飾過主角，演過配角，跑過龍套。輝煌也罷，暗淡也罷，與世人一樣，都是歷史中的匆匆過客。所幸者他以長壽之資，在朋輩友人中最後一個把笑聲留給觀眾。

　　他彌留之際說的最後一句話是：「我累了，我要休息！」

　　對於死，他早已參透。他認為佛家對生命的態度是：「不求生，不求死」，順其自然。他於1988年4月底因病入院，兒孫晝夜輪流陪床、伺候左右。5月他還接受一臺灣記者的採訪，只說：「注意中國傳統文化，順應時代潮流。」此可視為他的遺言。5月11日他把長子培寬呼之床側，示意有話要說。培寬備好紙筆。他說：

> 人的壽命有限度。大夫說醫生治得了病，治不了命。我的命已經完了，壽數就這樣了。有時候吃點藥，吃點合口味的東西，就可以了，不必延長壽命。

培寬問他還有什麼要交待的，他只坦然地說：「火化。」

　　梁去世後，例行的追悼會是要開的。中央統戰部為梁漱溟起草一份〈生平〉。關於1953年一事，第一稿中寫道：「受到不實事求是的批判。」家屬認可。可在修改稿中莫名其妙地被改為：「受到批評。」

> 第二稿和第一稿的區別在於，第一稿隱含梁漱溟不曾反對過渡時期總路線之意和因此而受到不恰的批評之意。但後來這兩點意見被去掉，即恢復當年的提法。

本來統戰部以盡快送印刷廠列印為由，不讓家屬看修改稿。經家屬再三要求，才讓過目。對這樣差之毫釐的「一字之差」，家屬在電話中向擬稿人表示反對，並表示：「如不改為第一稿中的表述，家屬將不

出席次日（7月7日）的遺體告別式。」統戰部不得已，約請梁氏兄弟去面談。梁氏兄弟表示，文字如何表述，以事實為準。當年明明是「批判」，《毛澤東選集》第五卷上白紙黑字寫的是〈批判梁漱溟的反動思想〉，現在為何將「批判」改為「批評」，令人費解。對方無言以對。只反覆重複勸其「希望以大局為重」、「明日家屬務必出席遺體告別式」一類的話。家屬據理以爭，不肯讓步。家屬不在乎評價如何，只要合乎事實就行。梁漱溟生前概不接受說他反對總路線，子女們就不能替他接受。商談從大會議室改到小會議室，由中午拖到開晚飯。相持不下。統戰部請來民建的孫起孟先生、民盟的葉篤義先生從中轉圜。兩位先生感到此事棘手，覺得家屬持之有理，難以啟齒。一說：「原來第一稿不是挺好嗎？」，一用「曉以大義」勸說。又陷入僵局。雙方的心裏底線是：乾脆不將這一段寫入〈生平〉。但雙方誰也不肯先表態。最後由孫起孟提出。家屬也通情，即作附和。統戰部的同志不敢表態，說待請示。云暫且休會，吃飯，準備晚飯後再談。出門時適遇統戰部長閻明復同志外出歸來，閻明復聽完雙方意見後表態：梁漱溟先生生平的稿子，本來就不是統戰部所能寫的。他將責任攬到自己身上。又說：「那就不寫這一段吧。」因此，1988年7月8日新華社發表刊在《人民日報》的「生平」中，留下了1953年的那段「空白」，文章的標題是：〈三軍可以奪帥，匹夫不可奪志─梁漱溟走完百年人生旅程〉。

梁漱溟的遺體告別儀式在北京醫院告別大廳舉行。

靈堂入口大門上懸掛的輓聯是：

百年滄桑，救國救民

千秋功罪，後人評說

橫批是：

中國的脊樑

這副輓聯是梁培寬次子梁欽寧草擬的。培寬本人正忙於父親的身後事不知情。梁欽寧張貼時，工作人員阻止，但他執意堅持。大概怕在靈堂上鬧起來，會有不好的影響，工作人員只好作罷。註19

據《人民日報》載，前往弔唁出席遺體告別儀式的有：李先念、閻明復、劉瀾濤、習仲勳等四百餘人。趙紫陽、萬里、李先念、彭真、鄧穎超等送了花圈。

《人民日報》刊發「梁漱溟遺體告別儀式在京舉行」的標題是：〈一代宗師誨人不倦，一生磊落寧折不彎〉。

梁漱溟的骨灰安放在北京八寶山。後應山東鄒平（梁1931年在此創建鄉村建設研究院，七年）的要求，家屬同意將部分骨灰葬於鄒平，並建碑林。墓碑由趙樸初題寫。後費孝通、啟功、吳祖光等文化名人相繼為梁漱溟鄒平墓地碑林題詞。繼之，梁漱溟的桑梓廣西桂林提出同樣的要求，家屬應允，又將梁漱溟存於八寶山的另一部分骨灰遷葬至桂林穿山公園。

【注釋】

註1：郭齊勇，〈獨立獨行，一代直聲〉，轉引自《梁漱溟先生紀念文集》，中國工人出版社，2003年7月第二版。

註2：葉篤義，〈哀悼梁漱溟先生〉，《群言》，1988年9月7日。

註3：鄭直淑，〈梁漱溟受批公案揭底〉，《文匯報》，1988年1月24日。

註4、5：汪東林，《梁漱溟問答錄》，湖北：人民出版社，2004年2月版。

註6、7：梁培恕，《梁漱溟傳》，香港：明報出版社，2001年12月版。

註8：曾敏之，〈記梁漱溟先生〉，香港《文匯報》，1988年6月26日。

註9：章德良，〈天下誰人不識君──訪梁漱溟〉，《雜家》，1987年1月號。

註10、11：汪東林，《梁漱溟與毛澤東》，湖北：人民出版社，2003年3月版。

註12：袁鴻壽，《仲尼燕居──悼念梁漱溟先生》，中國工人出版社，2003年7月版第二版。

註13：任華、馳方，〈風號大樹中天立──梁漱溟先生訪問記〉，轉引自《百年國士》，中國文聯出版公司，1999年2月版。

註14：同註4。

註15、16：宗璞，〈對《梁漱溟問答錄》中一段記述的訂正〉，《光明日報》，1989年3月21日。

註17：梁培寬，〈馮友蘭先生與先父梁漱溟交往二三事〉，《博覽群書》，2002年9月號。

註18：《梁漱溟自傳》，江蘇文藝出版社，1998年9月版。

註19：據筆者對梁培寬的採訪。

顧頡剛：恩怨是非知多少

抗戰前，史學界流傳北平有三個老闆：胡適、傅斯年和顧頡剛。顧頡剛默認了當時在學術研究上三足鼎立的局面；但在權位和經濟實力上遠不能等比。其時胡適是北大文學院院長，握有中華教育文化基金董事會（美庚款），振臂一呼雲者集；傅斯年是中研院歷史語言所所長，他一手抓美庚款，一手抓英庚款，人才兩旺，實力雄厚；顧頡剛只是燕大教授，類屬自耕自種的一介布衣。前兩位足踏學術、政治兩隻船，隨風飄洋過海；後一位專攻學術，恪守、終老本土。

近一個世紀以來，胡適在大陸學界橫豎都是出頭鳥，被追捧或被棒擊，眾目所注；傅斯年因「大炮」盛極一時，隨斗轉星移不被人齒及，而近年又重浮大陸水面，文化人皆知一二；唯顧頡剛名落孫山，只有學界圈內論及，大眾讀者幾乎無人知曉。筆者以為他實在不應被忘卻。

顧頡剛（1937）

　　顧頡剛（1893-1980），江蘇蘇州人，出身詩書世家，康熙皇帝下江南時獲悉顧氏家族文風勁盛，譽其為「江南第一讀書人家」。顧頡剛1923年〈與錢玄同先生論古史書〉橫空出世，他的「層累地造成中國古史觀」，被譽為史學界的「進化論」而暴得大名。顧氏早年加入社會黨，退黨；後入國民黨，又退黨；當過國民政府的「國大」代表、「參議員」；1943年的「獻鼎」活動中，鼎上有名；中研院首批院士，1938年毛澤東對他情有獨鍾，曾贈他《論持久戰》。解放後曾是多屆全國政協委員、「人大」代表、「民進」中委，1971年周恩來欽點他主持標點二十四史……

　　顧頡剛畢生在學術園地耕耘，「創造了輝煌，也留下了遺憾」。他撰聯自嘲：

　　　好大喜功，終為怨府，
　　　貪多務得，那有閒時！

顧頡剛對史學界的貢獻早有定評，此類頌揚懿德的文字汗牛充棟，毋庸贅述，筆者就他生平與師友間的恩怨是非梳理成文，一彰顯顧先生豐富多彩的人生，二可促人尋味。

（一）與魯迅：池魚之殃

〈辭顧頡剛教授令「候審」〉，這個標題十分跳眼，魯迅將其收在《三閒集》內，不知何因沒有另行發表。何謂「候審」？緣自顧頡剛向魯迅討公道的一封公開信，回擊魯迅對自己的中傷。（筆者按：指發表在1927年5月11日《中央日報》上魯迅致孫伏園的一封信）顧頡剛認為「非筆墨口舌可明瞭」，故要打官司。當時魯迅正在廣州，顧頡剛要求魯迅暫勿離開，準備對簿公堂「候審」。

魯迅（1881-1936）與顧頡剛何以結怨？說來話長。

他們始識於1918年。其時顧頡剛與傅斯年、羅家倫等興辦《新潮》，如期贈魯迅雜誌，以求得到支持和指導。俟《語絲》問世時，顧頡剛是長期撰稿人。魯迅在〈我和《語絲》的始終〉中曾提及顧頡剛。顧頡剛的《古史辨》等著作出版後亦寄贈魯迅。由此看，顧是尊重魯迅的，他們的關係是不錯的。

1926年6月，林語堂受聘廈門大學文科主任。搭班底時林薦請沈兼士、魯迅為研究教授，顧頡剛為教授。魯迅對顧頡剛在廈大的作為不滿，是年底，魯迅忽然向廈大提出辭呈，顧致胡適的信（1927.4.28）說出了原因：

我初到廈門時，曾勸語堂先生不要聘川島（章廷謙），孰知這

一句話就使我成了魯迅和川島的冤家。

此言從魯迅致川島的信（1926.10.23）中得到證實。魯迅認為顧頡剛在搞兩面派。他對川島說：

> 這實在使我吃驚於某君（顧）之手段，據我所知，他是竭力反對語堂邀你到這裏來的，你瞧，陳源之徒！

在這件事情上顧頡剛確實有點表裏不一，他曾受川島之託介紹其到廈大，心中本不願意；川島另徑打開廈大之門後，他在致川島信中又說：「事已辦妥了」。此處又有點貪功的味道。其實，魯迅也不欣賞川島，曾說：「他不能講課，我要他來做什麼！」川島事件，只不過是一種表象。值得注意的另一點是：顧頡剛本來在北大是助教，這次是聘他來當教授的。可一到，學校基於他《古史辨》等研究成果獲譽盛隆，學術地位提高了，改聘他為「研究教授」，「連升三級」，與魯迅享受同等待遇，同室辦公、同桌吃飯。魯迅是否有妒，也值得研究。

這中間還有誤會。那年代人際關係複雜，盤根錯節。原北師大白果（黃堅）也來到廈大，此人曾與魯迅有過摩擦，魯迅以為是顧頡剛推薦來的，便把對白果的憎惡遷怒到顧頡剛頭上。白果其實是林語堂介紹的。

究其根子，還是那個「陳源之徒！」陳源是魯迅不共戴天的冤家。那是宿怨。說來話更長……

　　蔡元培掌北大，組織教授會，定出教授治校的方針。教授爭權，分為留學英美和留學法日兩大派，各自有刊物。前者以胡適、陳源等為中堅，興辦《現代評論》和《晨報副刊》；後者以沈兼士、沈尹默、沈士遠和馬裕藻、馬衡為支柱，他們是浙江人。魯迅、周作人均加盟。他們是浙派。當時顧頡剛既從學胡適，又在沈兼士手下的研究所任職。處在「兩姑」之間，常受夾板氣。顧頡剛甚為苦惱。

　　早在1921年魯迅作《阿Q正傳》，談阿Q之名為「桂」或「貴」時說，只有待於「有『歷史癖與考據癖』的胡適之先生之門人們」的考訂，含沙譏諷了胡適與顧頡剛。雙方心中早有芥蒂。

　　使兩人矛盾更加尖銳的是1925年北京女師大（原女高師）學潮。當時魯迅、周作人在報端直指楊蔭榆為禍首，認為她壓制學生運動。顧頡剛認為此事與「法日派領袖」李石曾有關。而陳源（西瀅）是楊蔭榆的無錫同鄉，為楊作辯護。雙方展開激戰，由此結怨發展到兩派之間。加之，魯迅作《中國小說史略》參考日人鹽谷溫的資料，未加說明，有人認為有抄襲之嫌。陳源與顧頡剛談及，陳源將此在報上捅了出去。魯迅持據反擊。為此魯迅與顧頡剛結怨，顧自然就成了「陳源之徒」。

　　此外，當時在廈大，魯迅以為還有一些人也是顧頡剛所薦：

　　在國學院裏，朱山根（筆者按：即顧頡剛）是胡適之的信徒，另外還有兩、三個，似乎都是朱薦的，和他大同小異，而更淺薄。（1926.9.20致許廣平信）

看廈大國學院，越看越不行了。朱山根自稱只佩服胡適、陳源兩個人，而潘家洵、陳萬里、黃堅三人，皆似他所薦引。（1926.9.25致許廣平信）

在北京是國文系對抗著的，而這裏的國學院卻弄了一大批胡適、陳源之流，我覺得毫無希望。……我們個體自然被排斥。（1926.10.16致許廣平信）

魯迅表示「不與此輩共事」的決心。還有廈大當初對魯迅出書的承諾沒有兌現等諸多原因，遂向廈大提出辭職。

當時魯迅對顧頡剛的怨，並未公開化。因此魯迅離開廈大時，顧頡剛還向其致候，魯迅上船後，顧頡剛又到船上揖別，「不曾當面破過臉」。

1927年初，魯迅到廣州中大任教務主任兼國文系主任，傅斯年任文學院長兼哲學系主任。傅斯年與顧頡剛本是北大同窗，傅便邀顧赴中大辦中國東方語言歷史研究所。

當魯迅從傅斯年口中證實顧頡剛要來中大，「勃然大怒」，當即表態：「他來，我就走！」傅斯年竭力挽留魯迅，並說有「補救法」。（詳見本文「與傅斯年」一節）恰逢此時發生「四一五」大屠殺，營救學生無效，魯迅於4月21日向中大遞辭呈，義憤拂袖而去。傅斯年因魯迅反對顧頡剛入校而辭職。魯迅與他的學生謝玉生於4月間分別給時在武漢的孫伏園寫信敘說中大的情況。孫伏園將兩人的來信加按語發表在5月11日武漢的《中央日報》上。謝玉生的信大意是魯迅向中大辭職的直接原因是顧頡剛來中大；顧頡剛去年在廈大造作

謠言，誣衊迅師；以及林語堂甘為林文慶謀臣，主張開除學生，致使學生流離失所。魯迅信中說顧在廈積極反對民黨……孫伏園加的按語是：

> 看來我們那位傅斯年先生和顧頡剛先生大抵非大大的反動一下不可了。
> 廈大的情形，林語堂先生來武漢，才詳詳細細的告我，顧頡剛先生真是荒謬得可以。
> 傅斯年、顧頡剛二先生都變成了反動勢力的生力軍！

當時顧頡剛正在杭州為中大購書，7月22日見到這張《中央日報》，大憤。

> 他感到魯迅等人值此國民革命之際加自己反對國民黨的罪名，真是要置自己於死地！

所以7月24日他給魯迅寫信：

> 此中是非，非筆墨口舌可以明瞭，擬於9月中旬回粵提起訴訟，聽候法律解決。如頡剛確有反革命之事實，吊受死刑，亦所心甘，否則先生等自當負發言之責任。

這期間傅斯年勸顧頡剛不必訴訟。魯迅也根本沒留在廣州，他在接到顧頡剛來信的當天（7.31）便給川島寫信說：

今得其來信（筆者按：指顧），閱之不禁笑矣，即作一覆，給他小開玩笑。今俱奉錄，以作笑資。

魯迅並沒有把這封信公開發表，大概怕把事態擴大。顧頡剛雖信誓旦旦，他是可以在廣州提出訴訟的，然而他也沒有。一場官司也就不了了之。

顧頡剛在自傳中慨歎：

我一生中第一次碰到的大釘子是魯迅對我的過不去。

（二）與胡適：亦師亦友，由親而疏

顧頡剛1913年考入北京大學預科，1916年入北大文科中國哲學門。其時蔡元培掌北大，為根治校風腐敗，他提出：「大學學生，當以研究學術為天職，不當以大學為升官發財的階梯。」遂廣攬具有新思想的教員。胡適（1891-1962）剛留美歸來，作為舊學新知兼備的學人登上北大講壇。當時，胡適才二十七歲，太年輕，北大一般對傳統學術訓練有素、自視甚高的青年學子不把他放在眼裏。顧頡剛聽了胡適幾堂課後被震懾，認為胡適是位「有眼光、有膽量、有裁斷」的歷史學家。在胡適大力鼓吹「多提出一些問題，少談一些紙上的主義」、「大膽的假設，小心的求證」的治學理念的浸潤、影響下，顧頡剛的興趣由哲學轉入史學。不過，那時他們之間的關係平平，沒有深交。

1920年夏，顧頡剛畢業了，找工作無門，羅家倫把顧頡剛推薦給胡適。胡適以愛才著稱，他為顧頡剛在北大圖書館謀編目員一職，月薪五十元。當獲知顧頡剛家累太重，入不敷出時，胡適私下每月資助他三十元，請助其編書。這種雪中送炭的情誼令顧頡剛十分感動。他們之間的關係由此變得日益親密起來。當時胡適正在研究《紅樓夢》，顧頡剛為他搜羅曹雪芹的家世等相關資料。後來，胡適在他的自傳中特別提及。是年秋，胡適發表《水滸傳考證》，顧頡剛讀後深受啟發。他想，既然可以用研究歷史的眼光去研究故事，反之，也可用研究故事的方法去研究歷史。不久，胡適又讓顧頡剛標點《古今偽書考》，顧頡剛又從胡適處得到《崔東壁遺書》，獲益甚大。崔氏提出「世益晚則其採擇益雜」、「其世愈後則傳聞愈繁」的現象，在顧頡剛心中漸漸萌芽，「不由得激起了我推翻偽書的壯志」。天時地利人和。顧頡剛一頭栽進故紙堆，興趣日濃，遂向胡適建議編輯《辨偽叢刊》，又由此結識了錢玄同。錢的用古文字學家的話批評今文學家、用今文學家的話批評古文學家的觀點，給顧頡剛極大的啟發，得到了「辨偽事比辨偽書尤為重要」的策示。關於評經真偽的問題，錢玄同給顧頡剛寫一長信，觸發了顧頡剛長期鬱積心中對古史的見解，遂撰〈與錢玄同先生論古史書〉一文，刊發在《讀書雜誌》（第九期）上。顧在編者按中提出「層累地造成中國古史」的觀點。此言一出，石破天驚，在史學界掀起軒然大波。南京東南大學的劉掞黎和胡適的族人胡堇人依經據典大加反駁，更有譏笑和責罵。顧頡剛的「禹或是九鼎上鑄的一種動物」的判斷被陳立夫等簡化為「禹是一條蟲」而哄傳一時。

1926年，顧頡剛把上述討論文章結集成《古史辨》出版，一時風靡學界，一年內印二十版。面對眾多的責難、譏諷，胡適予以熱情地肯定：

　　　　這是中國史學界的一部革命的書，又是一部討論史學方法的書。此書可以解放人的思想。
　　　　頡剛的「層累地造成中國古史」一個中心學說已替中國史學界開了一個新紀元了。

蔡元培、傅斯年、郭沫若和王伯祥等都交口稱讚。

　　《古史辨》成了顧頡剛學術生涯的起點。他稱「胡適是我學術上的引路人」。顧頡剛在《古史辨》自序中，坦然地表明了這一點。當年，顧頡剛與傅斯年、毛子水打起「整理國故」大旗後，胡適曾適時地為他們指明「用歷史的眼光來擴大國學研究的範圍」等研究方向，並撰考據文章示範之。胡適欣賞顧頡剛的才華，認其是他史學上最得意、最有成就的學生。

　　胡適僅長顧頡剛兩歲。在同時代的年輕學人中，他們的通信最多，在《胡適遺稿及秘藏書信》第四十二冊中，收錄顧頡剛的函札達一百三十六通之多。在這些信中，有他為胡適解決《紅樓夢》考證問題的，有與他探討學術問題和述說自己的生活狀況的。有些信竟被胡適黏貼在自己的日記中。顧頡剛的研究成果發表後，胡適說他對史學的「貢獻一定不可限量」。這一高度評價，不僅給顧頡剛莫大的鼓舞，在輿論上也樹立了顧頡剛的威信，從而引起史學界對顧頡剛的重視。

「做學問要在不疑處有疑，待人要在有疑處不疑。」這是胡適的名言。「疑」是他們兩人的共通之處，顯然也是顧頡剛對胡適學術精神的師承。因此，說他們兩人的關係亦師亦友是最妥帖的，可以說胡適促成了顧頡剛的「大器早成」。

胡適與顧頡剛在史學研究的道路上，有志同道合、攜手共進的歷史；但由親而疏而變異也是事實。1926年他們在學術上產生了分歧。顧後來說：「我做什麼，他就反對什麼。」「我本是跟著他走的，想不到結果他竟變成反對我。」這主要是胡適將自己手訂的「寧可疑而過，不可信而過」的研究史學的信條，變為「寧可信而過，不可疑而過」，日趨保守起來。以致1929年胡適當著顧頡剛的面說：「現在我的思想變了，我不疑古了，要信古了。」令顧頡剛大為失色。

透視他們關係的疏遠，在學術上的分歧是其一，對政治的態度是其二。胡適本來聲言只鑽研學問，不問政治，後來傾向「講學復議政」；而顧頡剛則是一個脫離或逃避政治，立志獻身於學術的另一類。1927年，國共兩黨分裂後，顧頡剛先後寫兩封信給胡適，勸諫他遠離政治：「我以十年來追隨的資格，摯勸先生一句話，萬勿回北京去。」「我希望先生的事業完全在學術方面發展，政治方面就截斷了罷。」言詞懇切到「這是我和淚相勸的一件事，請先生聽我罷！」然胡適拒諫，遂兩人由此疏離。1946年胡適由美返國做北大校長，顧頡剛沒有攀附；但兩人仍禮貌地維繫著一種師生關係。

這期間，還有一插曲：因誤會導致兩人裂痕的加深。即1929年顧頡剛的學生何定生背著顧頡剛以樸社名義出版了一本《關於胡適之與顧頡剛》的書（詳見本文「與何定生」一節），弄得顧頡剛十分尷尬，

百口莫辯，最後以「揮淚逐愛徒」（何定生）告終。

　　歷史毋須避諱。1949年以後，顧頡剛在新的歷史背景下，自覺的或不自覺的展開對胡適的批判，且隨著運動的發展批判也不斷地深入。1951年在上海「胡適思想批判座談會」上，顧頡剛的發言僅屬於表態性質，公開提出要在政治思想上與胡適劃清界限，但並未否定胡適在學術上對自己的影響，更沒否定胡適在學術上的貢獻。1954年顧頡剛當選為全國政協委員，在會上的發言調子也陡然高了起來，承認自己解放前是「胡適集團的嫡系」、「胡適的代表人」，並檢討自己：「我是在一定程度上替他造成他的虛名和聲勢的一個人」、「這就是我對學術界和全國人民抱疚的事情！」對胡適的學品、人格進行了攻擊，徹底否定了胡適對他的幫助和影響。他改口聲稱：「至於我想把經學變化為古史學，給我最有力的啟發的是錢玄同先生，同胡適絕不相干！」（《人民日報》1957.12.25），給人一種鮮血淋漓的震驚。直至1978年冰消雪融之後，顧頡剛以平和的心態重新回味、反芻胡適對自己的滋養和影響，良心得到復甦。在1980年寫的〈我是怎樣編寫《古史辨》的〉中，較為客觀、真實的敘述胡適對他的影響：

> 在「五四」運動之後，人們對於一切舊事物都持了懷疑態度，要求批判接受，我和胡適、錢玄同等經常討論如何審理古史和在書中的真偽問題……

　　相映成趣的是，胡適在1952年初看到了顧頡剛在上海「批胡」座談會上的發言，把那頁剪報貼在自己日記本上，並作評語：

頡剛說的是很老實的自白。他指出我批評他的兩點（《繫辭》的制器尚象說，《老子》出於戰國末年說），也是他真心不高興的兩點。

胡適的態度是從容、平和的。

歷史也需要寬容。

顧頡剛當年對胡適的批判，是政治運動，非學術爭鳴，是在黑雲壓城城欲摧下的聲音，是他「我是一個有兩重人格的人」的反映，絕不是他真實的心聲，是在那個指鹿為馬年代為了生存的一種本能的自我保護。同時與他當時所處的政治地位不無關係。解放後，政府對他的禮遇甚厚，他是人大代表、多屆政協委員和民進中委。

「高處不勝寒」，重新審視這段歷史，也必須要「辨」的。讀顧頡剛的日記和信札，我們便可釋然了。

顧頡剛

並陸續徵求辛樹幟、李平心、吳晗、侯外廬、尹達等人之意見，不斷修改、重抄，最後成三千言之文。……以十人之修改，歷七天而後定稿，大不易矣。（日記，1954.12.23。筆者按：指1954年當選政協委員後會上的發言。）

其一，評胡適的演變方法無毒素；其二，謂予與胡適分路後即不受其影響。（日記，1955.3.15。筆者按：指批判胡適會上的發言不能過關，會後向尹達作的檢討自認的錯誤。）

三個組織—科學院、政協、民進—再加上許多社會活動，幾乎天天有會開，處處逼著自己寫文章，年紀越來越大而負擔越來越重，簡直把我壓死了。（1957.6.6致于鶴年信）

惴惴恐罹其咎，幸得寬免。（日記，1957。指1957年4月對《光明日報》記者談話，不同意「圍剿」俞平伯，把俞平伯罵得一錢不值。）

竟是解放後自傳矣。（日記，1958.5.10。筆者按：指寫的交心材料及十幾萬言的檢討書）

一篇發言寫了四次，今日略定，甚矣江郎才盡矣！（日記，1958.12.4。筆者按：指發言稿〈從抗拒改造到接受改造〉因「無政治頭腦」，在「親友幫助下」，寫了四次才過關。）

　　然社會主義關不能不過，則只有拼命做去耳。（日記，
　　1958.2.25）

　　只有勉強掙扎，只要不致跌倒，總當竭蹶以赴。（致辛樹幟
　　信，1958.3.24）

　　戲劇性的是，顧頡剛一邊在亦步亦趨地批判他的老師胡適，一邊
又戰戰兢兢地接收他的高足童書業和楊向奎對他的批判。（詳見本文
「與童書業」一節）
　　胡適與顧頡剛關係的變化，顯示了那個時代。是顧頡剛的悲哀，
更是時代的悲哀。

（三）與傅斯年：相親相輕

　　文人無行，此言偏頗；然文人較常人要複雜得多。歷史上有許多
文人之間由相親、相輕乃至疏離、決裂大有人在，傅斯年與顧頡剛則
是一例。
　　顧頡剛與傅斯年同於1913年考入北京大學預科，三年後一同進入
本科。傅為國文門，顧為哲學門，兩人同住一宿舍五年，又同為胡適
的門生。早在讀預科時，傅斯年等發起「文學會」，出版《勸學》雜
誌，便邀顧頡剛寫稿。顧痛恨個別今文學家的造謠，寫了篇三千字長
文〈喪文論〉，為孔子鳴冤。傅斯年十分欣賞，主張發在刊物頭題，
被業師桂先生罵了一通，退稿作罷。

傅斯年選聽胡適的課，還是由顧頡剛介紹的。兩人十分信服，共同成為胡適的入門弟子。傅的舊學根底十分深厚；顧鍾情於古史。羅家倫對他們的品評十分貼切，認為「顧對人非常謙恭」，「精心研究他的哲學與『史』，傅『大氣磅礴』，『高談文學』革命和新文化運動」。兩人性格、興趣的差異沒有影響他們成為好友。相互欣賞、相互砥礪。有人稱他倆是「塤篪相應」。

　　1918年11月，傅與羅家倫等在蔡元培、陳獨秀支持下，成立新潮社並辦《新潮》雜誌，顧頡剛也應邀入盟，積極為《新潮》撰稿。次年「五四」運動爆發，傅、羅作為學生領袖，傅是天安門遊行總指揮，羅起草〈北京學界全體宣言〉。風潮擴大，遠在蘇州因病休學的顧頡剛十分關注。當有人攻擊、詆毀、造謠傅收受某日本公司的津貼，又傳說因而被同學逐出時，顧堅信傅的品行「親近軍閥的行為斷斷不敢相信」，認為傅遭誹攻，那是木秀於林的必然。一個月後，傅由北大畢業後赴歐留學。

　　1926年末傅斯年學成後回國。

　　1927年，廣州中山大學聘魯迅為教務主任兼國文系主任，聘傅斯年為文學院長兼哲學系主任。當時顧孟餘是中大管理委員會副委員長，他本是北大的教務主任。傅斯年與顧孟餘都很認同顧頡剛的人品、學問，又知當時顧頡剛所在的廈大正鬧風潮，便邀顧頡剛加盟中大，壯大中大的學術力量。傅要求顧到中大「辦中國東方語言歷史研究所，並謂魯迅在彼為文科進行之障礙」。（顧日記，1927.3.1）顧頡剛因魯迅在中大，不想去，函謝。魯迅知道顧頡剛不肯來，便說他「與林文慶（廈大校長）交情好，他地位穩固，哪裡肯來」。聽到這類

話顧越發不肯。熟人好共事，又是大學時代的好朋友，傅斯年便用激將法：「兄如不來，分明是站在林文慶一邊了，將何以答對千秋萬世人的譴責？」在此夾攻下，又念老友的盛情，顧頡剛向廈大辭職，電告顧孟餘、傅斯年，他不日赴廣州就職。孰料3月下旬顧突然接到傅斯年電報：「彼已去阻，弟或亦去校，派兄去京坐辦書，月薪三百，函詳。」其意為魯迅反對顧至中大，傅斯年或亦為此辭職。恰逢當時廈門郵局鬧罷工，顧頡剛未能及時收到信。4月初，顧電傅云：「無函為念，可否到粵面商，電覆。」數日未見有覆，顧在廈大已辭職，便匆匆赴粵。17日顧一到中大，便知魯迅與其冰炭不容的局面。魯迅20日便辭職，可感歎的是傅斯年與顧頡剛共進退，也毅然辭職。學校紛亂，學生意見不一。朱家驊出面調停，一面同意魯迅請假離校，一面差顧頡剛外出購書，避免魯迅與顧頡剛在中大直面相視。魯迅顯然不滿意這種「和」的局面，拂袖而去，同時寫信給武漢的孫伏園。孫將魯迅的信加按語發在武漢的《中央日報》上，從而引發顧頡剛與魯迅要打官司的一幕。

　　魯迅走了。傅斯年、顧頡剛留在中大。

　　1927年10月，顧頡剛外出購書。此前傅斯年宣佈顧頡剛任歷史系主任。顧頡剛欲辭不就，校方懇留。顧頡剛在致胡適的信中說這是「念魯迅攻擊我時他們幫助的好意，只得答應了」。顧頡剛除教書外，傅斯年又邀其共辦語言歷史研究所，主編《國立中山大學語言歷史研究所週刊》。顧擬的發刊詞外人還以為出自傅斯年之手，聊見當初在辦刊方針上兩人的意見還是一致的。傅斯年曾致顧頡剛一封長函，斷斷續續寫了五年，盛讚顧氏「層累地造成的中國古史」觀點，

並受此啟發在信中談自己對「孔子與六經」等的新見解。顧頡剛想發表此信，傅斯年怯於自信不足，不想發；而顧以為其中「有許多極精當的議論」、「至少可以引起多少問題，引起多少人來商量或攻擊」，是件營造學術氛圍的好事，以利求真。傅終於同意了。文人相親。

顧頡剛到中大後，將以北大徵集歌謠為開端的民俗學運動帶到廣州，還創辦民俗學會、出版民俗讀物、推動民俗學運動。長期留歐的傅斯年對大眾文化產生隔膜，不以為然，以為「淺俗」、「無聊」。他認為大學出書應當是積年的研究成果，不應從俗。而顧頡剛認為傅的觀點在治世說是對的，在亂世說是不對的，「立意在繼續北大同仁要做而未成功的工作。」兩人由此產生了嚴重的分歧。

由於顧頡剛積極提倡研究學風，獎掖青年，研究成果疊現。樹大招風，周圍的同仁有點不平：「中山大學難道是顧頡剛一人的天下！」顧遭遇一些原北大老同學的冷眼、攻擊。因此心情不快，想回北京。傅斯年在致胡適的信中戲言：「頡剛望北京以求狐死首丘」。

適逢1928年燕京大學馳函聘顧頡剛去作研究。顧欣然應答，並將此告訴傅斯年，傅極力反對，認為他在中大缺乏師資的情況下離去，是故意拆他的台，一怒之下說他「忘恩負義」，並且說：「你若脫離中大，我便到處毀壞你，使得你無處去」之類傷感情的話。顧頡剛婉約，他怕傷和氣，便說：「只要你供給我同樣的待遇，我可以不去。」顧向胡適抱怨：「孟真對於我的裂痕已無法彌補，差不多看我叛黨似的。」恰好，那時中研院來聘傅、顧兩人籌備歷史語言所，顧不失時機也辭了燕京大學。

　　當時歷史語言所籌辦於廣州。傅、顧與楊振聲同應蔡元培之聘為籌備委員。在辦所方針上，顧、傅各持己見。傅有留學背景，欲步法國漢學後塵，旨在提高；顧則以廣攬人才、培育人才為要。兩人各執一端，不肯相讓。傅脾氣暴躁，有點家長作風；顧生性倔強，不甘受壓。兩人有次出言不恭以致破口大罵，後由楊振聲勸阻才作罷。顧憤然退出語言所離開中大，到了燕大。兩人由此分道揚鑣。值得回味的是，顧那時手頭拮据，離廣州時欲向傅借一百元。傅也慨然答曰：「就是二百元也可以。」

　　在他們兩人之間，胡適做了不少調和工作。他勸顧頡剛不要因驕傲樹敵。顧頡剛認為：

　　我樹的敵人可以分為兩種，一種是嫉妒我，一種是想征服我，……我自己不願壓迫人家，也不願人家壓迫我。

對這一結怨他認為自己「心無愧怍也」。

　　1931年蔣夢麟任北大校長期間，胡適任文學院長，他們希望在燕大的顧頡剛去北大做史學系主任。顧提出一些要求，蔣夢麟答應了。燕大又熱情挽留顧並為其加薪，盛意可感。顧在兩難之中分別向蔣夢麟、傅斯年各函兩封長函表示致歉，只答應兼課。傅斯年譏諷：「燕京有何可戀，豈先為亡國之準備乎？」

　　顧、傅兩人緣已盡，但情未了。

　　1935年顧頡剛辦的《禹貢》雜誌「經費則大費周章」，在經濟上陷入困境，不得不四方「乞憐」，包括給傅斯年寫長函，言詞懇切。

傅亦很大度地捐棄前嫌，慨然應諾。傅除自己伸出援助之手外，還代其向朱家驊等募集。滴水之恩當湧泉相報，顧頡剛向捐者一一鳴謝，將部分捐款購置的圖書上，刊刻戳記，文曰：

　　×××先生捐（或募）款紀念，禹貢學會寶藏，蓋於各書卷首，俾讀是書者永不忘此日之嘉惠。

　　透視顧、傅的友誼，由親而疏而分的歷程，顧頡剛重知識慾，傅斯年重政治慾是一重要原因。加之兩人經歷、志趣、性格迥異，合作中出現不諧勢之必然。同時，隨著顧頡剛的學術地位提高，名望日重，傅斯年難免心存妒意。早在1926年他致顧頡剛的長信中便有流露：

　　幾年不見頡剛，不料成就到這麼大！這事要是在別人而不在我的頡剛的話，我或者不免生點嫉妒的意思，吹毛求疵，硬去找爭執的地方。

　　顧頡剛為中大購書回粵，雜務纏身，為自己沒有寫一篇研究文字而向傅斯年訴苦時，傅竟譏諷：「先生名已高矣，錢已多矣！」令顧頡剛心痛不已。
　　文人相親亦相輕。

（四）與門生：一言難盡

學術是講究薪火傳承的。

顧頡剛是胡適的正宗門人。他除了繼承先師的學品外，在識拔、獎掖、提攜末學上同樣蜚聲士林。四十年代顧的麾下一時英才薈萃，勝友如雲。他的門生遍佈各個學術領域，又以古史、歷史、地理領域為最。即在今日，也正是他的傳人們支撐著當今的史壇。

成也蕭何，敗也蕭何。

顧頡剛發跡於北大，結怨於北大；獲譽於愛才，遭誹也於愛才。

顧頡剛在日記中屢發「才難」的感慨。他說：

> 我的性情過於愛才，只要一個人有些長處，我總希望他肯竭盡其才，做出些有價值的工作。

為了培植後學，他恨不得「砍了當柴燒」。也正因為此，「於是激起一班同事的忌妒心，說我利用青年結合黨徒。」顧一生招來的非議、引起的禍端，十之八九都是為門徒所累。現擇要列於後：

1. 何定生（1911-1970）

顧頡剛真正執教鞭是1927年在中山大學時。何定生是他最早的學生。何氏天賦高，十六歲入中大。他是在顧頡剛循循善誘下，一步步登入學術殿堂的。他的〈《尚書》的文法及其年代〉發表後，受到顧頡剛的激賞，曾說：「你，在天資方面，在外國文方面，在文學方面，都比我強得多」、「你若致力，我深信自己要退避三舍。」為鼓

勵何定生孜孜於學術研究，顧頡剛代其向校方申請獎學金。因學校人際關係複雜，有人作梗。顧頡剛與對方大吵，以拂袖示威。何定生深感師恩浩蕩，表示「一定顯其好身手」，以不負恩師厚愛。在顧的力薦下，學校最終發給了何定生獎學金。正因為這場風波，「一時忌者蜂起，謠諑紛來，致使何定生難安於位」。

1929年2月，顧頡剛離開中大。何定生感於顧的知遇之恩，毅然退學，追隨恩師到北平，食宿全倚仗顧頡剛。

令顧頡剛失望並引起莫大的不快的是，何定生在他離開北平時，背著他以樸社的名義，將胡適的〈治學的方法與材料〉相關討論文章彙集後，略加修改，冠名《關於胡適之與顧頡剛》出版，序文以〈又來「罵」胡適之先生〉為題，十分惹眼。書出版後，北平、上海學界一片譁然。因胡適在〈材料〉一文中曾批評「古史辨」派的工作。更令人生疑的是，《關於》一書是由顧頡剛擔任總幹事的樸社所出版，作者何定生又與顧頡剛有特定的師生關係，確有揚顧抑胡之嫌。傅斯年對顧頡剛說：「想不到頡剛會出這樣的書！」顧頡剛回蘇州為父做完壽，回北平風聞此事如遭棒擊。即令他渾身長嘴，也難辯清。顧不勝惶恐，忙給胡適寫信：

> （何定生）趁予在蘇州時印成。此次予來，見之大駭。恐小人借此挑撥，或造謠言，即請樸社停止發行，且函告適之先生，請其勿疑及我。

一面又嚴責何定生。儘管何定生天真地想：「出了什麼事由他自己承擔」，但他豈能擔當得了？這期間何定生在杭州邂逅一漂亮女子，不能自拔，萬念俱灰時幾欲萌自殺念頭。日益頹廢，口碑甚壞。顧頡剛哀歎：「你已經親手把我一顆愛你的心打碎了。」顧頡剛説，我已失去「傅孟真先生這個良友」，不能再失去適之先生「這一個良師」。顧頡剛毅然向何定生下了逐客令。顧頡剛心酸至極：

> 我一生所受的累，不是自己的好名好利，而是愛別人的才……不料因此一癖，來了許多麻煩。

何後來的經歷複雜。1948年任臺灣林產管理局秘書。後重歸學術路，執教於臺灣大學。

2. 譚其驤（1911-1992）

譚氏早年就讀上海暨南大學歷史社會系。鍾情於歷史，畢業後考入燕京大學研究院，拜在顧頡剛的門下。譚天賦高、悟性好。讀了顧頡剛的〈漢書·地理志〉後提出自己的質疑，寫信請益。顧頡剛十分高興，覆了封六、七千字的長函，稱其為「學兄」，把他當作一個學術對手平視，深入討論。他在日記裏讚賞：「其驤熟於史事，余自顧不如，此次爭論，余當眾服矣。」後，譚畢業論文的指導老師恰是顧頡剛，得到有力的指導。顧的學問與人格，贏得了譚的欽佩，並影響了他的一生；譚對學問的執著與嚴謹，亦深得顧的欣賞。

譚其驤研究生畢業後即為輔仁大學講師。《禹貢》創刊時，由顧、譚兩人共同主編，合寫了發刊詞。顧在致胡適信中稱：「譚君實

在是將來極有希望的人。」但在辦刊、治學的問題中兩人存在嚴重分歧。譚性情淡泊，行事嚴謹，習慣於埋頭做學問，不太注重辦刊之瑣碎；顧頡剛則認為：「若為自己成名計，自可專做文章，不辦刊物；若知天地生才不易……便不得不辦刊物。」刊物可以培植造就人才。同時顧對譚的過分自負提出了批評。譚貴「專」，治學傾向於小心求證，以嚴謹、務實著稱，被顧譽為「不苟且」，但寫得太慢，發得太少，難成氣候。顧頡剛屬於「博」的一種，求新求異，開風氣之先，留點遺憾也覺無傷大雅。譚最後還是離開了《禹貢》。他們的關係屬於「和而不同」的君子。但兩人一直保持著亦師亦友的情誼。

　　解放後譚為復旦大學教授。1979年《歷史地理》叢刊出版時，譚任主編，顧為顧問。

3. 童書業（1908-1968）

　　童氏是顧頡剛最忠實的學生、信徒和合作夥伴。在「疑古派」的團體中，唯有他倆是自始至終一「疑」到底的。

　　童書業天生是顆讀書的種子，極富才華，但他沒有受過系統的教育，連一紙中學文憑都拿不出。1935年他以「顧老闆」的「私人研究助理」身分到北平，食宿在顧家，襄助顧頡剛編《古史辨》。他代顧頡剛草擬《春秋史講義》和一系列辨偽文章。《古史辨》由顧寫開篇，後由童書業獨立完成。童書業被稱為「古史辨派」的後起之秀。

　　1949年後童書業執教於山東大學，為新史學新星活躍於史壇。但他有嚴重的人格分裂，解放後兩度寫文章全盤否認古史辨派。批胡適、批顧頡剛。與眾人一起出演了學生「出賣」老師，老師也在「出

賣」老師的悲劇。但顧頡剛大度、寬容，理解他、原諒了他：

> 此是渠等應付思想改造時自我批評耳，以彼輩與《古史辨》
> 之關係太深，故不得不作過情之打擊。
> 是可原諒者也。

因童書業自幼敏感，敏感到近乎神經質的程度，後終致神經錯亂，1968年死於文革中。顧頡剛有些遺稿本想託付童書業整理，竟成泡影。孰料，1973年顧頡剛還以高齡病軀為弟子童書業校訂遺稿《春秋左傳考證》和《春秋左傳札記》，作序並介紹出版。

4. 錢穆（1895-1990）

另值得一提的是國學大師錢穆。錢穆沒有正式學歷，他本在蘇州中學教國文。顧頡剛回蘇州時與其相識，對他十分欣賞。由於顧頡剛的熱情推薦，錢穆走上大學講臺。錢氏的〈劉向歆父子年譜〉就是由顧頡剛刊發的，而有些觀點他倆的意見相左。錢穆晚年所作《師友雜憶》中說，〈年譜〉一文「不啻與顧頡剛諍議，頡剛不介意，既刊余文，又特推薦余至燕京任教。此種胸懷，尤為余特所欣賞。固非專為余私人之感知遇而已。」

【徵引及參考書目】

《顧頡剛自述》，河南：人民出版社，2005年1月版。

《顧頡剛評傳》，百花洲文藝出版社，1995年11月版。

《顧頡剛學記》，三聯書店，2002年5月版。

《顧頡剛先生誕辰110周年論文集》，中華書局，2004年10月版。

《歷劫終教志不灰——我的父親顧頡剛》，華東師大出版社，1997年12月
　版。

《我與古史辨》，上海文藝出版社，2001年1月版。

《顧頡剛和他的弟子們》，山東：畫報出版社，2000年10月版。

《胡適與中國名人》，江蘇：教育出版社，1993年5月版。

《胡適周圍》，中國工人出版社，2003年1月版。

《諤諤之士——名人筆下的傅斯年，傅斯年筆下的名人》，東方出版中心，
　1999年7月版。

《歷史的先見——羅家倫文化隨筆》，學林出版社，1997年1月版。

《百年國士》，中國文聯出版公司，1999年2月版。

《八十憶雙親——師友雜憶》，三聯書店，1998年8月版。

《胡適來往書信選》，三聯書店，1979年版。

吳宓：是真名士自風流

歷史的碎片，也是歷史；讓歷史不止成為「歷史」，必須研究碎片。

——題記

（一）我是吳宓教授

「老病有孤舟」。

舟者，那間陰暗潮濕的小屋也。孤舟載著一位瞎了一隻眼、斷了一條腿的老詩翁在漂流。窗外萬家燈火。詩人方從夢中醒來，頓覺肚子餓了，口也乾了。他想開燈，無力下床；他想吃飯，不見人送，憤而摸到床頭的那根拐杖，乒乒乓乓敲起床框，疾聲振呼：「我是吳宓教授，給我開燈！」「我是吳宓教授，我要喝水！我要吃飯！」

是的，他是吳宓教授，他是詩人吳宓。

命運的扁舟在人生大海漂流了八十四個春秋，終於把僵臥病榻的詩人、教授送往天堂的港灣，永遠地錨在那兒了。時為1978年1月17日。

吳宓（1894-1978），生於陝西省涇
陽縣西北鄉吳堡東門。譜名玉衡，取自
《書經》「陳璿璣之玉衡」之義，是北
斗星之一。小名陀曼。1910年報考清
華時自己取名吳宓。說也有趣，那是他
隨手拿出石印本《康熙字典》，翻至某
冊某頁，閉目確指，得之。「宓」，靜
也，凡發表言論的場合用之；寫詩文時
多用「雨生」或「雨僧」。別號藤影荷
聲館主。

吳宓生父建寅，早年任職上海大
學，曾供職國民政府監察院。吳宓不
滿周歲時母病故，由祖母撫養，過繼
給叔父吳建常。吳建常留學日本，辛
亥革命後曾任涼州副都統、國民革命
軍駐陝總司令于右任秘書、國民政府
監察委員等。1947年退休閒賦滬上。
他的學問、修養、道德、行誼深為吳
宓敬佩。

吳宓的一生，並沒有像名字所顯的
那樣安靜，而是在靈與肉、情與理、義
與利的矛盾中折騰，在浪漫主義與古典
人文主義的對抗中生活。

吳宓

1910年他考取清華學校，研習國學，與湯用彤、聞一多是同學。曾擔綱《清華週刊》編輯、代理總編輯。因目疾和體育不及格延期赴美，任校文案處英文翻譯及文牘員。1917年赴美入弗吉尼亞州立大學，最初選讀的是應用化學。此年結識在哈佛攻讀的梅光迪，結為知交。後經梅光迪引介，轉入哈佛大學比較文學系，師從新人文主義大師白璧德（1865-1933），繼而入哈佛研究院，他與陳寅恪、湯用彤被並稱為「哈佛三傑」。

1921年6月，吳宓於哈佛研究生院畢業。此前，他已應北京高師校長陳寶泉之聘擔任英語教授，條件相當優厚，「如留學未期滿，仍可繼續攻讀，到校工作後月薪三百元，並先預支二百美元在美國購圖書。」可正當他準備動身返國時，接到先期返國、在東南大學任教的摯友梅光迪函，希望他到東大執教，云創辦《學衡》雜誌並委以總編輯，但月薪只有一百六十元。因吳宓曾與梅光迪有約，將來要辦雜誌與提倡新文化運

吳宓與前妻在東南大學

動的胡適「對壘」。吳宓踐諾，棄北高師之約，應東大之聘。

　　1922年元旦，《學衡》在南京問世。吳宓任總編輯兼總幹事，其陣容可觀，除梅、吳外，還有柳詒徵、湯用彤、劉伯明等。《學衡》的辦刊宗旨是：

> 論究學術，闡求真理，昌明國粹，融化新知。以中正之眼光，行批評之職事，無偏無黨，不激不隨。

顯然與北京的《新青年》背道，是文化保守主義者攻擊新文化運動的陣地。《學衡》反對白話文，顯然是錯誤的。因而魯迅抓住《學衡》中語法上的硬傷，斥「諸公掊擊新文化而張惶舊學問」，譏之為其行文言必稱「英吉之利，法蘭之西」。吳宓後來自己也承認「實甚公允」。《學衡》共出版七十九期，一直由吳宓任總編輯。一切編務由他擔承，他為此付出大量的心血，在經濟上也是「賠累不堪」。辦刊之初，一是每位骨幹同仁出資百元，二是刊物始終沒有稿酬。後來每期吳宓自己私下需另貼百元，有時要靠向親友募捐維持。十分令人稱道的是，吳宓雖反對白話文，但《學衡》接受、發表白話文的作品，且他也以化名「王志雄」發表過白話小說《新舊因緣》，但和胡適勢不兩立。某次，在一酒桌上吳、胡兩人相晤，當時在北京有一種口頭禪，好說「陰謀」。胡適一見吳宓即以幽默的口調問：「你們《學衡》派有什麼陰謀？」吳對曰：「有！」當時舉座皆驚。胡微笑曰：「可得聞乎？」吳對曰：「殺胡適！」一時成為笑談。

　　吳宓並非極端的守舊派，他主張：

> 孔孟之人本主義，原本吾國道德學術之根本。今取以柏拉
> 圖、亞里斯多德以下之學說相比較融會貫通，擷取精粹，再
> 加以西方歷代名儒鉅子所論述，熔成一爐。

即在今日看來，亦不乏有可取之處。

1925年，因哈佛同學湯用彤、顧泰來舉薦，吳宓重返清華園。2月，清華設立「以研究高深學術、造就專門人才為宗旨」的研究院。應校長曹雲祥之聘，吳宓擔任主任。他遂禮聘梁啟超、王國維、陳寅恪和趙元任為導師，在藤影荷聲之館設帳收徒。王力、劉盼遂、謝國楨、高亨、陸侃如，以及他在外文系任內培植的錢鍾書、季羨林、李健吾、王佐良、許國璋和李賦寧都是那一時期造就的「博雅之士」。

吳宓把自己的一生分為三個二十八年。這第二個二十八年（1922—1949）是他事業上建樹的高峰。

（二）生為中國人，死在中國土

吳宓是愛國的。

1949年後，吳宓一直在四川執教，本是清華的著名教授、國內外著名的學者，卻蟄伏在西南師院，令人矚目，得到應有的崇敬。特別是在評工資時，校方擬評他為一級（唯一的一位），他自報為三級，最後定為二級。儘管他在「拔白旗」運動中受到衝擊，仍受到政府和學校的保護。他的〈改造思想，站穩立場，勉為人民教師〉在重慶《新華日報》發表後，《光明日報》轉載，作為舊知識份子接受改造的典

型。1955年被推薦為四川省政協委員、校務委員。他把自己心愛的孤本、珍本中外藏書悉數捐給學校，還在一些英文書後寫譯介文字，為後來的讀者提供方便。

他説：

> 宓解放以後的生活，工作態度，一貫是真誠坦白，熱心積極，生活仍勤儉，努力工作，對工作及一切事均負責。勞動積極參加；遊行等事，自動參加；政治學習，一貫早到，不缺席，必定先讀了指定的文章，<u>且勇於做出我明知不免錯誤之發言</u>（劃線處為筆者所加）。凡此皆由宓一貫性格及習慣。從前如此，今仍如此，不敢說是「進步」，但絕不是「偽裝進步」，因宓少年、壯年亦從無虛偽做作，勾心鬥角，設計圖謀，以及計較名利，忌妒又貪欲之習慣也。

追述更遠一點。1914年在清華時，吳宓與湯用彤討論社稷存亡大事時，湯說：「國亡時，我輩將如何？」吳答：「上則殺身成仁，轟轟烈烈為節義而死。下則削髮為僧，遁於空門或山林，以詩味禪理了此一生。」不乏匹夫之勇。只歎：「熱腸頻灑傷時淚，妙手難施救國方」。1920年在美留學時，他節衣省食，捐款給國內華北水災災民。1946年在西南聯大任教，當「一二一」國民政府軍警鎮壓學生愛國運動時，他資助被特務追捕的學生路費，遠離昆明。1947年在武漢大學外文系當主任，當「六一」慘案發生後，又保護被國民黨特務指為共產黨的繆朗山教授，親自護送繆教授到機場上機，坐等他平安到達香

港的電話後，他才離開機場。

日本投降前，哈佛大學邀請他去講學，吳宓覺得國內有許多重要的事亟待去做，婉謝，並推薦哲學系一位教授替代。解放前夕，他「不從部分友人之勸，決定不到美國講學，不去香港大學教中國歷史、哲學，更不去臺灣大學，而決定留在中國。」他的詩句「生為中國人，死在中國土」表明了一個愛國知識份子的心跡。

文化大革命期間他在劫難逃，遭到林彪、「四人幫」之流的殘酷迫害。「資產階級反動學術權威」、「現行反革命」的帽子疊加在他的頭上。他的「罪狀」大致有三：

一是「批林批孔」時，吳宓堅決反對，他說：

> 宓不像×××那樣，當趨時派。全盤否定孔子，批周恩來，宓極不贊成。一句話，批林不批孔。

他又說：

> 沒有孔子，中國還在混沌之中。

二是辦《學衡》、倡舊古、反對新文化運動，參與對魯迅的「反革命文化圍剿」。而吳宓自辯：

> 沒有那回事，三十年前的那件事，是不同學術見解的論爭，很正常的。對魯迅先生個人我是非常敬佩的。

同時又覺得：

> 那時我們有些觀點絕對了，魯迅是對的。

　　其三是不滿時政，說「國民黨是親娘，共產黨是後媽」和「三兩尚不足，何況二兩乎？」事情是這樣的：大概在1956年黨關於知識份子問題會議後，吳宓表示：「願終志餘年，報共產黨於萬一」。在一次會議上他非常興奮地說：

> 宓在舊社會生活了幾十年，國民黨是我的親媽，共產黨是我的後母，我的親媽死了，我的後母對我很好，超過我的親媽，我更愛我的後母。

這個比喻未必確切，但情感的真實是溢於言表的。某次住院手術，須家屬簽字，他寫信給校黨委：「黨就是我的親人，我請求黨組織給我簽字。」應該說這是對「親媽」、「後母」一說最好的注釋。至於「三兩」、「二兩」，那是學生覺得文言虛詞難以理解，他舉例時把生活中所遭遇之事用文言表述：「比如吃飯，就可以說三兩尚不足，何況二兩乎？這不就用了幾個虛詞！」適當時正是饑饉年代，這話就成了話柄了。

　　1968年夏，紅衛兵抄家，抄走了吳宓的日記。日記中寫道：「叫中學生造反，等於拿小刀給孩子玩，沒有不傷手的。」而運動是毛

主席「親自發動、親自領導的」，這就等於攻擊毛主席，「現行」的帽子一下就套牢了。吳宓遭到殘酷的批鬥，身體致殘。但他很豁達，認為：「共產黨是好的，但出了奸佞小人。下情蔽上，毛主席知曉否？」他在日記中又排解自己：「劉少奇等功在國家，尚且被辱，宓何足道。」對於「造反派」的野蠻，他寫道：

> 頑童欺我、辱我，令人憤極！然念及國家主席尚遭「造反派」厄運。人權安在！法律安在？

儘管如此，1973年高校招收工農兵學員，他還要求學校給他安排工作，「宓懂英、法等國外語，可以做文字翻譯，也可以教授口語」。當然那只是他一廂情願，但不失赤子之心。

（三）愛江山，也愛美人

這兒的「江山」對一介書生來說，只能是紙上的事業。

美人人人愛，吳宓亦不例外。吳宓一生的情愛畫廊是那樣的綿長、曲折、幽深。誠樸的髮妻陳心一、靚麗多才的毛彥文、燕大校花陳仰賢、美國女郎哈蕾蒂、青年女作家盧葆華、名門之後歐陽采薇、清華女學子K，以及西南師院門徒鄒蘭芳等等。雖然有些是逢場作戲，但足見吳宓一生為情所累。這些女性中有的是學生、同事的女兒，有的還是同學、朋友之妻。

吳宓倡導白璧德的新人文主義，弘揚傳統道德，標榜「克己復禮」，但在現實生活中卻濫施浪漫主義情懷，「是個偽人文主義

者」。對此,他有自己的理論:

> 宓主張婚姻與戀愛分開,婚姻為社會服務,應嚴守一夫一妻
> 制,戀愛則為個人自由,應隨意而無限制。婚姻屬於事實,
> 戀愛則屬於感情,此二者並行不悖,斯為中道,斯為可行之
> 道云云。(《吳宓日記》)

吳宓苦戀毛彥文,三洲人士共知聞。

吳宓一生為世人列為佳話、談資、笑柄者,當屬與毛彥文的情
感糾纏了。這段戀情絕對富有傳奇色彩。他與髮妻陳心一的結合,紅
娘是他清華留美的同學陳烈勳。1918年11月,正在美留學的吳宓接
到老同學陳烈勳的來信,說其妹陳心一讀過他的詩文,十分心儀,希
望能與其締結良緣。吳宓情竇大開,便託請當年在清華六年的同桌朱
君毅,讓他的未婚妻毛彥文前往陳家考察一番。毛彥文是朱君毅的表
妹,青梅竹馬、兩小無猜,早已訂婚。有趣的是,陳心一與毛彥文是
浙江女師的同學,關係更進一層。

毛彥文銜未婚夫之命,將到陳家調查的情況如實告知:

> 陳氏係一舊式女子,以賢妻良母最為合適。皮膚稍黑,但不
> 難看,中文精通,西文從未學過,性情似很溫柔,倘若君想
> 娶一位能治家的賢內助,陳女士很恰當;如果想要善交際、
> 會英語的時髦女子,則應另行選擇。

吳宓此前在談女友的問題上，因毛遂自薦剛碰了個楣頭，遂表首肯。

1921年8月23日，吳宓與陳心一結婚，育三女。

朱君毅在美獲博士學位後，回國與吳宓同在東南大學執教。朱君毅因心另有所屬，便以近親結婚有害子女健康為由，要與毛彥文解除婚約。苦等六載的毛彥文請吳宓援手，規勸朱君毅別毀前盟。吳宓真心調解，未果。不料，他這個媒人走進了花轎裏。早在1914年吳宓與朱君毅在清華同窗時，常切磋詩意，「兩人交情甚篤，彼此事事公開」。朱君毅曾將表妹毛彥文的詩作讓吳宓欣賞。吳宓擊節讚賞，春心暗動。礙於那時毛彥文是「朋友之友不可友」，藏鋒不露。時下，朱、毛已分道揚鑣，吳宓當年暗戀毛彥文的那顆情種頓時生機勃發，不能自已。

1929年9月12日，吳宓不顧眾多親友規勸、反對，休了陳心一，還在《大公報》上發表「離婚聲明」。他在致友人胡徵的信中寫道：

> 與心一離婚，與毛無關。且最近實行離婚之際，全不想到毛。——他年即與毛絕交，即終身不另行戀愛（不言結婚）而長此孤寂到老，亦所自甘，絕不悔。

事實證明，吳宓「自由」後，便開始對毛彥文發起曠日持久、時緩時急的愛情攻勢。為毛彥文設計未來藍圖：求學、找工作、資助出國，鞍前馬後，尤似枯藤纏樹。而毛彥文是新女性，守舊的吳宓不是她的意中人，特別反感的是，吳宓每每給毛彥文寫信，都要追述自某年起在朱君毅處讀到她的信便萌發愛慕，云云。這叫毛彥文無法忍受。因

為吳宓與朱君毅、她與陳心一，都是雙重同學、朋友關係。毛彥文拒絕了吳宓的出國資助，實際上明示拒絕了他的愛情；而吳宓偏自作多情，一廂情願；且又用情不專，終以失敗告終。他與毛在巴黎相見的日記中有記：

> 宓為愛彥而費力三大事，即離婚、助款、遊歐，彥毫不感激，且極力表明彥不負責任；彥對宓之思想感情，毫不瞭解，且極不贊成。（1931.7.6）

值得一提的是，吳宓追毛彥文「發乎情，止乎禮」，倒真顯君子之風。某日兩人旅館晤見，風雨大作，無車回校。吳宓對毛彥文說：

毛彥文

> 我反對《西廂記》中的張生，我贊成《紅樓夢》中的賈寶玉。賈寶玉從不對林妹妹動手動腳！

吳宓以「非禮勿動」的君子之風，果真與毛彥文同床共眠了一個有風雨而無雲雨的難忘的一夜。當也是佳話。

1935年，時為三十八歲的毛彥文下嫁給六十六歲的前國務總理、慈善家熊希齡。1937年熊希齡病逝，吳宓重溫舊夢，捲土重來。毛彥文不理，承繼熊希齡的慈善事業，不再言婚。在臺灣享度百齡後的餘生。

毛彥文在她的《往事》回憶中寫道：

> 吳君是一位文人學者，心地善良，為人拘謹，有正義感，有濃厚的書生氣質而兼有幾分浪漫之息。

又云：

> 縱令海倫（即毛彥文，筆者注）與吳宓教授勉強結合，也不會幸福，像陳心一女士逆來順受，不與計較，這點海倫是做不到的。說不定會再鬧仳離。

吳宓追毛彥文失敗後，吞聲忍泣，埋首書齋，聊遣愁懷，為毛彥文寫下大量的詩文，曾自謂：

> 生平所遇女子，理想中最完美、最崇拜者，為異國仙妹（美國格希士女士）而愛之最深且久者，則為海倫。

「平生愛海倫，臨老亦眷戀。」六十年代初他還請人畫了一幅毛彥文肖像，懸於房中自賞。

吳宓與陳心一離婚後，自始至終踐諾承擔陳心一及三個女兒的生活費。他在致友人姚文青的信中說：

> 宓於故妻陳心一女士，德性夙所敬佩，但敬而不愛，終致離婚，然至今仍書信往還。夫婦之誼雖絕，良友之情故在也。

鄒蘭芳是吳宓的第二任妻子。她本是吳宓的學生。這對師生戀，鄒蘭芳是主動的。吳宓曾對友人姚文青說：

> 非宓負初衷，不得已而為之。以論此女學識，則英文不懂，中文不通；以容貌（即探懷出半身小照示余曰）不過如此。

鄒蘭芳下嫁給白髮師長吳宓有難言之隱。鄒的家庭出身不好，有兩位兄長解放初被政府鎮壓，家中眾多侄輩需要撫養，她不得不找吳宓這棵大樹。吳宓出於同情，也為生活所需同意了。於1953年結婚。然，天不假年，四年後鄒蘭芳因病亡故。儘管吳宓對鄒蘭芳難言愛情，但懷念尤深。在家設置靈位，後怕批拆之；鄒故去後，將其所用過的書籍什物，原封不動地放在特定的地方。逢時節，還到墓前祭掃。當年他們共同居住的老房子面臨拆遷，他讓學生將老房子畫下來，貼在書桌旁牆壁上，並工工整整地書「蘭室」二字貼於臥室；逢年過節都要多擺兩副碗筷，一為亡妻鄒蘭芳，一為亡友吳芳吉。甚而連看電影

時，也為亡妻鄒蘭芳買一張票，與其「同看」。對鄒蘭芳原籍的侄輩子女的照顧一如既往，濟助至終，不失君子之風。

（四）躬耕杏壇，博愛天下

「得天下英才而教育之」。吳宓尊孔夫子古訓，畢生躬耕杏壇，曾先後在清華大學、東南大學、西南聯大、武漢大學和西南師院執教，培養了一批又一批的英才。

虛名未是吾生志，碩學方為席上珍。

他吟詩銘志。早年在哈佛師從人文主義大師白璧德，研究比較文學，「我會十幾種外國語言，常運用的也有五六種。俄文是解放後才學的」，真是學貫中西。四十年代在西南聯大，美籍教授、詩人燕卜蓀（William Einpsom）屢遭賊劫，但那賊每次只索五元（當時中國法幣），給十元，賊退還五元，燕卜蓀感慨小偷的義氣，以英文作詩呈吳宓，劉兆吉先生見之，讀通詩意，唯不能準確地翻譯詩題。吳宓一口譯出：「盜亦有道」，並說典出《莊子‧胠篋》，令四座驚歎他的學識淵博。他講究師道自尊，曾建議清華教師授課穿大禮服，以昭鄭重。然翻譯家孫法理回憶吳宓在西南聯大的歲月，身穿一襲洗得已泛白的灰布長袍，一手拎布包袱，一手策杖，冬日頭戴一頂土棉紗睡帽。上講臺的第一件事，就是打開包袱取出墨盒和一紅一黑兩支毛筆。他的英語講義也用毛筆書寫。漢字是蠅頭小楷，英文的大體是印刷體，重要之處還用紅筆打上圓點、波浪線或直線，以示區別。其講義也是

「百衲本」，信封、購物的包裝紙，也有連史紙或毛邊紙裁下的邊角料。他自謂：

> 宓教課多憑記憶，不恃書冊，即有檢閱，可向圖書館查閱，
> 無須購置也。

　　他的學生錢鍾書後來執教也有此風範，算是繼承他的衣缽了。儘管他古板，卻也時出幽默，有一回點名點到一個叫「金麗珠」的女生時，情不自禁地説：「這個名字多美」，害得那位女同學滿臉通紅，全班大笑。他講解英詩的格律，在講到「iambic」（抑揚格）時，還風趣地用手杖一輕一重地敲擊地板，給同學們留下深刻的印象。還有一次竟把他寫給毛彥文的詩〈吳宓先生之煩惱〉給學生傳閱。他給學生安排功課、指定讀物時，要求學生要專心，並以寫字桌的抽屜作例子，做某件事，開某個抽屜，不用時，則全部關上，比喻貼切。他的老學生趙瑞蕻回憶説，先生講的《歐洲文學史》最「叫座」。許多文學史大事、作家的生卒年代脱口而出，不時把西方文學的發展同中國的古典文學作比較。他的考試方法也很獨特，每每都有一道題目要求學生默寫出自己能背誦的最長的一首詩或評論一篇文學專著。他對學生也「狠」，安排參考書目一寫就是一黑板，不僅寫出書名、作者名、出版年代（第幾版），連出版公司的地點都寫上。他全裝在肚子裏，一口氣寫出，令同學們佩服得五體投地。有同學向他請教如何學好古典文學，他信口作答：「多讀、多背、多記、多用。」吳宓注重身教，從小事做起。他給學生批改作業，字跡工整，如塗改一字，

便將四方格圖滿，免被誤認，一律繁體，外文字母及數位排列，筆劃粗細猶如刻印。他上課堅持自己擦黑板，有一次找不到黑板擦，他居然用自己的衣袖擦。下課後，他總把黑板擦得乾乾淨淨，拍拍手才離去。他認為：「一個有道德的人應該隨時隨地想到如何給別人以便利而不給別人添麻煩」。他對學生要求亦嚴，新學期註冊，對學生寫得很潦草的註冊單拒簽。三、兩下一整治，謹嚴的學風漸漸地培養起來了。

吳宓與學生的關係十分融洽。在西南師院，某次進修班英語考試，為避免學生猜題、死背的惡習，試題是他臨時書寫的〈旅美遊記〉，要學生當堂翻譯。在時間上不作限制，從上午八點考到下午二點，其間，他親手送上糕點、茶水供學生飲用。他自己中餐也不用，陪考。學生學習上有困難，解疑答難、提供參考書之類，以及經濟上的求助，他都有求必應。

講西方文學時，為了讓同學們懂得西方禮儀，他自掏腰包，帶學生上西餐館去體味。在西南聯大生活十分清苦，他請茅於美幾個研究生到小館子，問清堂倌菜價，掏出一支鉛筆，在紙上用正楷寫菜單、記價目，有時算錯，在紙片上塗改的字跡像改學生作業一樣方方正正，計算準確再上菜。買單自然由他一手包攬。師生數人上街，車馬熙攘，他愛照顧學生，遇有車馬疾馳而來，他率先伸出手杖一攔，讓學生先走，而且是女生優先。

一次在課堂上講解某詩人的傳記及坎坷人生時，忽想到自己，為學生朗誦他的「破家難成愛」的〈五十自述〉。

這段人情味十足的「課」，是聯繫外國詩人身世講解的，聽著聽著，不覺得我們與他之間的距離縮短了。

　　吳宓是一位十分重情講義的人。自云：「宓就是樂於助人，並無其他目的，亦不望人報答。」誠哉斯言。

　　早在三十年代，他曾經很器重的一個學生考取美國留學，因遭意外，費用不足，吳宓傾囊襄助三百大洋，助其成行，並再三聲明，不用償還。

　　吳宓在生活上自律甚儉，不煙不酒，粗茶淡飯。講課筆記及幾十年的日記本，大多是寫在撿來的煙盒上，一頂蚊帳自1938年用到文革後退休，幾近四十年。1943年他離開昆明，一條毛毯還是早年在美國的友人送的，灰長布衫褪色泛白，磨損極重，幾個布紐袢都快掉了，是他人在車站上幫他縫合的。

　　在西南師院的歲月，發工資那天他最忙，忙於填寫濟助親友、學生的匯單，自己所剩無幾，有時不夠，還多次

吳宓寫在日曆上的日記

向鄰居錢泰奇先生暫借，並留借條：「今借到錢泰奇先生四十元。上月已還清。」鄒蘭芳去世後，其侄兒來料理他的生活，此人流氣足，而吳宓對他禮遇甚佳，一套兩間房，他竟把大的讓他住。困難時期他的「高知」享受品亦讓侄兒分享。學校上下都看不下去，他卻安然相處。他的口頭禪是：「我不入地獄，誰入地獄！」

最令人感動的是他與江津吳碧柳（芳吉）的莫逆之交。

吳芳吉（四川籍）是吳宓清華時的同班同學。當時清華四川籍學生何魯因反對外籍教師的人格侮辱，遭到開除，引發清華學潮。吳芳吉、吳宓、陳達等各自代表本省在清華的同學向校方請願，未達目的，學校反將他們十多位代表開除。數周後，學校表示寫悔過書者可恢復學籍。吳宓一心想留美，屈服了。（一說以權勢私通官方）唯吳芳吉一人執意不肯悔過，遭除名。吳宓赴美後，嚴格反省、悔憾：

> 當時我總以為留學為了振興國家教育，乃是大義，而比較起來是否違背了友人間信約乃是小節。「大德不逾閑，小德出入可也」，儘管我以「小德不必儘管」寬解原諒自己，但歸根結底說來，剖析私心，只是自己一人追求世俗榮華的欲念淹沒了道義節操的考慮，破壞了堅貞友誼的原則。

此事令吳宓抱憾終身。

吳芳吉被開除後，流浪北京。吳宓帶頭捐款並募捐四十元大洋送給吳芳吉，做返回四川的路費。吳宓到美後，在留學生中又募捐，每月寄款。還給吳芳吉寄英文書刊，助其成才。吳宓回國後，介紹吳芳

吉到多所大學執教，並在他主持清華國學研究院時聘吳芳吉返校，而吳堅持不願為無理開除自己的母校效勞。在西安圍城八個月中，吳芳吉差點被餓死，吳宓託人關照。這一時期吳芳吉妻、子六人的生活，全由吳宓一人負擔。1932年吳芳吉英年早逝，留下老少三代，吳宓一直濟助不懈。這種無私的經濟資助持續到1966年文革前夕，直到吳芳吉的孫女吳泰瑤上大學，他還給其孫女寄錢，並為其找導師、介紹工作。

吳宓把他與吳芳吉的友誼珍重到神聖化的地步。為其編印《吳芳吉詩集》，兩人合出詩集《兩吳生詩集》，關懷為吳芳吉修墓，不忘未亡人遺孤，直至終老。以致吳芳吉生前寫下「江上二劉子，涇陽一長兄」的詩句以頌。

（五）暮景淒涼，名垂久遠

文革前吳宓在西南師院，生存境遇較好。最難過的是1966年，當時他七十二歲，大會批、小會鬥。在一次全校五千人的批判大會上，他被斥令跪下，一跪就是兩小時，讓人鼻酸。批鬥後他的同事劉兆吉先生悄悄地問他身體是否還吃得消，「他說跪著比站著好些。」免於「噴氣式」。

即使在那樣殘酷的情況下，他堅持不說假話，在日記裏表示不同意批判劉少奇。一次在教學樓1202教室開「批林批孔」大會，一學員故意問他：「吳宓，你對『克己復禮』有什麼看法？」他抗聲回答：「『克己復禮』是很高的道德標準！林彪是反革命，我永遠做不到！」由於他堅持反對批孔，以致升級為「現行反革命」。1969年5

月9日在批鬥時被折斷了腿，又得不到及時治療而成殘。且看當時他的記載：

> 1.身體：1969（年）5月9日，（宓等七人，第一次貶來梁平），在「鬥爭宓大會」上派兩名學生拉宓（罪犯）入場（跑極快），中途在平鋪磚地之「食堂」中，猛被向前推倒（宓向左前方誤倒地上），結果左腿扭折（又被組長虐待：不許吃飯，每日強迫「練習走路」）──現今必須右手拄杖否則不能站立……宓目在1971（年）6月忽全盲，現唯靠左目代兩眼之用。

某日睡覺夜間跌下床，爬不上去，等第二天傭工來時才發現。那段歲月，他身邊幾個心術不正的人以研究出版為名，騙走他的日記文稿，並要脅索錢。日記裏吳宓給他們取兩個代號，在一個叫「烏奚奴」（諧音，烏鴉之類的不祥物），一個叫「馬邊生」（騙），名下各注「月攤三十元」。重鋼某廠某工人以工作需要為名，用一個六元錢的小鬧鐘，強行「換」走他的一支進口錶。還有一位騙子常去「告貸」。某日，一年輕人給吳宓唸「信」，說吳宓的一個學生因病住院要手術，請他贊助。其實那人手裏拿的是張白紙，欺騙因病目殘的吳宓。另一早已工作的女學生，也說到上海看病，向吳宓借款二千元，吳如數奉給。別人告知她是幹部，都享受公費醫療時，吳宓也不以為然，還說：「濟人之難總是好事。」那時他住的小屋只有九平米，室內除一張單人床、一三抽一小書架、一舊藤椅外，唯一的家當是一隻樟木箱和一隻小皮箱。他在老家的妹妹吳須曼知道他處境困難，要接他回涇

陽老家，常騙他錢的人嚇唬他：「你是大教授，回原籍後，地痞流氓晚上破門而入，要你拿錢來，沒有的話，就要殺你！」嚇得他不敢回去。直至1976年冬，他寫信告訴妹妹「臥病在床」，當時人已有點癡呆，吳宓須曼徵得學校同意將他接回陝西。當時吳宓的衣服只有兩、三套，一件藍布棉襖上有三十六處補丁。「所有的錢，就是枕頭下的七分硬幣，只好預支工資購買車票。」回老家後，暫租住在其妹吳須曼工作的麵粉廠旁的一間民房裏，因身體太弱，眼睛已無法動手術治療。每次吃飯時都要戰戰兢兢地問：「還要請示嗎？」當家裏人告訴他「四人幫」已經被打倒，不用請示了，才敢吃飯。儘管一隻眼白內障失明，另一眼也視力極微，仍堅持記日記，直至生命終止。

1978年元月17日吳宓病逝。

1978年春，西南師院在古典文學教研室，二十位同人為吳宓開了一個十幾分鐘的追悼會，「對吳宓作了愛國、樂教、盡職的蓋棺『論定』。」吳宓的名字，只剩下一個符號，融入時間與記憶的符號裡。同年12月，全國外國文學研究規劃會議在廣州召開的期間，馮至、朱光潛等三十多位專家學者聯名上書中央統戰部，要求為吳宓徹底平反。直至1979年7月18日，西南師院重新召開吳宓平反昭雪大會，推倒一切強加在吳宓頭上的誣衊不實之詞，為其恢復名譽，也還其清白。

吳宓的友人姚文青評說他是「瘋人、情人、詩人」，不無道理。

在西南聯大時，昆明文林街一家小飯館取名為「瀟湘館」，他惱火，硬說服店家更名為「瀟湘食堂」。他對學生說過：「假如要沈先生（有鼎）和我去搞政治，去做官，那真會叫我們痛苦死了。」1948

年他在武漢大學當外文系主任時，駐漢口的法國領事差一僕人送請柬給他，直衝他的辦公室而來，那人開口便是：「哪個是姓吳的？出來接東西！我是法國領事派來的。」氣得吳宓揚起手杖作打狀。那人鼠竄，說要回去告狀。吳宓疾呼：「就說我打了你，告訴他我就是吳宓教授！」別人問他你真打嗎？他笑著說：「我怎麼能打人呢？而且用不著打。我把手杖在桌上大敲一下，他就得跑。」又幽默地說「此一敲，乃打草驚蛇之計也！」1964年的一天，他的鑰匙掉了，用一張煙盒紙寫遺失啟示，還畫出鑰匙的圖樣，正楷繁體，且「宓」字小號退半格。見者無不竊笑。是年夏，一位姓鍾的教授去世，開追悼會，那時他是治喪委員會成員，有人向他報告家屬致悼詞不好辦，說鍾先生的兒子還戴著「帽子」。吳宓聽後說：「三伏天幹嘛戴帽子？叫他把帽子揭了不就得了！」弄得大家哭笑不得。文革期間，在牛棚附近插紅苕秧子和栽大蒜，他分不清倒順，都栽倒了，被斥為「百無一用老廢物」。

他不吸煙，且反對。在他的辦公桌牆上寫著「NO SMOKING」。但他特別喜歡揀香煙盒，作為記日記或寫教案支用。他雖克儉，敝衣陋室，粗茶淡飯，但送錢助人出手大方，並拒絕償還。有趣的是借給別人的錢卻要催還。他的哲學是：「我應當催他還。這是幫助他，怕他萬一忘掉成為品德上的污點。」他禮賢下士，愛才如渴，自己的詩集請柳詒徵、陳寅恪作序外，還請學生錢鍾書作序。

最可笑的是他為自己的詩集撰的廣告：「作者自謂其詩極庸劣，無價值，但為個人數十年生活之寫照，身世經歷及思想情感之變遷均具於詩中……」竟刊在《大公報》上。

吳宓是位愛情至上主義者。他的風流韻事和愚笨的追求女性方式，被他的學生李健吾作為素材寫成喜劇《新學究》，吳宓知曉後對號入座，「大為鬱憤，絕非自殺離世不可」。毛彥文與熊希齡結婚後，吳宓尋芳不得，心理變態，竟要求學生賀麟用電話騷擾。賀麟自然不幹，「他還生怨尤之憤」。鄒蘭芳過世後，有人好意勸他與故妻重婚，妻女都贊成。他極為惱火，大搞迷信，「乃於靜夜在家中焚香請神，咒詛其人速死」。成為朋友的笑談，認為他有「神經病」。

他的晚景是淒涼的，但蓋棺後終有暖色。他的趣聞碎片與他的大名將一併垂之久遠。

且看他的師友、門牆們對其「七嘴八舌」吧：

雨僧一生，一大貢獻是負責籌備建立清華國學研究院，並難得把王、梁、陳、趙四個人都請到清華任導師。（馮友蘭）

學德不如人，此實吾之大恥；娶妻不如人，又何恥之有？

娶妻僅生涯中之一事，小之又小者耳。輕描淡寫，得便了之可也。不志於學志之大，而兢兢唯求得美妻，是謂愚謬。（陳寅恪）

鍾書崇敬的老師，我當然倍加崇敬。但是我對吳宓先生崇敬的同時，覺得他是一位最可欺的老師。我聽到同學說他「傻得可愛」，我只覺得他老實得可憐。

吳宓先生不說假話。他就是這樣一位真誠而寬恕的長者。
（楊絳）

他待人之寬，待己卻甚嚴。是信儒道、立儒行的一個人。容貌非常端肅，對事非常認真，守己非常嚴正。（溫源寧）

他反對白話文，但又十分推崇用白話文寫成的《紅樓夢》，所以矛盾。他看似嚴肅、古板，但又頗有一些戀愛的浪漫史，所以矛盾。他能同青年學生來往，但又凜然、儼然，所以矛盾。（李羨林）

吳雨僧先生，是一位新舊文化交替中的特殊人物，卻未見有文章談他。（金克木）

先生既是學者、詩人，又是一位極好的老師。

不多說一句話，也不說一句沒有根據的話。這樣嚴謹的學風是極有教育意義的。（李賦寧）

第一，他對中國新文化的建立多少有過貢獻；第二，他胸懷坦蕩，總是以善意待人；第三，他教學認真，講課有條有理。

學生登門求教，他先宣佈戒律：只准商討學術和愛情問題，而絕不允許觸及時事。（鄭朝宗）

畢竟，先生是一個真實的人，是詩人、是學人，而不是完人、聖人。（何兆武）

這奉獻是再徹底也沒有了。錢，他給了別人，自己過著敝衣陋室、粗茶淡飯的生活。連藏書他也毫無保留地交給了國家。……還有什麼更能說明他的「完全」、「徹底」呢？（孫法理）

連他的「冤家」毛彥文也說：

吳君是一位文人學者，心地善良，為人拘謹，有正義感，有濃厚的書生氣質而兼有幾分浪漫氣息。

縱觀吳宓先生一生，我們認為他是一位愛國的知識份子。從解放前到解放後，他為我國培養了許多優秀的外國文學研究人員和中、外語教學人才，對祖國是有貢獻的。（1978年12月馮至、朱光潛等三十位專家、學者聯名上書，要求為吳宓徹底平反、致中央統戰部的信）

「唯大英雄能本色，是真名士自風流。」

施蟄存恩怨錄

斗轉星移。千禧之際,世紀老人像出土的文物成了媒體關注的熱點。日前,銜《人物》之命,請沈建中先生引薦,拜訪了施蟄存(1905-2003)先生。我們一行是整點赴約,孰料施先生故土松江來的熟客捷足先登了。在外屋小坐時,我留意施老的門上沒有「異常」,未見「主人年邁,身體欠安」之類婉謝來客的告示,頓悟這個老人有點「酷」。

前客匆匆而去,我們急急而入。

這是一間「多功能廳」,客廳、飯廳兼書房。先生的書桌蟄於牆隅靠南的一扇窗下,椅子後的書架上和桌前的地下,堆的都是書,多為泛黃發脆之族。案頭的稿箋、文具和什物略嫌雜亂,顯然,那是他剛剛筆耕過留下的痕跡。近年來他的《北山談藝錄》、《唐碑百選》和《雲間錄小語》等新著迭出。老樹新枝,格外令人注目。施老午睡剛起,臉色紅潤,精神矍爽,滿頭翹立的白髮,抖擻出老而彌堅的神采。他身著一襲

藍色睡袍，袍帶瀟灑地繫在腰間，自然、隨意。寒暄後，我們坐下，不敢貿然敬煙。他老倒忍不住摸出一支又黑又粗的雪茄來，先向我們示意，後自個兒有滋有味地抽起來。他左耳失聰，塞上助聽器與我們交談。儘管如此，雙方說話聲仍較高，他的方言又重，有時不得不借助於筆談。而他的手寫字已抖，只能將關鍵的意思寫上一兩句。一張小紙片在幾人間翩來舞去，頗有趣味。

施氏，浙江松江人。學者型的作家。時年九十有六。他說他一生「開了四扇窗戶：東窗是文學創作，南窗是古典研究，西窗是外國文學翻譯和研究，北窗則是碑版整理」。東南西北，他全方位出擊，成就斐然。我說他是「學融中西，道貫古今」，他聽了謙然地搖了搖頭，淡淡一笑。

我們想要問的東西很多，諸如《現代》雜誌，新感覺派和他與同輩前賢的交往等。施老說這些他都寫過，並取出一疊有關他的資料剪報給我，又指指沈建中說：「有些事情可以問他」。他們

施蟄存（沈建中攝）

是忘年交。沈先生是他晚年的助手，施先生的近作都是由他整理編輯的。沈建中說：

> 老人非常天真、幽默。十年前，上海文藝出版社要給他出《七十年文選》時，他就直言：現在散文熱不正常，連長眠地下的古屍也活轉過來，不如出新書。他說他的散文已出過多種版本，雷同。現在還要選一本，豈不成了「一雞三吃」？
>
> 後來出版社的同志解釋說這有給八十歲以上文化老人祝壽之意，他才同意的。

施蟄存手跡

老人的率真、可愛，筆者也早有耳聞：有位青年作家給他寫信，說準備評論他的作品，為他「捧場」。他聽了很高興，說梅蘭芳也非要有人「捧場」不可。他最怕文章發表後沒有任何反應，太寂寞了，可是不久，他又給那位作家

寫信叮囑：「千萬不要『抬捧』我。」因為他感到：

> 現在的「文風」有點反常，是非、美醜都在做翻案文章，連
> 我這個老人，也覺得四十年來無是非了。

希望那位年輕朋友「不要推波助瀾」……聯想到這些，我油然對眼前
這位百歲長者肅然起敬。歸來後，我便根據與施老談話的零珠散玉
和相關的資料，僅就他與中國現代文壇上的風雲人物的恩怨滄桑為切
口，擇其重要的五位，以年齒為序，謹整理於茲。

（一）與魯迅：十年一覺文壇夢

「故人入我夢，明我長相憶。」施蟄存與魯迅有過愉快交往的回
憶，也有過瞠目怒對交鋒的歷史。

1929年底，施蟄存和戴望舒等經營一間水沫書店，為發展無產階
級革命文學，他們想系統地介紹蘇聯文藝理論，將書從英、法、日不
同版本翻譯過來，叢書名為《科學的藝術論叢書》（後易名為《馬克思
主義文藝論叢》）。大家商請魯迅來領導，由馮雪峰出面與魯迅聯繫。
魯迅欣然應諾，但說不宜不出面，並擬定十二種選目。魯迅親自承擔
其中四本書的譯事。後因時局形勢惡化，《論叢》遭禁，沒有出齊，
但同人們合作還算愉快。

三年後，左聯以柔石為代表的五位革命作家遭國民黨殺害，魯
迅拍案而起，寫了〈為了忘卻的紀念〉，此文即發表在施蟄存主編的
《現代》第二卷第六期上。以往魯迅給《現代》的稿子，都由馮雪峰

逕交或由內山書店轉送,這次來得蹊蹺。一日,施蟄存上班時在桌上發現魯迅的稿子,不知何人送來。從文末的寫作日期來看,已有十多天了。原來此文已經兩家雜誌編輯部之手,大家都怕惹禍,輾轉送到《現代》雜誌社來。施蟄存看了,也猶豫不決,奉書局老闆張靜廬定奪,張老闆也沉吟難斷。斟酌了三天後,施蟄存「捨不得魯迅這篇異乎尋常的傑作被扼殺,或被別的刊物取得發表的榮譽」,同時覺得「這篇文章沒有直接犯禁的語句,在租界裏發表,頂不上什麼大罪名」。毅然拍板刊用了。為增強宣傳效果,施蟄存還向魯迅索來柔石的照片、手跡,另配上一幅珂勒惠支的木刻《犧牲》,同時加上魯迅的近照,精心編成一頁〈文藝畫報〉,與文章一併隆重刊出,社會反響強烈,大家都很高興。

魯迅

　　令施蟄存畢生難以忘卻的是:魯迅與他打筆墨官司時,斥他為「洋場惡少」。蓋當時《大晚報》闢一欄目「介紹給青年的書」,請一些社會名流推薦

書目。施蟄存在推薦表格上填了《莊子》和《文選》，並附加一句：「為青年文學修養之助」。魯迅讀後，不以為然，在〈重三感舊〉一文中，將之和「學起篆字來了，填起詞來了」、「信封也有自刻的印板了，新詩也寫成方塊了」等現象相提並論，批評為「光緒初年的雅人」。施蟄存年少氣盛，覺得有點委屈，他此舉只不過提倡「古為今用」而已，何必大驚小怪，遂撰〈《莊子》與《文選》〉一文，「替自己作一個解釋」。並說「沒有經過古文學的修養，魯迅先生的新文章絕不會寫到現在這樣好」。卯上勁後，魯迅又寫〈「感舊」以後〉等系列文章批駁；施蟄存不服氣，據理力爭，以〈推薦者的立場〉、〈突圍〉等辯白應戰。雙方寸土不讓，金戈鐵馬，使論戰升級，「君子交絕，不出惡聲」那是神話。以善戰著稱的魯迅，在〈撲空〉的結尾犀利地寫道：

> ……他只有無端的誣賴，自己的猜測、撒嬌、裝傻。幾部古書的名目一撕下，「遺少」的肢節也跟著渺渺茫茫，到底現出本相：明明白白的變成「洋場惡少」了。

施蟄存此前對魯迅是尊敬的，儘管在文字上鬧過點小意氣，仍執禮甚恭，但現在對方罵自己是「洋場惡少」，他只能赤膊上陣，以惡相惡了。拳擊場上，兩個不同量級的運動員對壘的結果是不言而喻的。

「洋場惡少」的陰影，籠罩了施蟄存大半生。他本名施德普，一氣之下易名為施蟄存——「尺蠖之屈，以求信也；龍蛇之勢，以存身也。」

　　衰年的施蟄存回眸一生的滄桑，作〈浮生百詠〉記之。其第六十八首，記錄了這次感傷。詩云：

　　粉膩脂殘飽世情，況兼疲病損心兵。
　　十年一覺文壇夢，贏得洋場惡少名。

他在詩的附注中云：

　　自1928年至1937年，混跡文場，無所得益，所得者唯魯迅所賜「洋場惡少」一名，足以遺臭萬年。第三四句乃當年與魯迅交謗時改杜牧詩感賦，未有上句，今補足之。

（二）與郭沫若：相逢一笑泯恩仇

　　編書難，編雜誌更難。

　　施蟄存主操《現代》雜誌時，渴求前輩作家的鼎力支持，曾得到魯迅、茅盾、老舍等襄助。其時郭沫若（1892-1978）遠在日本，鞭長莫及，無緣登門求助，遂請葉靈鳳代為相約，未果。施蟄存只得冒昧寫信，盛情相邀郭沫若為《現代》寫「創造社」的史料，仍沒得到郭沫若的回覆。他又與《現代》另一主編杜衡聯名寫信，始求得郭的散文〈離滬之前〉，適巧，同期發表周作人一篇散文，施蟄存在編排目錄時，將郭排在周之後，許是葉靈鳳見了，將此在無意或有意之中函告郭沫若。旋即，郭沫若來函，以〈離滬之前〉將印單行本之由，拒在《現代》上發表。信來得很突然，文章已發排，迫於無奈，施蟄存

郭沫若

在文末綴一行小字，申明本文將印單行本，下期不再連載。施蟄存又懇請葉靈鳳斡旋，言明郭著的正文中排在周文之前。疏通之後始得郭的諒解，並允《現代》可繼續連載。本說不再連載，現在又出爾反爾，不能自圓其說，施蟄存不得不在「編後記」中說明：「現承好多讀者紛紛來函要求繼續刊登」而續載第二部分，欺騙讀者實違心之舉，實屬不得已而為之。施蟄存又擔心該文最後一部分連載再出問題，那真不好辦了。禮多人不怪。他和杜衡又聯名致郭沫若信，措詞「非常宛轉、非常恭敬，使郭先生的不愉快渙然冰釋」。算是相逢一笑泯恩仇了。

1935年孔另境編《現代中國作家書信》時，孔另境顧及多方影響，沒有將郭沫若這封覆信編入。將近半個世紀後，施蟄存獲得此信，戲冠以〈郭沫若的爭坐位帖〉為名，輯錄在他的〈《現代》雜記〉一文內。

這封信的全文是：

　　大札奉悉，前致靈鳳函，所爭非紙面上之地位，僕雖庸
魯，尚不致陋劣至此。我志在破壞偶像，無端得與偶像並
列，亦所非安耳。大致如此，請笑笑可也。專覆，即頌撰安
杜衡
　　施蟄存　二先生

　　　　　　　　　　　　　　　　　　　　郭沫若一月十日

（三）與沈從文：平生交誼仰文華

　　施蟄存與沈從文（1902-1988）有兩段文字緣，很有趣。

　　1928年沈從文到上海，與丁玲、胡也頻在一起辦文藝刊物《紅與
黑》。丁玲夫婦常往施蟄存的水沫書店去玩，沈從文不去，在家寫文
章、編刊物，掌管內務，三年中施只見過沈十次面。施蟄存對他的印
象是一介書生，「是溫文爾雅到有些羞怯的青年」，常對人微笑，甚
平和沖淡。

　　1929年秋，施蟄存在老家松江結婚。上海一群文藝界的朋友馮雪
峰、戴望舒、劉吶鷗等前往賀喜。丁玲、胡也頻和沈從文結伴同往。
沈從文帶去一幅裱好的賀詞，字寫得很有功力，施蟄存印象很深；字
寫在鵝黃色的灑金橫幅上，是沈的手書：「多福多壽多男女」，分行
書寫，每行兩個大字。署的是丁玲、胡也頻、沈從文同賀。施蟄存晚
年回憶時很風趣地說，他有負沈從文的厚望。賀詞本是一句成語「華
封三祝」，原句末三字為「多男子」，沈從文大概是為反封建陋習易
為「多男女」。而施蟄存婚後生一女，二周殤，後面連著四條漢子！

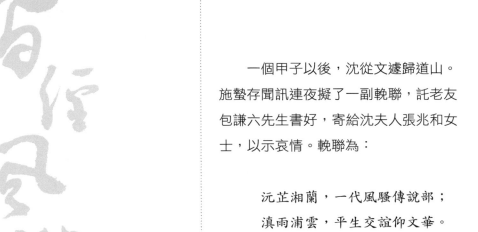

一個甲子以後，沈從文遽歸道山。施蟄存聞訊連夜擬了一副輓聯，託老友包謙六先生書好，寄給沈夫人張兆和女士，以示哀情。輓聯為：

　　沅芷湘蘭，一代風騷傳說部；
　　滇雨浦雲，平生交誼仰文華。

上聯譽沈從文的作品是現代的楚風、楚辭，其表現形式是小說；下聯溯友誼雖五、六十年，但相處只不過在滬、滇幾年間，然情誼甚濃。

沈從文在上海的三年，施蟄存常向其約稿在《現代》上發表。當時沈從文身兼數職，在胡適辦的中國公學執教，還與人合辦《紅與黑》雜誌和審訂學校教材，寫作是業餘擠出來的時間，故他在致施蟄存的信中說：「稿子是流著鼻血寫的。」

1937年他們在昆明相聚。施蟄存在雲南大學執教，沈從文隨中央研究院遷到昆明，未帶家眷，施蟄存常在課餘去他的住處說天道地，談文論藝。晚上

沈從文

常到夜市地攤上閒逛。沈從文喜歡集青花瓷，搜羅盆碟等文物，連施蟄存也受到影響。施蟄存省親回滇，途經香港，沈從文又將妻小託付照顧，由港乘船平安抵達昆明……

1963年，施蟄存由「右派」改為「摘帽右派」，沈從文因公到上海，還特地看望施蟄存。因大家都是驚弓之鳥，只是王顧左右不敢深談。八十年代，施蟄存出差到北京，也去拜訪沈從文……

世人對沈從文不實的呵斥批評，施蟄存是不屑的，認為有失公允。但施蟄存是個率真的人，對沈從文後來的言行變成了謹小慎微的「京派」文人，頗有微詞。即使在懷念他的專文〈滇雲浦雨話從文〉中，也毫不客氣、實事求是地批評了四十年代初，他與林同濟創辦《戰國策》所犯的錯誤，有失檢點。施蟄存認為，建國以來，文學史家絕口不提沈從文與國外學者抬捧沈從文，都是一種政治偏見。他們之間這種「諫友」友情，真正體現了「君子之交」。

（四）與馮雪峰：最後一個老朋友

「以文常會友，唯德自成鄰。」

馮雪峰（1903-1976）被施蟄存稱為「最後一個老朋友」，實際上也是他的人生之旅中一個最親密的老朋友。

馮雪峰的〈革命與知識階級〉就是發在施蟄存主編的《無軌列車》創刊號上。刊物出了六期，即被國民黨當局以宣傳「赤化」罪名封殺。後來策劃介紹馬克思主義文藝理論叢書的出版，也是透過馮雪峰與魯迅聯繫取得支持的。

馮雪峰

　　施蟄存、戴望舒和杜衡三人，1925年在震旦大學讀書時便加入共青團。1927年「四一二」後組織關係中斷。馮雪峰曾希望他們能恢復。左聯成立大會，馮雪峰曾邀請他們三人參加。戴、杜出席，施蟄存因回老家未去。殘酷的鬥爭使施蟄存他們知道革命不是浪漫主義行動，三個人都是獨子，尚有封建主義的家庭顧慮。同時，在文藝活動方面，他們也希望有自己的自由空間，不想受過多的政治束約。馮雪峰理解他們，並以進步的思想不斷地影響他們。馮雪峰一直把他們當作政治上的同路人，和私人朋友。自關於「第三種人」（施蟄存認為是：不受理論家瞎指揮的創作家）論辯開始後，馮雪峰的處境比較尷尬，寧可自己多受些委屈，也盡可能給他們以呵護。儘管杜衡最後投奔國民黨，令馮雪峰很失望，但友誼還維繫著。因此黨內批評家認為馮雪峰是「認敵為友」，不斷遭到批評。

　　「知我者，鮑子也。」

　　已屆期頤之年的施蟄存在回憶老友

馮雪峰時仍很動容。「雪峰是一個篤於友誼的人，一個明辨是非的人，也是一個有正義感的人」，是個「熱情團結黨外人士的好黨員」。

施蟄存還記得他們三人合夥搭救馮雪峰和「窯姐兒」的故事。

1928年初，馮雪峰在北京發給松江施蟄存一封信。信中說，他已決定南歸，不過有個窯姐兒與他要好，要同時回浙，他急需一筆錢幫她贖身，請求幫助四百元，望立即匯去。並暗示他在北京待不住。接到信後，戴望舒大為驚訝。因為他剛去北京找過馮雪峰，不見他和什麼窯姐兒有往來。施蟄存想大家都是浪漫青年，看上一個茶花女什麼的也不足怪。他們三人立即匯了四百元，並寫了一封快信。可是，許久收不到馮雪峰的回信，大家懷疑準是那個窯姐兒把錢騙到手跑了，馮雪峰不好意思回來了。

過些時日，馮雪峰從上海來信，說他到上海四、五天了，要到松江來，讓望舒去接。施蟄存急了，他生在一個封建家庭，朋友帶個窯姐兒來住，是進不了門的，忙著張羅找住處。當天下午戴望舒接回馮雪峰，帶回的根本不是窯姐兒，而是一個陌生男人。大家相顧一笑。後來馮雪峰才說明，他為了籌款幫助幾個革命朋友離京，才編撰了一個攜窯姐兒私奔的浪漫故事。

當年他們一夥年輕人編的《現代》，雖然成為「過去」，但仍被圖書館收藏著，並且永遠會有人去研究它；而那些風華正茂、指點江山、激揚文字的朋友們呢？連「最後一個老朋友」馮雪峰也於1976年撒手人寰，唯他孑然一人存世，「真感到非常寂寞」。

施蟄存慨歎：「書比人壽長。」

（五）與丁玲：巾幗不屑顧鬚眉

1924年，施蟄存在上海大學中文系讀書，與丁玲、戴望舒、孔另境（茅盾內弟）等人是同學。當時女子上大學在上海還是新生事物，班上只有三、五個女生。每堂課上課時，女士優先。總是男生先進教室，從第三排坐起，將前兩排留給女生，待男生坐定了，女生們才魚貫而入。那時還比較封建，女生見到男生頭一低，眼皮一垂，算是打招呼，相互不搭腔。施蟄存與戴望舒的座位正好在丁玲的後面，同班許久，施蟄存見到的只是丁玲的背影。只有在老師發講義，讓第一排的女生往後傳時，才有機會打個照面，點個頭作罷。

「傲氣」是丁玲（1904-1986）在回憶錄中自己說的。施蟄存回想起來，丁玲倒也真有點「巾幗不屑顧鬚眉」的味道。他記得有一次，戴望舒有件急事要通知女生，冒冒失失闖進女生宿舍，講話時，在丁玲的床上坐了一下。丁玲把臉拉得很長，戴望舒前腳剛出門，丁玲

丁玲

後腳就把被褥全部換掉了。在意識形態上，丁玲有點「傲氣」，自負自己有反叛精神，是個解放了的新女性。當時上海大學有個教授叫施存統，他以一篇〈非孝〉贏得暴名，一時名駕瞿秋白之上。丁玲將此人奉為反封建的偶像，她常往施教授那兒去玩；而瞿秋白在丁玲眼中只是一個「覺得還可以與之聊天的」而已。後來，瞿秋白上社會學課異常出色，聲名大振，遠在施存統之上；加之丁玲的好友王劍虹與瞿秋白結婚了，這才改變丁玲對瞿秋白的態度。

1928年後的三年間，丁玲、胡也頻同住上海淡水路，與沈從文合辦《紅與黑》月刊，施蟄存住北四川路辦水沫書店，夫婦常去聊天、喝茶，過從較多。施蟄存的書店還為胡也頻出過集子。次年，施蟄存回松江老家結婚，丁玲、胡也頻夥同文藝界的朋友專程到松江參加他們的婚禮，施蟄存還特地囑承辦宴席的菜館，為上海客人加一樣時鮮：四腮鱸魚……

施蟄存對丁玲還是懷有好感的。文革中，上海謠傳丁玲已逝世，施信以為真。後知其仍健在，並獲知她有續寫《太陽照在桑乾河上》壯志，欣喜之餘，感舊作〈懷丁玲詩四首〉，其一曰：

丁玲不死真奇跡，弱骨珊珊大耐寒。
幽谷春回恩怨泯，好扶健筆寫桑乾。

邵洵美是隻「壺」

一把壺可配若干隻杯子，就像戲劇舞臺上披掛上陣的將軍，總少不了前呼後擁的兵卒陪襯或輝映。

打個不太確切的比方：如果說中國現代文學史是座大茶館的話，眾多的文豪名士們各是一把「壺」的話；那麼，在三、四十年代上海的包廂間裏的魯迅、徐志摩、林語堂等「壺」們，身邊時有邵洵美這隻「杯」在出沒著。其實邵洵美也是一把「壺」，且是一把擁有詩人、作家、翻譯家、出版家數項頂戴的「多功能壺」！

「唯美」詩人邵洵美，被我們冷落得太久，被中國現代文學史雪藏得太深，很少有人知道。他只偶爾被人當作道具什麼的提及，只活在他人回憶的夾縫間罷了，有時還免不了因誤解而充當尷尬的角色。

邵洵美究竟是怎樣的一個人物呢？

（一）風流倜儻的洋場闊少

　　邵洵美（1906-1968），祖籍浙江餘姚，生於上海。祖父邵友濂，同治年間舉人，官至一品，曾以頭等參贊身分出使俄國，後陸續擔任湖南巡撫、臺灣巡撫。外祖父盛宣懷（亦即邵妻盛佩玉的祖父）是著名的洋務中堅人物，中國近代的第一代大實業家，富甲一方。又因邵洵美過繼給伯父邵頤的關係，按譜系，李鴻章當也是他的叔外祖父。

　　邵、盛兩家聯姻，以其地位的顯赫和富貴榮華，似不遜於《紅樓夢》中的榮、寧兩府。邵洵美的生父邵恒，受岳父盛宣懷的賞拔，擔任輪船招商局督辦；但他是個地道的紈絝子弟，終日沉溺於麻將桌、大煙鋪，還喜金屋藏嬌，能三個月不上班，開著自家的福特車招搖過市，出盡風頭，時為上海灘有名的闊少，氣得盛宣懷不得不將其黜免。

　　邵洵美，原名邵雲龍，是「含著金湯匙出世的」。五、六歲時上家塾，聰穎過人，記性好、悟性高，是讀《詩

邵洵美

經》、背唐詩的好手。讀完家塾便進聖約翰中學就讀。這所教會學校所授課程除國文課外，都用英文教材，教師不少為洋人。良好的教育環境，日漸把邵雲龍薰陶成為一個頗具才情、溫文爾雅的青年。邵雲龍自身長相英俊，再加上西裝革履，便是一個活脫脫的洋場闊少。

邵雲龍十六歲時戀上了他的表姐盛佩玉。邵雲龍喜歡古詩，當他讀到《詩經》中《鄭風・有女同車》一節時，一眼瞥見「佩玉鏘鏘」四個字，十分興奮。又見另外一句裏有「洵美且都」四個字，不禁拍案叫絕。「洵美」兩個字意為「實在美」，「且都」意為「而且漂亮」。以「洵美」對「佩玉」貼切極了。他認為這是天作之合，於是決定正式改名為「洵美」，以詩寄情。

十七歲時邵洵美便學會了開汽車。暑假中，他開著福特車到處兜風：書店、咖啡館、大世界、城隍廟，乃至帶著家僕到戲院裏邵家的長期包廂裏看戲。一次，經表兄弟介紹，在包廂裏認識了一位交際花。邵洵美與這位交際花及她的朋友們吃飯聊天時，那夥人中也有個自稱姓邵的傢伙，他滋事尋釁，槍傷了另一個同伴。員警聽說兇手姓邵，不分皂白把邵洵美關進大牢。水落石出後，警察局將邵洵美放了出來。但此事風傳上海灘，敗壞了邵家的名聲，老太太氣得罰邵洵美在祖宗牌位前長跪悔過；而那交際花居然又厚顏找上邵府，聲言影響了她的聲譽，狠敲了邵家一筆竹槓方才甘休。事後方知，是交際花與那幫人合夥做的圈套，套住了這個不諳世事的闊少爺，猛撈一票。邵洵美深悔自己的無知和失檢，再也不涉足娛樂場所尋樂了。這種玩世遊戲，怎麼說都是一件風流韻事。為了洗掩這樁不體面的事，邵洵美轉至南洋路礦學校就讀。

邵洵美與盛佩玉

1925年初，邵洵美與盛佩玉訂婚後，赴英國劍橋大學留學。他在劍橋經濟系就讀，但課外自學英國文學，醉心於英詩。留學期間，他結識了徐志摩、徐悲鴻、張道藩等朋友。

不到兩年，因家裏遭火災，經濟上吃緊，加之老太太抱曾孫心切，邵洵美中止學業返國。

1927年，邵洵美與表姐盛佩玉結婚。婚禮在卡爾登飯店舉行，盛況空前，證婚人是震旦大學的創辦人、百歲老人馬相伯。賀者冠蓋如雲，除至親外多為文藝界名流，婚後三朝友人來賀，有江小鶼、郁達夫、徐志摩、陸小曼、丁悚、劉海粟、錢瘦鐵等。他們的結婚照登在《上海畫報》（1927年1月21日）的封面上，冠以「留英文學家邵洵美與盛四公子侄女佩玉女士新婚儷影」，還配發〈美玉婚淵記〉一文，一時成為上海灘上時髦的話題。

因禍得福。家中意外的天災，迫使邵洵美中止學業，但促使邵洵美警醒了：

邵洵美是隻「壺」

> 我不能像其他富家子弟，只知將莫名其妙由祖宗傳下來的錢
> 一個個用光，而不想去運用天賜給自己因以求生的手和腳。

　　他立志日後要創出一番自己的事業來，絕不靠祖上餘蔭度日。回國後他沉浸在讀書、寫詩、做文章、編雜誌辦書店的忙碌之中。

　　邵洵美交友的圈子也越來越廣，與《孽海花》的作者曾孟樸結上忘年交。他們常常晤聚談文論藝，研究辦書店、搞出版。

　　當時曾孟樸和其子曾虛白，在上海開了家真美善書店，還出版《真美善》月刊，邀邵洵美寫稿。那時，曾氏父子合譯了一本法國印象派作家的小說《阿佛洛地德》，譯本名為《肉與死》，描寫女性的解放與幻滅。此書寫的有聲有「色」，有人斥之為「淫書」。邵洵美倒認為曾老夫子雖垂垂老矣，但譯文充滿青春氣息，很精彩。邵洵美突發奇想，設計了個惡作劇。他冒充一名為「劉舞心」的青年女讀者，模仿豆蔻少女的字體和口吻，含情脈脈地給曾孟樸寫信，表示仰慕。曾孟樸竟將「她」的來信與自己的回信刊於《真美善》雜誌中。邵洵美竊喜，以為曾老先生真的上鉤，想把玩笑開大一點。他說服自己的表妹與他合作，探知曾氏不在書店時，讓表妹假意去拜訪，還留下一信說她去蘇州了，接著邵洵美又託人把「劉舞心」的信帶到蘇州發給曾孟樸，讓曾孟樸相信果有「劉舞心」其人……邵洵美一而再地作弄，倒被曾孟樸再而三地利用，他把一個老者與少女情意纏綿的信一再公諸於眾。有這浪漫的故事推波助瀾，倒真使《真美善》熱銷一時。倜儻風流的邵洵美，頗得意自己的頑皮傑作。

邵洵美不乏才子風情，他崇敬徐志摩，兩人雖相差十一歲，但友情甚篤。他為徐志摩、陸小曼作了一幅一隻壺一隻杯的畫，題字為：「一個茶壺，一個茶杯，一個志摩，一個小曼」，意為他倆像壺與杯一樣親密，壺不離杯，杯不離壺。不失幽默。一次文藝界朋友們在志摩家聚會，當場合作作畫。邵洵美作完畫，在另外半張紙上寫了兩句：「長鼻子長臉，沒有眼鏡亦沒有鬍鬚。小曼你看，是我，還是你的丈夫洵美」。他讓小曼和大家看，逗得眾人捧腹。

　　邵洵美，就是這樣率真、坦誠，頑皮、風流。

　　1927年4月，老朋友劉紀文出任南京市特別市市長，邀請邵洵美去當秘書。他只幹了三個月就棄官而回，覺得自己不是塊當官的料，發誓一輩子再也不當官。

　　1935年，邵洵美與美國女作家艾米麗‧哈恩（Emily Hahn）第一次見面時，就請她與朋友們到他家去，他自己在過完鴉片癮後，還教艾米麗不妨試試，害得艾米麗一試而不可收。邵洵美又為艾米麗取了個十分動聽的中文名字——項美麗。他們在上海灘攜手幹了一番事業，也演繹了一曲跨國的「驚世戀情」故事。

　　魯迅先生大概耳聞過邵洵美的家世背景及情況，但不甚清楚，誤把邵洵美當作盛宮保的女婿，實為孫女婿。他曾數度譏諷：「邵公子有富岳家，有闊太太，用陪嫁錢，做文學資本。」此評影響頗大，一般人都會認為邵是一個靠老婆有錢而舞文弄墨的紈絝子弟。今日看來，是一場誤會。

（二）躊躇滿志的詩人、出版家

「你以為我是什麼人？是個浪子，是個財迷，是個書生，是個想做官的，或是不怕死的英雄？你錯了，你全錯了；我是個天生的詩人。」邵洵美如是說。

說是天生的詩人，倒真有點來頭。邵洵美周歲那天，家人端來一隻盛滿各種東西的盤子，有紅帽子（官）、金鐲子（財）、小喇叭（藝）等，面對這花花綠綠的一切，他都沒興趣，伸手抓了支狼毫筆。老太太說：「唉，小黑是個拿筆桿子的命！」

項美麗

邵洵美果真玩了一輩子筆桿子，寫詩、作文、搞翻譯、辦出版。他青少年時代喜歡寫詩，與表姐（盛佩玉）初識時便寫了首詩〈Z的笑〉，以詩定情。赴歐留學前夕，未婚妻為他織了件白色毛背心，他寫了首〈白絨線馬甲〉，作為處女作發在《申報》上。他在詩集《詩二十五首》序中說：

最初的時期尚以為是自己的發現。我寫新詩從沒有受誰的啟示，即連胡適之的《嘗試集》也還是過後才見到的。

對他的詩，朋友們眾說紛紜：

邵洵美是個很好的詩人。（郁達夫）

有聲，有色，有情，有力。（柴樹鐸）

洵美的詩是柔美的迷人的春三月的天氣，艷麗如一個應該讚美的艷麗的女人。（陳夢家）

以官能的頌歌那樣感情寫成他的詩集。讚美生，讚美愛，然而顯出唯美派人生的享樂，對於現世的誇張的貪戀，對於現世又仍然看到空虛。（沈從文）

因此，邵洵美獲了一個「唯美主義詩人」的稱號。

除去朋友們捧場的色彩，實事求是而言，邵洵美的成就與他圈子裏的朋友們相較，論詩，他與徐志摩不能同日；論文，他與沈從文不在一個量級；論翻譯，也不在施蟄存之上。若論出版，邵洵美倒真是一位名垂久遠的大出版家！他對出版情有獨鍾，大概也是「天生」。1918年，十二歲的邵洵美放學歸來，便喜歡和弟妹們模仿日報的樣式，用一張三十二開紙寫《家報》，把當日新聞、好玩的事寫在紙上，一式謄寫

四份，送給祖母、母親和兩個姑姑。在英國留學時，他便萌生一個抱負：效仿英國的北岩爵士辦出版事業，出自己的書，為朋友出書。

自1928年到1950年，二十二年的歲月，邵洵美的全部精力都用在出版事業上。先成立「金屋書店」，後是「上海時代圖書公司」，再是「第一出版社」。先後擁有《獅吼》、《金屋》月刊、《時代畫報》、《時代漫畫》、《時代電影》、《文學時代》、《萬象》月刊、《論語》半月刊、《十日談》旬刊、《人言》周刊、《聲色畫報》等達十一種之多。好多雜誌今人見所未見、聞所未聞。還和友人合作出版過《新月》月刊、《詩刊》。1934年至1935年鼎盛期間，他同時出版的刊物有七種，每隔五天至少有兩種期刊面世。

邵洵美把開書店、出刊物作為終生事業去追求，娛人悅己不以謀利為旨，常常在虧損累賠的惡劣環境下傾注全部的心血和財力去經營。妻子盛佩玉晚年回憶說：「洵美辦出版無資本，要在銀行透支，透支要付息的。我的一些錢也支了出去。抗戰八年，洵美毫無收入，我的首飾陸續出籠，投入當店，總希望有朝一日贖回原物。」可是往往總一去不返。有人笑話他，說他做生意像作詩，目的在抒情，不在乎家產的流失。卞之琳說邵洵美辦出版「賠完巨萬家產」、「衣帶漸寬終不悔」，算是精當。邵洵美的出版思路也隨時代的腳步在前進，從「唯美」到「現代」，再到「緊跟時代」，越來越貼近民眾，貼近生活。伴隨著「一二八」事件，邵洵美及時創辦《時事日報》，反映民眾的抗戰呼聲，喚起全國人民同仇敵愾的抗日情懷。

邵洵美辦出版的輝煌，是在1938年至1940年期間，他與項美麗合作，默契、愉快、緊張、玩命。創辦了《自由譚》月刊（1938.9.1創

刊），即「Candid comment Chinese Edition」（《直言評論》），旗
幟鮮明地提出「追求自由」。為了安全，編輯人、發行人署的都是項
美麗的名字，而具體工作全由邵洵美包辦。封面上「自由譚」三個大
字，是邵洵美模仿顏體的手跡。畫面是一幅木刻，背景是日本的飛機
在轟炸，大地在燃燒，一頭牛被炸死在原野上，一個孩子手捂著臉流
淚，一位中國農民雙臂上托著自己被日寇炸死的孩子，孩子傷口還在
滴血……這是血淚的控訴，震撼人心，具有強烈的宣傳效果，也是歷
史的真實記錄。邵洵美以各種化名為《自由譚》寫了許多富於戰鬥氣
息的短論，揭批日寇的暴行和漢奸的無恥。他在一篇文章中吶喊：

> 抵抗是唯一的出路……和平是出賣國家與民族……憑了汪精
> 衛在豔電前後的種種言論與舉動，可以相信他也一定做得出
> 賣國賣民的勾當。

他還借〈幾個賣掉靈魂的律師〉揭出自己弟弟「邵式軍已就任偽蘇淞
皖統稅局局長」這件事，給世人以警示。同時，他又借《自由譚》向
讀者推薦毛澤東的《論持久戰》，稱它是一部「人人能瞭解，人人能
欣賞，萬人傳頌，中外稱讚」的作品。

特別值得稱道的是，1938年毛澤東的《論持久戰》在延安發表，
中共地下黨員、香港《大公報》記者楊剛當時就隱蔽在上海霞飛路的
項美麗家中，她將該文譯成英文，邵洵美立即在《直言評論》（英文
版）上連載，並加按語：「近十年來在中國的出版物中，沒有別的書
比這一本更能吸引大眾的注意了。」在連載的同時，出版單行本。毛

澤東在1939年1月20日，專事為英文版《論持久戰》寫了序言，題為
〈抗戰與外援的關係〉，起筆寫道：

> 上海的朋友在將我的《論持久戰》翻成英文本，我聽了當然
> 是高興的，因為偉大的中國抗戰，不但是中國的事，東方的
> 事，也是世界的事……

邵洵美親自將這篇序文譯成英文（以前誤為楊剛譯）列在單行本前面。
共印了五百本，一部分由楊剛通過中共地下渠道發行；另一部分由邵
洵美在夜間開著汽車，與王永祿一道，將書塞到霞飛路、虹橋路一帶
洋人寓所的信箱裏。項美麗的德國朋友時為德國駐滬的實習領事Peter
Wolf也投送過。邵洵美不知哪來的激情，幹起這種把腦袋拴在褲腰帶
上的壯舉。為了安全起見，他特地買了一支手槍防身，一度避居項美
麗寓所時，還請了一位法國保鏢。

　　《自由譚》受到廣大讀者的歡迎，自然也受到日本人的「關
注」。一個自稱是日本某通訊社的記者約見項美麗，詢問《自由
譚》的編輯、出版情況，並警告她要改變辦刊方針，對日本要「友
善」……在這種惡劣的環境下，《自由譚》被迫停刊。

　　抗戰勝利後，邵洵美仍致力於出版業，曾出任《見聞》時事週報
總編；復辦《論語》半月刊，儘管經濟拮据，他仍咬牙負債經營，直
至1949年5月終刊。

　　全國解放後，他熱衷出版、創辦書店的熱情不減。終因資金不足
及其他因素，沒撐多久即關門大吉。

邵洵美曾擁有自己的印刷廠，他有台從德國進口的、當時最先進的影寫版印刷機，全國僅此一台。剛解放時，北京要成立新華印刷廠，出版《人民畫報》缺少設備，夏衍親自登門拜訪，希望邵洵美「割愛」。儘管邵洵美很捨不得，最後還是同意了，說算是對國家出版事業的支持。

邵洵美當年辦出版的初衷是：「為自己出書，為朋友出書」。他沒有食言，他的金屋書店、時代圖書公司及第一出版社，為徐志摩、郁達夫、胡適、沈從文、巴金、老舍、潘光旦、施蟄存、陶亢德、章克標、張若谷、滕固、朱維琪以及夏衍等一大批朋友出了書。當然也有遺憾之處，他的《自傳叢書》和《新詩庫》計畫沒有全部實現。邵洵美以個人的財力，散盡萬金，出版了諸多的報刊雜誌和書籍，這在中國近代出版史上是無人可與之匹敵的。

（三）仗義瀟灑的「孟嘗君」

「鈔票用得光，交情用不光」，這是邵洵美的一句名言。

邵洵美為人熱情、坦誠，善解人意、樂於助人，「仗義」一句話可形容。在三、四十年代上海灘文藝界多元格局並存的情況下，邵洵美擁有一大批左、中、右的朋友：胡適、葉公超，潘光旦、羅隆基、曹聚仁、林語堂、沈從文、方令孺，聞一多、夏衍、鄒韜奮、徐悲鴻、劉海粟、張光宇、丁悚、魯少飛以及張道藩、謝壽康、劉紀文等等，真是高朋滿座、好友如雲。郁達夫說得有趣，說邵洵美家裏經常是「座上客常滿，樽中酒不空。」

畫家魯少飛曾戲謔地畫了幅〈文壇茶話圖〉（載於《六藝》月

刊），稱邵洵美是「孟嘗君」。

邵洵美扮演孟嘗君一角由來已久。他剛到劍橋讀書時，老祖母令帳房按月匯款，那時邵洵美不吸煙（許諾未婚妻），不跳舞，不玩女人，充其量偶爾小酌一下。手頭寬裕。友人手頭拮据時只要張口，他馬上慷慨解囊，而且散金不驕人，從不要人還。那時徐悲鴻、蔣碧微夫婦兩人留學，合用一份留學經費，常鬧經濟危機，邵洵美總時適時伸出援手。某天他生病發燒，想家，想吃中國的水蜜桃、西瓜。邵洵美給謝壽康五百法郎到水果店搬了一箱生梨、荔枝。一下子買那麼多，加之謝壽康衣著不周，水果店老闆誤為他是中國公使館的廚子。

有趣的是一天大清早，有一青年敲邵洵美的門，先說一番恭維話，然後表明想借錢。邵洵美問他怎麼找到這兒，那人說是大使館介紹的。邵洵美也沒多想，順手送他二百法郎。此後，留學生們風傳說他是「活銀行」。

1927年他回國時與張道藩及另一同學同行。他們兩位經濟窘迫，邵洵美將自己的頭等艙船票退掉，換了三張三等艙的。回國後，他寓居上海，徐悲鴻、謝壽康、滕固、唐槐秋等朋友一到滬上，總在他家落腳，食宿全包。

邵洵美創辦金屋書店時，有位朋友送來沈端先的一疊譯稿，是日本廚川白村的《北美印象記》。朋友說譯者剛從日本留學回來，生活無著，希望幫他出本書接濟一下。邵洵美連稿子看都沒看，馬上預付五百元版稅。沈氏即夏衍，那時他還是文壇剛出道的新人。

「新月派」到上海開設「新月書店」，兩年下來因虧空太多，要招新股。邵洵美關閉自己的金屋書店，加入「新月」。後來邵洵美不

得不一人獨資。《生活》雜誌與「創造社」的善後事務，邵洵美都出過力。

如果説這些都算出於「禮」的話，那麼，下述幾例「孟嘗君」的作為純出於「義」了。

對待抗日的問題，邵洵美是堅決的。他積極投身抗日的洪流，在復刊的《時代》上發表〈容忍是罪惡〉，呼籲「要抵抗，要革命。有革命才有進步」。他支持出版的《老舍幽默詩文集》中就有〈救國難歌〉、〈長期抵抗〉等經典作品。

他的五弟邵式軍做漢奸，他恨之入骨，邵式軍派人代他送來五千大洋，拉攏他為日本人做事，他嚴詞拒絕。對弟弟的漢奸行為，他在文章中無情地披露。1944年上海憲兵隊長岡村適三，透過投日的熊劍東多次遊説邵洵美，企圖利用他溝通在重慶的中國政府部門的老友，謀求「中日議和」。邵洵美恥於與日本人合作。「邵洵美依然故我，出淤泥而不染」。（《辛報》記者陳福愉文）他堅持了民族氣節和做人的尊嚴。

鐵肩擔道義。

左翼作家胡也頻、丁玲是一對革命夫妻。1931年共產黨員胡也頻突然被捕。丁玲、沈從文四方打聽胡的下落，無果。沈從文找邵洵美幫忙。邵交遊廣，當即給國民黨上海市黨部主任劉健群打電話，要求保釋胡也頻。劉不同意，兩人爭執起來。劉是Ｃ‧Ｃ的人，（即陳立夫、陳果夫）邵洵美的拜把兄弟張道藩也是Ｃ‧Ｃ的幹將。況且邵畢竟是知名人士、是有影響的人物，劉不敢得罪，再三思考後向邵説出真相：説胡也頻於早幾天已被槍決。邵不信，劉出於無奈，將處決胡的照片示以邵。邵同時通知沈從文也來看照片。國民黨秘密槍殺胡也頻

的消息由此公諸於世。

當時胡、丁剛有小孩，丁玲的生活處於絕境。丁玲想把孩子送回湖南老家，託給母親照應；但身無分文，儘管沈從文籌到一點款子，急公好義的徐志摩又幫丁玲把一部分書稿介紹給中華書局，仍是杯水車薪。邵洵美慷慨解囊，送一千元給丁玲，聲明不須還。沈從文始得以陪丁玲回湖南。

1933年5月，國民黨又秘密綁架丁玲和潘梓年。邵洵美與蔡元培、楊杏佛、鄒韜奮等二十幾位上海文藝界知名人士聯合致電當局以示抗議。6月，邵洵美又和蔡元培、柳亞子、郁達夫和魯迅等十九人聯合發表〈為林惠元慘案呼冤宣言〉。稍後，同盟會總幹事楊杏佛被特務暗殺，邵洵美把這則凶訊和追悼會照片刊在《時代畫報》上，以示抗議……

在對外的文化交流上，邵洵美也做出過不小的貢獻。1933年蕭伯納訪問上海，由世界筆會中國分會接待。當時邵洵美是分會的會計。分會沒有經濟來源，平時的花銷，往往是秘書邵洵美自掏腰包。那次在宋慶齡寓所設素宴招待蕭伯納（蕭不吃葷），就是邵在功德林要的一桌素菜。席上有宋慶齡、蔡元培、魯迅、楊杏佛、林語堂和邵洵美。所費之四十六元大洋是邵洵美買單的。

這是邵洵美第一次見魯迅。會後，正遇天雨，很冷，邵洵美見魯迅還站在屋簷下，像是在等車，臉都凍得發青。邵洵美見狀，立即邀請魯迅上他的汽車，直接把魯迅送回寓所。

在對民族的氣節上，邵洵美是恪守的；對朋友的友善上，邵洵美是善解人意的。説他是現代文壇的孟嘗君，邵洵美是受之無愧的。

（四）淒涼無言的晚年

　　1949年春，國民黨敗局已定，達官貴人紛紛捲著細軟出逃。邵洵美利用《論語》發表了〈逃亦有道（覆友人書）〉，譏諷挖苦國民政府。文章刊出後，受到當局的警告。後一期中有篇文章更尖銳，刊物已印好，為免遭滅頂之禍，邵洵美發動家人一起動手撕去那幾頁，再由時代書局發行；然而到第177期，《論語》終未逃勒令停刊之厄運。

　　是時，胡適曾訪邵洵美，為其訂了兩張赴臺機票。邵以不忍離開家人與工廠無法處理為由婉謝。葉公超得悉，與海軍商量，說服海軍用軍艦幫邵家的人與機器一道遷臺，而邵也謝絕了。這其中當另有隱情，好友羅隆基約見過邵洵美作了一席深談，羅向他細述中共對待知識份子的政策，使邵洵美心情釋然。他相信自己以前的所作所為是有目共睹的，是可說明他是怎樣一個人。共產黨來了，他也會有出路的，因此他靜等上海解放。

　　5月24日上海解放。劃身分時，邵洵美被定為「工商業主」。

　　解放時，夏衍是上海市委宣傳部長，為邵曾出版毛澤東的《論持久戰》英譯本事宜而造訪邵洵美。夏對邵的膽識表示欣賞。當然他們有舊誼，夏衍當年的譯著《北美印象記》的出版是受惠於邵洵美的。不久，夏衍和周揚曾問邵有何打算。邵洵美說想到復旦大學教書。政府代為聯繫，學校表示歡迎，但根據邵的學歷，在復旦只能任二級教授。邵覺得自己在高校的朋友都是一級，憑自己的名聲，他撂不下面子，不願屈就，遂把心思鎖定在寫作、出版上。

　　夏衍代國家徵購了邵洵美的那台德國印刷機，邵洵美得了一大筆款項。這又激起他擴大書店的願望。1950年元旦，邵洵美全家移居北京，他想在京開設時代書局分店，重振出版旗鼓。

　　意想不到的是，《人民日報》一連七天，每天以半個版的篇幅批判上海時代書局的出版物中這樣、那樣的錯誤，隨之而來的是上海新華書店對時代出版物的大量退貨。資金嚴重虧損，再也無法運營，邵洵美就此與出版業畫上了句號。

　　好在邵洵美興趣廣泛，愛集郵、篆刻。聊賴之時，沉浸在方寸之間，成了集郵迷。他的郵票收藏也豐，有不少十分珍貴的郵品。因喜篆刻，他把自己的頭像篆成藏書票，別具一格。著名篆刻家錢瘦鐵還為他刻了一方「洵美常幸」的印章。

　　「常幸」是朋友的祝福，是一種理想。可現實對邵洵美是殘酷的。1958年，他遭逢一場無妄之災，蹲了大獄。邵洵美在歷史上的人際關係確實複雜，與杜月笙等三教九流也有往來；與國民黨元老吳稚暉、李曾石有過從；與陳立夫、陳果夫以及張道藩、劉紀文等都有說不清、道不盡的關係。還有魯迅對他的譏諷、批評，一直是他的一塊心病。而他被捕的真正原因是因為一封信，一封寫給項美麗的信。

　　事出有因。1958年，邵洵美經濟上陷於困境，吳昌碩為邵友濂刻的一方「姚江邵氏圖書收藏之章」是他的傳家寶，是「祖宗」，也只以二十元價轉讓給錢君匋，為的是宴請陸小曼為她祝壽。山窮水盡時，屋漏偏逢連夜雨，邵在香港的小弟邵雲驤患重病，急需資助住院搶救。正愁腸百結時，老友葉靈鳳由港來滬。葉是香港的文化名人。邵洵美請他吃飯，席間葉靈鳳說起故人項美麗在美國的近況。邵洵美

想起1946年他去紐約，項美麗曾向他借過一千美金。本來他借給友人錢，是向來不要還的。此時非彼時，弟弟病重，他不得不做「小人」了，他想讓項美麗將那一千美金用支票轉帳到香港給弟弟救命。邵向葉索項的地址，葉說不在手邊。邵便寫了一封信，署名用英文筆名 **Pen Heaven**，託葉到香港後代發……

信被有關方面截獲，東窗事發前，有人暗示邵洵美向組織交待歷史。邵洵美當時正在趕譯一本書，一因要急等稿費，二因與出版社有約；再加上他覺得過去的事太複雜，牽涉朋友太多，須認真。他本想等趕譯完《一個理想的丈夫》一書後再向組織說明。孰料兩天後他便被捕了，罪名是「歷史反革命」。

在提籃橋監獄，邵洵美與因胡風案入獄的賈植芳教授成了「獄友」。他暗中對賈說：

> 賈兄，你比我年輕，身體又好，總有一日會出去的，我有兩件事，你一定要寫篇文章，替我說幾句話，那我就死而瞑目了。

所謂的兩件事，一是1933年，邵以世界筆會中國分會的名義，招待來訪的蕭伯納，其費用四十六塊銀元是由他付的。但在當時上海大小報紙的報導中，卻獨沒有他的名字。「使我一直耿耿於懷」，他希望賈將來寫文章說明清楚，「以糾正記載上的失誤」。二是，邵說自己寫的文章雖不好，但實實在在是自己寫的。

> 魯迅先生在文章中說我是「捐班」，是花錢雇人代寫的，這
> 真是天大的誤會。

賈植芳未負邵託，於1989年發表了〈提籃橋難友邵洵美〉，讓真相大
白於天下。

上世紀六十年代初，邵洵美尚沒出獄前，上海市委宣傳部部長石
西民與譯文出版社的周煦良進京開會，時為中央宣傳部副部長的周揚向
周煦良問起邵洵美的近況。周煦良告知邵仍在獄中。那時黨正在調整落
實對知識份子的政策，周揚說：「如果沒有什麼問題，也不必了。」

1962年4月，邵洵美被釋放。可是，他已沒有自己的家了。十六
歲的兒子小馬，在他被捕後到青海支邊去了，大兒子夫妻又離了婚，
原來三間住房，被房管所收回兩間。妻子盛佩玉與小兒子小羅和一個
老保姆只能擠在一間。不得已盛佩玉打發了老保姆，帶著小羅去投靠
在南京的女兒綃紅……邵洵美出獄後，只好窩在已離婚的大兒子家。
四年的無妄之災，使邵洵美的身心受到嚴重摧殘。一頭白髮，瘦得兩
個肩胛扛個頭。他患上肺原性心臟病，口、臉紫得發黑，牙齒也掉
了幾顆，呼吸困難，一動就喘，整日坐在床上，用兩床厚被墊在身
後……家人問他獄中的情況，邵洵美隻字不提，只說：「我是無罪釋
放的。」

此後，幸得有關方面的照顧，安排他為出版社譯書，以預支稿
費維持生計，可是文革一來中斷。不得已，他只好將祖父邵友濂的日
記、翁同龢作批註的李鴻章、曾紀澤、盛宣懷給邵友濂的兩大本手
札，全以賤價賣掉，各只得一、二百元。這一時期他與妻子盛佩玉在

滬、寧兩地分開居住，由兒、女分別贍養。邵洵美在1967年5月3日致在南京的妻子信中寫道：

> ……你為我買了兩隻香肚，好極了，我立刻便感到饞涎欲滴。我想有機會再嘗嘗真正的南京鴨肫肝，也只要幾隻，放在口裏嚼嚼鮮味。

當年上海「一品香」常客的邵洵美，此時真像賣火柴的小女孩在幻想烤爐和火雞那樣。再讀一封他致妻子「歎窮經」的信：

> 今日是23日，這二十三天中，東湊西補，度日維艱。所謂東湊西補，即是寅吃卯糧。小美的十元飯錢用光了，房錢也預先借用了，舊報紙也賣光了，一件舊大衣賣了八元錢。報紙不訂了。牛奶也停了。可是依然要付兩元，因為要吃到半個月才不送。煙也戒了。尚有兩包工字牌，掃除清爽便結束……
>
> 我不是「歎窮經」，是好在空閒著，所以多談談心。

他在地獄門前徘徊，但是詩人常念想自己詩句：「詩還不能就這樣地結束」。他仍然熱愛生活，不泯愛美的天性。邵洵美的老友秦鶴皋在憶文中寫道：

一天上午去淮海路看望洵美，見他正坐在一面小鏡子前梳頭。桌上放著一碗「刨花水」（浸著木屑薄片的水）。見洵美蘸著它認真地梳著頭，很驚訝，沒等開口，他倒先笑著說：「儂要講，這是過去丫頭、廚娘梳頭用的刨花水，對哦？現在可是我的『生髮油』呀！儂嗅嗅看，很香！」

家中有一件「長物」：北宋官窯燒製的桃形筆洗，也在文革中被抄走了。

樹倒了仍是直的。邵洵美始終是個知書達理、重情講義的人。家中還有一件「漏網」的小古玩越窯鳥形盒，他讓盛佩玉進京託在故宮工作的朋友幫忙，看能否收購（未遂）。他再三叮囑妻子代他就便去拜訪沈從文與陳夢家，為他們之間久未通訊而可能釀成的一點點小誤會而深感不安，要妻子去當面向他們解釋、道歉。這誠如施蟄存說：「洵美是個好人，富而不驕，貧而不丐，即使後來，也沒有沒落的樣子。」

肺原性心臟病把邵洵美折磨得死去活來，幾番進出醫院，他受不了醫院的種種壓抑，決意要回家養病。此時他感慨萬千，作詩抒懷：

> 天堂有路隨便走，地獄日夜不關門；
> 小別居然非永訣，回家已是隔世人。

1968年5月5日，邵洵美終於獲得了自由。唯美詩人瀟灑地一抽身飄去，不止給妻子留下揪心的悲傷，也留下了一筆筆麻煩和債務：欠

墨西哥漫畫家珂佛羅皮斯
為邵洵美作漫畫像

醫院的四百多元醫療費,欠房管處一年
半的房租六百多元,還欠私人和鄉下人
民公社的五、六百元……

　　詩人閉目十七年後,1985年2月,
邵洵美的「歷史反革命案」正式平反。

　　　　　滬公落辦字第26811號
　　　　　上海市公安局
　　　　　　決定書
1958年10月邵洵美因歷史反革
命問題被逮捕,1962年4月教育
釋放。

經複查,邵洵美歷史上的問題
不屬反革命,1958年10月將其以
反革命逮捕不當,予以糾正。

　　問題是如此複雜,卻又是如此簡單。
　　不論有人稱邵洵美是什麼「唯美派
詩人」、「作家」、「出版家」或「孟
嘗君」,也不論有人稱他是「自稱『詩
人』、「邵公子」、「紈绔子弟」什麼
的;僅憑邵洵美當年在孤島時期,膽敢
印發毛澤東的《論持久戰》英文版,敢

在月黑風高的深夜，開著汽車將《論持久戰》投進上海灘外國人的信箱這一條，足以證明邵洵美是炎黃子孫、是七尺的熱血男兒！在中國現代文學大茶館中應有他一席。他是一隻「壺」。

壺碎了，詩還在，

詩人死了，白紙黑字猶存！

王映霞的最後歲月

夫貴妻榮。

「如果沒有前一個他（郁達夫），也許沒有人知道我的名字，沒有人對我的生活感興趣。」王映霞在其「自傳」裏如是說。誠然，是郁達夫的盛名，使她結識了魯迅、郭沫若、徐志摩、茅盾等一大批文壇翹楚；也正因他們夫婦之間的風風雨雨，使她成為世人感興趣的話題或曰談資。余生晚也，對此不便、不想更無資置喙，他們之間的是非曲折，自有歷史去評說。因翰墨故，筆者一度與王映霞有所過從，對其後半生和晚景的生存狀況略知一二，現訴諸文字，獻給海內外一切關注王映霞的讀者。

（一）人生到處知何似

「人生到處知何似，應似飛鴻踏雪泥。」

王映霞（1908-2000）不姓王。她本姓金，小名金鎖。「鎖」，由金、小、貝三個字組成，意為金家的小寶貝，學名金寶琴，生於

杭州。童稚時過繼給外祖父王二南做孫女，易名為王旭，號映霞。王二南先生係南社社員，琴棋書畫俱精，滿腹經綸。王映霞自幼承歡在王二南先生膝下，春雨潤物，受到良好的傳統文化薰陶。她先在外祖父開的蒙館讀《三字經》，後入教會學校弘道女校，1923年考入浙江女子師範學校。是時，班主任老師是位剛從北大畢業的文科生，他把五四新文學的清風帶進校園。王映霞始知魯迅、郭沫若，始知創造社有個郁達夫，在拜讀其《沉淪》時，她對文中的大膽描寫，頗「有些難為情」。令她做夢也想不到的是幾年後的一個偶然，在世伯孫百剛先生（他與郁達夫是留日時的同窗）的寓所邂逅郁達夫。落花有意隨流水，從而演繹出近代文壇上的一闋「風雨茅廬」的趣話。相識之初，王映霞在「猶豫、困惑、煩惱、興奮」中舉棋不定，後終於敵不住「欲撰西泠才女傳」的郁達夫苦心孤詣的追求，於1928年結秦晉之好。歷十二年風雨雷電的磨合，未能善終。王映霞卒與「曾

晚年的王映霞

因酒醉鞭名馬，生怕情多累美人」的郁達夫仳離。這對才子佳人，從萍水相逢到不歡而散，倒真戲劇性地印證了郁達夫婚前所言：「我且留此一粒苦種，聊作他年的回憶」。對王映霞而言，又何嘗不是如此？所不同者，只是郁達夫此後風雨飄萍遭厄運；王映霞覓獲歸宿罷了。

「如果沒有後一個他（鍾賢道），我的後半生也許仍漂泊不定。」斯言誠哉。王映霞在新加坡與郁達夫分手後，由香港轉道至重慶。經親朋故舊介紹，曾先後在保育院當過保育員、在軍委會特檢處做過秘書，後到外交部文書科當過科員。旋由前外交部長王正延牽線搭橋，與他的學生、時任重慶華中航運局的經理鍾賢道結成連理。

鍾、王於1942年在霧都結婚，婚禮挺排場，賀客盈門，宴賓三日。婚前，鍾賢道許諾：「我懂得怎樣把你已經失去的年華找回來。請你相信我。」鍾賢道是努力實踐他的諾言的。他讓王映霞辭去外交部的工作，專事家政。王映霞「三日入廚房，洗手作羹湯」。他們共育一子一女：嘉陵、嘉利。1948年他們定居上海。在國民黨敗局已定的前夕，達官顯貴紛紛逃往臺灣，鍾賢道卻退了預訂的機票，留了下來。解放後，鍾賢道任上海航聯保險公司副處長，月入頗豐，生活富裕，後雖然多次減薪，生活仍較安定。「三反」運動中，鍾賢道被懷疑貪污，受到審查；後查實為冤案，平反恢復名譽繼續工作。1952年，王映霞突然被拘留，蓋她在重慶外交部工作時參加過國民黨所致，幸只口頭參加，沒有黨證，也沒繳過黨費，在向組織說清楚這段歷史後，即被解禁，前後僅二十天。關押期間，鍾賢道心急如焚，探視、送物，竭盡所能，關懷備至。回家後，鍾賢道為了給王映霞「壓驚」，在錦江飯店開了個房間，讓她休養，又帶她到蘇、錫、常各地

旅遊散心，「真像是一次蜜月旅行」。在王映霞身上用錢，鍾賢道慷慨瀟灑，而對自己卻相當刻薄。他不抽煙、不喝酒，穿的衣服是家裏最舊的。七十年代，他給自己買的帽子也僅是五毛錢的便宜貨。王映霞曾對筆者說過：

> 他是個厚道人，正派人。我們共同生活了三十八年，他給了我許多溫暖安慰和幸福。對家庭來說，他實在是一位好丈夫、好父親、好祖父、好外公。

1956年，周恩來發表了〈關於知識份子〉問題的報告。王映霞曾與周恩來有一面之雅，那是1938年在武昌，郁達夫和她曾請周恩來、鄧穎超吃過飯。王映霞便給周恩來寫了封長信，表達了想參加工作的願望。數月後，她便接到通知，參加市裏的師資培訓班。次年，五十二歲的王映霞當上了小學教師。她與鍾賢道撫育的兩個兒女，已逐漸長大成人。文革之前，他們已經是北大、復旦的學子。

　　文革歲月，鍾賢道、王映霞自無法倖免災難的浩劫，抄家、隔離、批鬥。王映霞在學校一邊受審查，一邊當油漆工，漆門窗和乒乓球台，當清潔工打掃廁所和為串聯的紅衛兵洗被子。當時，社會上被審查的對象自殺成風。兒子嘉陵和女兒嘉利，生怕父母想不開，常常回家或寫信懇求父母千萬別自尋短見。他們終於挺了過來。文革後期，兒女分別先到農場接受「再教育」，爾後再分配到農村工作，她也告老退休。

（二）為霞尚滿天

「莫道桑榆晚，為霞尚滿天。」

王映霞的晚年生活本不絢爛，退休之後更趨於平淡。起初，她的健康狀況尚好，除患輕度白內障和心臟病外，並無大病，日常生活全自行料理。她長期一人獨居上海，不願與兒女們共同生活。

三、四十年代王映霞便活躍在上海灘，見過大人物，應酬過大場面；但她卻沒有交際場上人的嗜好。她不抽煙、不喝酒，不看戲、不打牌也不跳舞，連茶也屬可有可無，暮年更是如此，唯一有興趣的是看看報紙、翻翻書。

八十年代初，在老朋友的勸說、鼓勵下，秉筆過書往。為報刊匡正一些關於郁達夫往事的誤記，兼寫一些與魯迅、許廣平、陸小曼、丁玲和廬隱等交往的文字。

時來運轉。1986年，王映霞被江澤民聘為上海市文史館館員。她成了文史館裏最年輕的「小妹妹」。在友人的幫助下，她搜羅了郁達夫書信四十九封，結集成冊，出版了極富史料價值的《達夫書簡一致王映霞》。又於暮齒之年，據自身的經歷寫了《半生自述》、《王映霞自傳》，在大陸、臺灣出版。另編就她與郁達夫的散文合集《歲月留痕》等。

令王映霞特別興奮的是，1990年，八十三歲的她作了一次臺灣之行。那是臺灣《傳記文學》雜誌社劉紹唐先生及原《中央日報》社長胡健中先生，以王映霞為「傑出大陸人士」為由，向臺灣當局申請的。在臺北三個月，她拜訪了睽違四十年的老友陳立夫先生、胡健中先生，參觀了張大千的故居摩耶精舍，飽覽了秀色可餐的陽明公園。

時值1995年，王映霞身體日衰，生活不能自理，獨居發生困難。兒女們邀她前往同住，她又不肯，便請雇工料理。只在寒冬或酷暑到深圳、杭州兒女家享天倫之樂。筆者即在此期間經友人介紹認識她的。

王映霞的家住上海復興中路一條弄堂裏，門口是幼稚園。是年夏，我第一次登門拜訪就碰上鐵將軍把門。鄰居老大媽說王老師（他們以此稱呼她）骨折住院了，醫院就在附近。老大媽讓她的孫子給我帶路，並捧著個西瓜去。看來，王映霞的人緣不錯。在骨科病房我見到了王映霞。這是我第一次見她，我憑直覺一眼在眾多病員中認出她。她時年已近九十，但其氣質、風韻猶存，給人一種繁華落盡，美人遲暮的感覺。她因腿傷，正在作牽引，靠在床上，在與一位老先生聊天。我送上名片，作一番自我介紹後，她說她骨折住院兩個月了，身體不好，頭暈，出書的事等她出院後再聯繫。她讓那位陪她閒聊的老先生找紙筆，寫她的位址及電話給我。

王映霞與陳立夫夫婦

老先生在床頭櫃中動作稍微慢了一點，一時沒找到，見我站在那兒等著，王映霞臉色不高興，催他「快一點」，我以為那是個鐘點工，後來朋友告訴我：他姓韓，八十歲了，祖籍河北，曾在浙江工作過，是特地從臺灣趕來照料王映霞生活的。

　　兩個月後，王映霞出院了，我應約到滬住了三天。每天一次到她府上談書稿、聊天。她的寓所僅十來平米大，老房子，有地板。室內的陳設陳舊、簡陋。老式立櫃、桌椅，沒有電視機，唯一有點現代氣息的是一台冰箱，冰箱上有花瓶，瓶中有花。但室內十分清爽、整潔。寒暄後，我說她的住房小了點。她說：「室雅何須大，花香不在多。」我臉紅，心想倒也是，山不在高，有仙則靈。那位韓老先生和我不都是慕名而來的嗎。這時的王映霞耳朵有點背，我與她談話，聲音放得較大，她也聽不清，有時不得不輔用筆談，她看字也要用放大鏡對著，但思維一點也不糊塗。在談編她與郁達夫散文合集時，她要我擬書名。我思索了一會兒，信手寫了三個題目：《愛的羅曼》、《往事如煙》和《歲月留痕》。她用放大鏡看了半天後笑了，指著第一個說：「這個似乎不大好，像舊社會『禮拜六』派文章的題目。」我驚詫她的記憶與思維。問她用後一個怎麼樣。她說，他人都早死了，煙飛灰滅，就用它吧。我請她為本書題簽。第二天我去取，一看，橫的、豎的寫了好幾張，都很漂亮，展示了她的書法功底。我挑了一幅筆墨飽滿凝重的；在商量選用的照片時，她指著一張五十年代她與兒子們的合影說：「這張最好不要用。」恕我不恭，我從編輯的角度考慮，成書時還是把它用上了。間或，我問她的生活和子女情況。她說她不要子女們的錢，她有退休金加上文史館給的車馬

費，夠花了。我向她請教養生之道，她說她喜歡散步，飯後百步走。真正寂寞了，早些年遇上好天氣，她喜歡拜訪老朋友：陳從周、鄭逸梅、施蟄存、陸晶清。她說這樣一來可以敘舊抒心，二來可以練練筋骨養生。她說她喜歡清靜，喜歡閉目養神、枯坐，一坐一兩個小時。我問她，你閉目養神時腦子裏不想東西嗎？她說：「想什麼？一片空白」。一會兒又說，有時也想一點。我想往事如煙，煙消雲散，但如煙的往事也會牽縈魂魄的。她肯定會想鍾賢道，要不，一次在一家布店裏見到一種白底紅圓點的布，馬上想到鍾賢道眼鏡片上的閃光點和孫子衣服上的紐扣，於是一下子買好多這種布做床單、窗簾。她也會想郁達夫。他們畢竟相愛過，她也愛他。那年在南洋與郁達夫分手的前幾天，還親手為他趕做幾套新衣褲，把家用的餘錢全留給郁達夫。所謂不想，大概是不願想、或想了不願說吧？

那天告辭前，我提出要與她合個影。她很高興，一手抱著鮮花，一手不忘把床裏邊的大花頭巾拽過來，披在肩上。

在我編輯她的《歲月留痕》和《王映霞自傳》書稿兩年內，我與她電話、信函不斷，有段時間，幾乎周周有信。她對我的稱呼花樣繁多、有趣：先生、老弟、小弟；落款是：老王、王老、映霞。她的字寫得相當漂亮、工整、有力度，富男士風格。她每每來信，你得必須立即作覆，否則她就大為不悅：「信來回要十五天？真急煞人」、「小老弟，你是不是把深圳和老朋友忘掉了」，或帶命令式的：「覆我」。有趣的是一次我出差，覆信晚了一周，她十分惱火，在一張別致的深圳電視臺用箋上寫道：「我用這樣漂亮的信紙給你寫信，你不覺得臉紅嗎？」我無奈，趕忙找了一張比她的信紙「更漂亮的」印花

王映霞的最後歲月

的宣紙覆信，説明理由賠不是，她的氣才消，爾後又向我道歉並贈我一幅她的書法作品。真有點老小孩的味道。最令我尷尬的是，大約在1996年春節的大年初一，早晨六點鐘左右她打電話向我拜年，弄得我無地自容。我想説兩句「不好意思」的話，她不讓我説。她説她希望我代她在南京找一家養老院，她要到南京來養老。嚇得我只敢「嗯嗯」個不停，既不敢説是，也不敢説不是。後來她沒有再問我這件事，我自然更不敢問她了。

（三）報得三春暉

「誰言寸草心，報得三春暉。」

王映霞一生育子女較多。中國人傳統認為多子多福，王映霞不以為然，曾説：「養那麼多兒子有什麼用。」當然，這也許是句氣話。後半生她與兒子關係最緊密的就數鍾嘉陵了。嘉陵常接老人去住，他的居住生活條件也較好。1996年，她致筆者信中屢屢提及：「此間生活與上海不可同日而語」、「兒子請個保姆專門照顧我的生活」、「天已入夏，我這裏有空調，不開，我不喜歡這個東西」、「給你看看我的這些照片，都是兒子為我拍的」，洋溢著幸福感。遠在美國的郁飛，經常打電話問候老人，寄錢寄物；郁荀父子也曾來看望。

鍾嘉利是老巴子（最小的），她唯一的女兒，1968年復旦大學畢業後，一直當教師。她是母親晚年的一根拐杖，步移寸隨。暮年的王映霞訪臺，就是她陪伴的。她早就想與母親一道生活，陪她度過晚年。七十年代末，鍾嘉利還在浙西鄉下教書，她想調回上海工作，也好照顧母親。王映霞竟然拒絕：「你來幹什麼，我要在上海過清清靜

靜的晚年，你只須在鄉下住住就可以了。」嘉利覺得母親的想法太奇特，人老了是需要子女照顧的。

　　由於書稿出版了，我與王映霞也疏於音問（她也不能提筆了，打電話也聽不見）。2000年4月我與《人民日報》記者李泓冰相約，專程到杭州去看望王映霞。此前，我給鍾嘉利打電話詢問老人的近況。她說，母親昨天剛出院。第三天上午，我們便趕到杭州。鍾嘉利的愛人吳榮權是浙大教授，兒子在浙大讀書，他們的居住條件不好，一大一小（只能放張床）兩個臥室和一個「三合一」的廳—客廳、飯廳加王映霞的臥室。鍾嘉利很能幹，把十八平米的廳一分為二，中間用活動布幔隔開，飯桌與沙發擠在一角，牆上掛著名人字畫，十分雅致。廳內整潔，簡直一塵不染。王映霞的床靠窗子一邊，正對面的站櫃，是從上海老家搬來的那隻老掉牙的舊物，王映霞是戀舊的。側面窗臺上放著五、六盆花草，鳥籠裏還養著一對鸚鵡，大自然的景觀濃縮在窗內。嘉利說，這好讓母親看看綠色、聽聽鳥叫，打發寂寞。女兒是娘貼心的小襖啊！我們去時，只見王映霞昏睡著，嶄新、潔淨的花被子，身著白色鑲花邊的毛衣，雙手伸在被外，臉色顯得有點蒼白，那纖纖十指雖佈滿皺紋仍顯得秀氣雅潔，特別是滿頭白髮，給人一種難言的滄桑感。她仍不乏是個冷美人。一臉憔悴的鍾嘉利告訴我們，母親再次腦昏迷時，是打一二〇報警的，住了二十天醫院，她用四張方凳為床，陪老人過了二十個日日夜夜。沒有辦法，請保姆總不如自己貼心，家裏也住不下。她只有向學校請長假，專侍老母了。我們詢問王映霞的近況，她說，老人現在病情穩定了，只是昏睡，頭腦不大清楚，語言也有障礙。鍾嘉利說：

這次是母親沒有辦法，才肯來我們這兒的。她老人家脾氣大，個性強。這些年，深圳、杭州、上海折騰個不停。她先住深圳蠻好，不幾天吵著要回上海，嘉陵哥哥把她護送回來。上海的房子又破又舊，沒有衛生間，在上海住了一晚，我又雇車把她接回杭州。在這兒住了兩周，她又打電話給嘉陵要回深圳，嘉陵只好再接回去。到了年底，她的情緒煩躁，又吵著回杭州……

鍾嘉利歎了口氣，又笑著説：

沒辦法，老人家愛折騰。我們做兒女的只能順著她。有時她會莫名其妙地發脾氣，我們不敢答話。

嘉利愛人吳教授笑著説：

我就躲到房間裏去不出來。媽媽不糊塗時，大家都高興，我們用輪椅推她到西湖邊上去玩，遊人見了都説：「這麼漂亮的老太太」。

李泓冰指著鍾嘉利身上泛白的紅毛衣説：「你還沒有老太太穿的漂亮呢。」鍾嘉利説：「別人家的女兒穿舊的衣服媽媽揀過來穿。我們家，是媽媽穿膩了，指著我説：『我不要了，你穿吧』。」我們都笑

了。我們談了大約兩個小時，王映霞醒了。我走上前去，把送她的花籃放在她床邊的椅子上，問：「王老，您還認識我嗎？」她目光黯然，毫無反應。我把我的名字寫在紙上，遞到她眼前，她接過紙片端看一會：「呵，有點印象。」又揮揮手用杭州話輕輕地說：「請——坐。」

時近中午，鍾嘉利盛情留飯。吃飯時，嘉利備好鬆軟的漢堡和爛飯（和湯），一口一口地餵母親。老人愛吃魚，嘉利小心翼翼地剔去刺餵她。王映霞還是吐出一根細刺，捏在手指上晃了晃，哼哼兩聲，嘉利趕忙接過來。餵畢，嘉利剛端飯碗，老人又哼了。嘉利趕忙扔下碗筷，拉起布幔，從櫃中掏出一條紙褲。接著倒紙簍、打水、上衛生間。嘉利剛扒完飯，正收拾碗筷，老人又哼了起來……

寸草心也是可以報答三春暉的。

「呵，有點印象」（李泓冰攝）

俯仰柯靈

庚辰榴月，我赴黔公幹，邊陲消息閉塞。歸來檢閱舊報，驚悉柯靈（1909-2000）先生西去，不勝悲悼。旋致函陳師母請她節哀順變；又云我擬作文緬懷先生，聊表心香以酬恩澤。

白雲蒼狗，辛巳秋日，獲友人惠贈《懷念柯靈》紀念冊，拙箋忝列於內，撫之愧然，食言之疚無地自容。借墨結緣，我與先生交淺，然先生待我不薄，或面教或華翰。先生身傳言教並行，在道德、文章、為人、為文方面，給我教誨良多。或薦介書稿，或揮毫寫序，或惠賜佳構，潤暖肺腑，餘溫猶存。記得1996年我編《陳白塵文集》，金玲女士囑我託請柯靈為文集作序。是時先生年屆望九，體衰氣弱，我冒昧乞先生流覽書目，限時著文，實為悖理不近人道。信既發出，悵悵不已。愛莫能助的先生即覆長函：

白塵是我尊敬的朋友，相交有年，為他的文集寫序，義不容辭，何況又有您和金玲大姐雅囑，無奈力不從心，只好請特別恕諒。

又條陳：

十年來為寫序所困，苦不堪言，雖痛下決心擺脫，而未能如願。手頭積欠序文，尚有六篇之多，不知何時清償。

囑我務必「向金玲大姐婉為解釋」。墨磨一生，耆艾之年還為人情所磨，而我竟不察矣，不亦悲乎！

己卯元宵節，我途經申上，得二小時逗留便道拜訪，萬沒慮及適逢先生九十華誕，廳堂花籃簇擁，錦盒疊嶂，而我徒手登門好不尷尬。我欲出外去置點禮品，陳師母伸臂攔截，說：「君子之交淡如水嘛」。先生從裏屋步出，寒暄賜坐款以香茗。第一句話便是解

柯靈（張昌華攝）

釋未能替陳白塵先生文集作序而抱憾。記得那天，我請先生編本「自傳」，入盟本社「名人自傳」叢書，先生耳背，湊過身來，我又說了一遍，他淡然一笑：「我只是個小學畢業生，全靠自學，才薄有文名」，又說：「我對自己有個評價，四句順口溜：少無囊螢之功，壯無雕蟲之技；胸無登龍之法，手無縛雞之力。」

　　先生的謙恭，如春雨潤物澤被後學。關於那「自傳」，見我言辭懇切，陳師母打圓場解圍，先生仍默而不語。我與陳師母相商，擬請陳子善先生選編。是時陳君在國外講學，未能及時操作。稍後出版社滄桑多變，我亦退隱，已無力張羅，「自傳」之議徒成一紙空談，唯望先生海涵九泉了。為彌補徒手之愧，回家後，我信手塗鴉，寫了副壽聯「九十曾留千載筆，十年再寫百齡篇」，連同發表的小文〈近訪柯靈〉的剪報，一併呈奉。先生鳴謝「拜領」，又云：

　　大文溢美過當，尤令惶悚汗顏。虛度九十，老而無成，乃蒙如此厚愛，不知何以克當也。

最令我銘骨的是1999年春，我不知先生住院，盲目地託請他為《許廣平文集》寫一推介文字。那時先生手抖已不能握管，終日臥床。基於對魯迅的崇敬和與許廣平的情誼，他抱病流覽了「文集」，在病況稍癒時寫了熱情洋溢、貼切肯綮的千字文，還附言：「遵囑寫奉，不知合適否？」這是先生給我的最後一封信。

　　先生鶴別人世有年，每撫其寸楮片紙，其音容笑貌猶如昨日。印痕最深的是他在寓所門前的那幀照片。晚秋時分，梧葉鋪地，老人抱

膝而坐，神情淡然，金黃的落葉輝映著
皤首銀雪……那神情顯然是他自況「我
少無大志，老來頗以此欣欣自喜：既無
力指點江山，也不至貽誤蒼生，卻可以
勉強做到俯仰無愧，內心安適」的真實
寫照。

　　柯靈，浙江紹興人，原名高季琳，
生於廣州。三歲時舉家回遷紹興斗門
鎮。六歲喪父，家道中落，小學畢業
後輟學。文名全靠自學。十五歲便在
《越鐸日報》發表處女作，以〈織布的
婦人〉正式步入文壇，涉獵小說、詩
歌、散文、雜文、戲劇和電影諸領域，
每每均有不同建樹，以散文成就為最。
三十年代初到上海，投身於電影與新聞
界，與夏衍、阿英、鄭振鐸等一批文化
界進步人士並肩戰鬥於「孤島」。兩次
被捕，面對鼎鑊，坦然自若。就在他接
任《文匯報‧世紀風》主編的前日，特
務在報館門前投放炸彈。威武不能屈，
他憤而作文抗議，仍在副刊創刊號上闢
專欄連載史沫特萊的《中國紅軍在行
進》。文革中天低吳楚，在眾奸鼓釁，

柯靈與趙樸初

聚蚊可以成雷的年代，他的電影《不夜城》被批為「美化資產階級」的大毒草，誰知那本是得到肯定的遵命之作，卻蒙不白之冤。1967年上海開十萬人大會批鬥他，累及他的六十華誕在鐵窗中度過……三年牢獄，脊樑仍是直的。他堅持節操，不改説真話的本色。裹屍馬革英雄事，縱死終令汗竹香。他激賞趙丹臨終前的贈言〈管得太具體，文藝沒希望〉，將其喻之為聞一多的《紅燭》。他在〈悼趙丹〉文末深情地説：「讓我們感謝趙丹吧，感謝他用最後的生命給我們帶來了亮光！」

柯靈是多屆全國政協委員、常委，民進中央副主席。八十年代初《人民政協報》創刊伊始，主編張西洛向其請益，他坦陳：「《政協報》專説『政協話』，那意思就不大了。」所謂「政協話」，意即歌功頌德、四平八穩、空洞無物、言不由衷的門面話。他認為：「只要不違反精神，應該有不同的聲音，不同的語言，副刊尤應如此。」「要有雅量，只要説話有理，不怕有稜有角」，還幽默地建議副刊名叫「神仙會」。在一次全國政協小組會上，討論民主問題時，他口無遮攔：「民主是爭取得來的」、「如果民主是恩賜的，那就叫『主民』了」。他在詮釋「相互監督」時，直言「肝膽相照」是相互的，「是雙行道」。作為一位民主黨派人士，他「下定決心當共產黨的諍友，不當執政黨的清客」。這擲地作響的一番話，已證明他是一真正的「諍友」。

回首百年，粲然一笑。

柯靈是一介弱書生，畢竟不是政治家，但他矢志不渝地把他的政治見解融合在他的文學實踐中，身體力行，貫通在對待文藝界同道的評判上。最為醒目的是為張愛玲討公道了。

三十年代的上海灘，才華炳煥的張愛玲歆動一時。張愛玲的出道與成名，受惠於柯靈。她的〈沉香屑——第一爐香〉一問世，便受到時任《萬象》主編柯靈的關注和垂青。張愛玲向柯靈請教，柯靈直抒己見勸她多磨煉作品，不要急於求成……可就這樣一位享譽文壇的才女作家，1949年後被視為「反動作家」禁鎖深山。以主持公道稱著的柯靈實在憋不住，於1985年他發表了〈遙寄張愛玲〉，震驚文壇。已成死灰的張愛玲又「活」了，紅了，且紅得發紫，紅得洛陽紙貴。一群同儔的作家被鉤沉出來。已成時尚的張愛玲，作品被追捧為已臻「至善至美」的境界，甚而有人出版她的《秧歌》。不虞之譽，求全之毀，都不足取。論道素持公允的柯靈又憋不住了，他認為對張愛玲過分的溢美是錯誤的，坦言指出她的《秧歌》、《赤地之戀》是「壞作品」。

　　「實事求是」就是柯靈的靈魂。

　　柯靈不屈從時尚，不為輿論左右，不為金科玉律束手。

　　柯靈對魯迅是十分崇敬的。在紀念魯迅誕辰一百周年之際，他撰寫〈我們多麼需要魯迅〉，弘揚魯迅敢愛、敢恨的鬥爭精神。但是他也不視魯迅的話句句實在、公允。為張愛玲說話是「討公道」，為梁實秋辯白就是「翻案」了。梁實秋曾被魯迅斥為資本家的乏走狗。柯靈冒天下之大不韙，兩次為梁實秋的「與抗戰無關論」辯誣。一是在《中國現代文學序跋叢書‧散文卷》引言中，一是在致陳白塵、董健信裏。柯靈是在查閱重慶《中央日報》副刊等原始材料，掌握第一手資料後，「有中生無」。他認為論爭對方「抹煞了抗戰有關的材料，我們最為歡迎這個重要前提」，引申為「與抗戰無關論」，是斷章取義，曲解原意。

　　反對「繼續以偏見為真理」，柯靈當仁不讓。這還表現在對周木齋的問題上。魯迅先生在談「何家幹」筆名時，有「王平陵告發於前，周木齋揭露於後」一句，深滋後生誤解，將其視為「反動文人」同儔，是曠世奇冤。「魯翁一言以興邦，受之者終身受用，津津樂道；而一言喪邦，往往使受之者沉冤莫白。」一言九鼎，他不以為然。同樣，魯迅對梅蘭芳不屑，柯靈認為對梅蘭芳有失公允。柯靈的仗義，絕不局限於一人一事。諸如對解放初期以「同情特務」之罪停映茅盾的電影《腐蝕》；急管繁弦「左」風起兮時對夏衍「離經叛道」論的批判；解放後對李健吾的冷遇，屢鳴不平，以至對「名不見經傳」的詩人高潮的橫遭冤屈也要吶喊幾聲。他推崇巴金《隨想錄》，就是因為該書是披肝瀝膽、和血帶淚寫成的思想彙報，是解放後第一部旗幟鮮明的真話文學。

　　「我不是戰士，『我不比別人勇敢，然而也並不特別卑怯的』。」柯靈如是自我評價。

　　宅心仁厚，謙恭遐邇。似蘭斯馨，如松之盛。

　　柯靈一生像一支紅燭，以洞照他人為樂。他是資深的編輯，黃裳、梅朵、徐開壘等的成名作都曾不同程度受惠於他。他為一些無名的青年作家提供了成名的機遇，這都是有目共睹的。

　　他為友人紹介作品不厭其煩，許廣平的《遭難以後》於四十年代初版，解放後一直無緣重版。1980年，他在華東醫院的病床上寫信向香港劉以鬯推薦。書出後他在一便信示知劉以鬯「海嬰有孩子在日本留學，有些外匯，當不無小補」，真是體貼入微了。李恩績是愛儷園總管姬覺彌的幕後捉刀人，解放後落拓不羈，一度靠老伴擺煙攤

糊口，死於文革揪鬥中。他寫有一部《愛儷園夢影錄》，出於對柯靈的信任，託其保管。柯靈奇跡般代藏三十多年，躲過文革浩劫，八十年代初託執掌三聯書店的范用，得以面世。「戇脾氣」的周木齋死於貧病，冤於「一言喪邦」。其雜文集得不到出版，柯靈為此耿耿。「持平求實，責在後人」。柯靈親為作序，向三聯推薦，與未亡人趙素絹通信達十二封之多。實柯靈數度力薦，最後還是以失敗告終．悲哀不勝。大概是見出書無望，他復給《中國新文學大系·雜文卷》編輯寫信，強調「周木齋高風亮節，卻很少為人所知」，「建議增選一些」。他希望歷史應當公正。不受人之託，也忠人之事。張愛玲的文集出版了，出版社卻不講道義和友誼，在筆稿酬上「斬」作家（張愛玲授權代理者），他憤然作色，寫兩千字長函，為弱者伸張正義，尤令柯靈酸鼻的是為維護朋友間的友誼，他不得不「作蠟」，四十年代初，傅雷給《萬象》寫了一篇評介張愛玲小説的論文，大力揄揚的同時也嚴肅指出缺點。其中有一段話涉及身處前線的巴金。當時柯靈覺得傅雷的意見未必允當，同時也有背他的一貫主張，即在淪陷區刊物，為避免敵偽利用，不便發表議論前方戰友的文字。柯靈不得已採取先斬後奏的權宜之計，發表時刪掉了這一段。傅雷十分惱火，要柯靈在報上發更正並道歉，後來通過朋友斡旋和懇切的解釋，才取得傅雷的諒解。

　　讀書心細絲抽繭，
　　練句功深石補天。

這是柯靈懸於書房一副對聯，是他對創作的座右銘。他要求自己的文章：

> 以天地為心，造化為師；以真為骨，美為神，以宇宙萬物為友，人間哀樂為懷，崇高闊遠的未來為己德。

柯靈散文文筆洗練，特別講究字、詞、句的研磨。雖精雕細刻，卻圓潤自然；雖頻用成語，卻新如珠璣。有一種靈動的清光照人的氣質。博識典雅，已入化境。徐開壘將冒炘《柯靈散文論》給他過目。他函徐曰：「評價過高，令人汗顏，希轉求力求平實，免得為讀者所哂」。劉以鬯在香港為柯靈編「選集」時，附傳略中提到他許多「官銜」，柯靈認為作為一個作家，這是完全不需要的。「希望全部去掉（或只留現在職務）」。人譽我謙，又增一美。柯靈祖居紹興斗門鎮，他的老學生傅天則要為他在百丈漈建紀念亭一事，他忙致函《野草》主編陳雪琛要他竭力勸阻，「無論如何不能辦，必須堅決打消此念」（原文下有著重號），鳴謝之外，囑他們「千萬不要陷我於荒謬狂悖之境」。「筆會文叢」邀他入盟，他自謙「承邀濫竽」。柯靈的認真精神，是世為罕見。他的「非人磨墨墨磨人」成了一句名言。他為人作序從不敷衍，總在流覽作品後下筆。為《浙江文學誌》寫序，流覽數百萬字資料，八易其稿，以春秋史筆寫就。九十高齡時為故鄉的《飛翼樓記》寫碑文，閱十萬字背景材料，最後成文時連標點在內四百十七個字。誰能不說他是在「煮」字！

一生風骨，兩袖清風。

　　柯靈緇衣素食一生。家中除了書以外，似無貴重長物。空調還是近年才裝的。平時生活節儉。他失聰，一度想換一支好的助聽器都捨不得。晚年他獲譽頗多，亦有獎金。每次得獎金，他總要拿一半贈希望工程或慈善機構，有時甚而拒領。他為秋瑾祖居紀念館題詞，紀念館寄來稿酬，堅辭。退回兩次。他為上海烈士陵園撰碑文，有關部門送稿酬一萬元。他又拒絕：「為烈士寫碑文，表達我的崇敬，怎麼能收錢！」

　　他早立遺囑，自己沒有什麼財產，只有書，將來捐贈部分。如果需要，他的軀體也捐給醫學事業。他就是這樣畫好自己生命的句點。

　　柯靈的輝煌，得益於夫人陳國容女士。陳女士少女時代便是地下黨員。本是翻譯家，中學校長，自與柯靈結縭，全心侍助。她是柯靈的秘書、護士。文革中鐵窗三載，也未能令他們分隔一寸。柯靈失蹤一年後，在上海人民廣場被批鬥，她匿在十萬群眾中，目睹柯靈受侮辱的慘景，痛不欲生。上頭逼她與柯靈離婚，劃清界限，她義無反顧地愛著柯靈。造反派的逼供信，幾乎折磨得她神經錯亂。晚年柯靈多病，她鞍前馬後，侍候於左右，兩人相依為命。病重中的柯靈，自知不久於人世，「誠知此恨人人有，貧賤夫妻百事哀」。為行將出版的《柯靈文集》題詞，他想寫「獻給風雨同舟五十五年的妻子」，憾昏睡而去未能如願。然夫人已足矣！

　　柯靈常自慰此生「可以勉強做到俯仰無愧，內心安適」。在世人看來豈止如此，稱他為「一代宗師，群倫表率」似不為過。

　　心同野鶴與塵遠，詩與冰谷見底清。

布衣學者張中行

（一）三十而立　八十成名

　　張中行（1909-2006）先生，在吹熄九十七支生日紅蠟燭後，駕鶴而去。「都市柴門」隨之關閉，「布衣學者」就此息影。

　　他與季羨林、金克木被譽為「北大三老」，名聞遐邇。

　　世人稱張中行為「布衣學者」，是再地道不過的。清光緒三十四年，他生於河北香河縣一農家，祖上三代都是不通文墨的農夫。他六、七歲時上學，農忙時便幫家人幹點拾棉花之類的農活。師範畢業後，考入北京大學。1936年北大畢業，一直吃筆墨飯，曾在學校教過書；建國後在人民教育出版社當編輯，編教科書，偷閒寫點小文章貼補家用。歲月的年輪數十年如一日都在煮字療饑中度過。1956年，他所在的出版社評級，六級以上為高級知識份子，張中行是七級，屬低級。直到耄耋之年，獲贈一頂「特約編審」的桂冠，竟也是「地方糧票」。稱其

「布衣」，是當之又當。張中行在北大讀的是中文，但涉獵國學、哲學、禪學和文學，不僅思考老莊、孔孟，而且研究羅素、培根，著述宏富。謂其學者，名副其雅。季羨林評論他：「學富五車，腹笥豐盈」，是「高人、逸人、至人、超人」。啟功亦云：「既是哲人又是癡人。」一後輩學人說得更酷：

　　不讀張先生的書，不知道他的學問有多大，讀了他的書，更不知道他的學問有多大！

　　張中行是一匹老黑馬，沒有伯樂發現他。八十歲時，適逢天時地利人和，他獨自闖了出來，旋被世人公認。且擁有「文學家」、「哲學家」、「雜家」、「教育家」等多項桂冠。曾有好事者問先生最想要的是哪一頂。他說「思想家」！社會承認與否且不論。事實是自大學時代末期始，張中行便對人生哲學產生濃厚興趣。他說他的《民貴文輯》最能體現他的思想。民貴，是取孟子「民為貴，社稷次之，君為輕」的民本思想。其哲學著作《順生論》引人關注，被稱之「當代中國的《論語》」。啟功譽其為「整個一部《春秋繁露》」。

　　師恩三疊。張中行的名字是啟蒙老師劉先生起的。訂學名「璇」，字「仲衡」。據《尚書·舜典》「在璿璣玉衡，以齊七政」。璇是與天文儀器機有關的美玉，甚好，但字難認，張中行不得不刪繁就簡，又不忍師愛，於是巧用「仲」去人旁，用「衡」去「魚」，遂成「中行」。恰《論語·子路》篇有「不得中行而與之，必也狂狷乎」句，都算名出有典。

母校難忘。張中行畢生感念北大，推崇「學術自由」、「相容並包」的紅樓精神。他寫對北大懷舊的文字，在同輩學人中當屬最多，也最為精彩。大到北大的學術氛圍、圖書館、吃、住，小至傳道、授業、解惑的國學大師們的身影。紅樓的點點滴滴，無不唯肖唯妙地鮮活在他的筆下。他在晚年自述《流年碎影》中深情地寫道：

張中行北大畢業照

> 北大之所以為「大」，是靠有胡適、熊十力、湯用彤、黃節、羅常培、沈兼士、馬衡、孟森、錢穆、周作人、梁實秋、朱光潛等等著作等身的名教授。

又說：

> 有的人位高，如蔣夢麟，是校長，可是沒聽說他有什麼著作，在學生的眼裏，不過是上方派來的一個官而已。

是北大培植了張中行深厚的學養，也是北大精神奠定了他的平民思想。

北大濃厚的學術氣氛形成了一股莫名的壓力，迫使張中行往書堆裏鑽，希望日後有所「名堂」。當時北大考古風盛，顧頡剛的《古史辨》影響甚巨，成立禹貢學會。張中行亦參加，並撰文刊發在《禹貢》上。他認為：「治學是清高的事業，所以要遠離政場」。這一平民意識貫穿了他的一生。期頤之年，有晚學向他討教人生感悟，他坦言：

> 我這一輩子，一不想做官，二不想發財，就是希望做點學問，看點書，寫點書，安安穩穩地過小民適然的生活。

北大九十華誕，學校請他寫以「我與北大」為主旨的文章。他寫了篇〈懷疑與信仰〉。他認為，他受北大最大的影響，是一種懷疑精神。

> 因為懷疑而思考，因為思考而進一步懷疑。

他總說：「老北大比新北大好，因為老北大讓人疑，新北大讓人信。」他欣賞培根的名句：「偉大的哲學始於懷疑，終於信仰。」他喜歡向人推薦羅素的《懷疑論集》，並說他是羅素的懷疑主義與康德的理性主義的結合。

「傷哉貧也，生無以為養，死無以為禮也。」（子路語）張中行前大半生終為孔方兄所累，在《流年碎影》中，除〈拮据之苦〉外，

以〈傷哉貧也〉為題者竟有三篇，都是血淚文字。以致給他造成嚴重的精神創傷，日後「就是有飯吃的時候，也常常做沒有飯吃之夢」。

1936年，張中行於北大畢業，時適「而立」之年。然而，張中行，「行也不行」。他非但沒有「立」起來，幾近倒下。時七七事變，國土淪喪，人心惶惶。儘管他渾身解數也找不到一隻飯碗，遑論事業！一日三餐，不時要涮鍋以待，為升斗小米，不得不厚顏向人借貸。通常三塊、兩塊，少時三角、五角。為了活命，不得不「為富人去哄孩子」——搞家教。

1947年，老家鬧土改鬥爭，富農身分的父母嚇怕，攜家中老少九口擁入張中行門下。這對本就七口之家的布衣張中行來說，是雪上加霜，霜上蒙雪。唯有四處告乞，高築債台。最後身心交瘁，累倒住院……

1952年，他蒙「三五之厄」（三反五反運動）。事因天津民營大眾書店的友人，創辦了一本《語文教學》雜誌（國家批准公開發行），特邀張中行當編委，代為組稿並處理刊務。月酬三十元。為貼補生活他自然接受了。可運動一來，他被定為「貪污份子」，被拘押，令其交代。因無「代」可交，上邊便以他曾與辦刊人談過中小學課本的情況為由，判他「與資本家勾結」，停發了他的工資，每月只發生活費十六元。八口之家，人均二元，難以活命。他沒有辦法，熬夜爬格子，用筆名發表，得三元、五元；再就委屈閨秀出身的妻子為人作傭工和變賣家中可有可無的小物件……

三十年河東，三十年河西。等到四個女兒都大學畢業夠上飯碗，始不為柴米所愁。

群動各有適，生生勞昏曉，瞢然順在天，大化淼悠渺。

張中行的這首雜詩可視為他人生觀的真實表達。

　　他講究「順生」。文革中，與那些命喪九泉、九死一生者的來說，他是幸運兒。但上世紀七十年代在幹校改造的歲月，沒能逃離「批鬥再而三」的劫難。一次是他挑水時水桶脫鉤掉到井底，怎麼也撈不上來，不得已領了隻新桶。排長姜某召開批鬥會，上綱上線後確定此事為「階級鬥爭新動向」。其二是1970年清明節前後，一天他已上床睡覺，忽聽屋外有人喊：「看彗星！看彗星！」百年不遇，出於好奇，張中行也爬起來看了。誰料有人跟蹤，密報上去。上面認為這也是「階級鬥爭新動向」。姜某啟發大家發言批鬥要「擊中要害」。最後要害定性為「想變天！」這回張中行再也忍不住了，不卑不亢地回敬一句：「我不至於這樣無知！」他不服罪，自然又招來一陣「抗拒從嚴」之類的還擊。最後一次是因業餘時間大家都在讀「紅寶書」，張中行卻在紙上寫唐詩宋詞。頭頭從他箱中查出《唐詩三百首》和《白香詞譜》合訂本，又惹招一番批鬥、審問：「輕視紅寶書，可證無意改造自己，實屬罪大惡極。」無以遣憂，在極端苦悶中，他學會了抽煙。

　　最令張中行傷感的是「少小離家老大回」的悲劇。不是榮歸故里，而是遣返老家改造。

　　1971年，幹校解散。別人歡天喜地返京與家人團聚，他卻被強行將戶口遣返到老家香河。一待就是八年。家中老宅早已被徵為生產

隊隊部,他只能在昔日拴牲畜的棚戶棲身。回鄉歲月,蒙鄉鄰多方關照,但有人仍認為他是敵我矛盾,應照敵人對待。此議雖未被採納,但仍令他參加生產隊勞動。年近七十的張中行或背糞筐、手持糞叉,到田埂間小河旁拾糞,或在軋場中央牽著小驢轉圈碾物……世情冷暖寸心知。張中行在香河孤苦一身,冬日,室溫零下,滴水成冰,水缸凍結,食宿艱難,他想申請回京小住,還須到大隊部開路條求放行。然當權者不准,他只好枯對饑寒……直至1976年唐山大地震,舊居成瓦礫一片,上蒼佑助他結束了這八年蘇武牧羊式的生活。有詩為證:

> 青衿遊北序(指北京大學),白首轉西廂。
> 稚幼爭窺戶,糟糠欲下堂(謂妻未同來)。
> 榻前多鼠婦(家鄉名潮蟲子,寫實也),天外一牛郎。
> 默數晨雞唱,方知夏夜長。

「默數晨雞唱」,晨雞終於「一唱天下白」了。

「美人遲暮英雄老」。1979年1月,張中行重新出山,回到出版社重操舊業,當福歸新主政者。

張中行自1951年評級到九十年代,悠悠四十年,級別未變,工資未動。月薪一百二十五元五角,退休打折後為九十四元。亦算「今古奇觀」之一景。1987年社裏聘他為「特約編審」。古稀之年的他,一邊為大田(社)耕耘,編選《古代散文選》(下)、《文言選讀》和《文學常識》等書稿,同時為生計不得不種點「自留地」。張中行於八十年代初始陸續寫了《負暄三種》、《順生論》等。鐵樹開花,竟

然枝繁葉茂。他的《負暄三種》自1986年始,每隔四年出一本。然而這三本暢銷於世,獲譽甚隆的書,並非由京城中央級出版社承印,卻由偏遠的黑龍江人民出版社出版,豈不令人咀嚼回味?

《順生論》等面世,一時洛陽紙貴,「暴得大名」。張時已八十,遂有「老旋風」之說。

當今中國晚器大成者,應數張中行也。

(二)其人古樸　其文沖和

張中行是位從燕趙大地高粱稞裏走出來的學人,滄桑百年絲毫未改他敦厚、淳樸的本色。在做學問、待人、處事以至生活上,古韻猶存。

張中行儀表既不軒昂也不瀟灑,甚而也乏學者的那種雍容與儒雅。他是一位實實在在的凡人。但他行為高逸,雖埋身市井,卻「道通天地」,雖廁身陋巷,而「思入風雲」。他講「順生」,但「不偏不黨,不依不傍,不卑更不亢」。他的言行自有準則:「心裏有所疑就說,是自由;聽者不以為忤,是容忍。」、「對不同意見,我一是尊重,二是歡迎,三是未必接受,四是絕不爭論。」

君子坦蕩蕩。張中行尊尚師道。他對前輩的尊崇、仰慕盡顯在《負暄三種》字裏行間,但先生持論公允,得紅樓「自由」精神,「吾愛吾師,吾更愛真理。」以「寫則以真面目見人」的原則,不視先賢為神,把師輩們凡人的一面也留在紙上,給讀者一個完整、鮮活的形象。大多點到即止,只舉例,不評說,「留白」給讀者思索。

1. 對胡適

胡適出任北大文學院長、中文系主任之初，立意整頓，第一板斧是解聘了老教授林公鐸（損）。林氏反對白話，反對新式標點，一直與胡對著幹。胡適一朝有權在手，開刀祭旗的對象是反對自己的人，「這不免使人聯想到公報私仇」。

2. 對梁漱溟

對梁氏的耿直、迂闊，張中行認為：

> 由感情方面衡量，可敬，由理論方面衡量，可商。有的，說重一些，至少由效果方面看，還近於可笑。

接著張中行自責沒有同梁先生協商，責任的一半在我，另一半便推給梁先生。

> 因為我深知，對於不同的所見，尤其出於後學，他是不會採納的。

這樣的例子很多，在〈關於吾師〉中，他說了幾句對錢穆先生不夠尊重的話，以致錢先生的親屬看到後不高興，曾著文為錢先生辯護。儘管如此，張中行仍認為紅樓精神是「講理」，重「證據」，不在其他。對顧頡剛先生的「人格分裂」問題，他也有微詞。他曾坦率地表示：

我不願看到我的老師，為迎合時風而說稍有正義感的人聽了
會皺眉的話！

除了直言指出先生們「小」處之外，張先生還善於「寓教於
樂」，在大話逸聞趣事中，捎出某個問題，讓讀者自己去品評。如
錢玄同先生考試向來不批考卷，考卷收齊後，直奔註冊科，扔下考卷
就回家了。學校刻了個「及格」的木戳，「只要卷面有名，就加蓋及
格」，計入學分，以導致一些學生逢場作戲。

儘管他有「不宜寫者不寫（即所謂不得罪於巨室）」的信條，但
他順著歷史的腳步。對周作人也敢說點不同的聲音。他繼〈苦雨齋
一二〉（1986）後，又寫了篇〈再說苦雨齋〉（1990），顯然思想解放
了許多，說了些「仁者見仁」的話，仍覺太委婉。大概是意猶未盡，
在1997年版《流年碎影》中要「直」得多。

「不以人廢言」：

> 我就不隱瞞觀點，說（舊）詩，意境能邁過古人，散文，意
> 深遠而語平實，沖淡至於不見用力，五四以來，也只能說是
> 只此一家。

仁者愛人。張中行是位滴水之恩，湧泉相報的人。凡他受惠於人
的，他都將帳記在心上。從1937年到1952年，他受三位友人惠助，
一心想回報，有的已下世，欲報無門，他只能「長存於心，到蓋棺時
還不能還或報，就帶到地下，永世不忘」。與此相比，他援手別人的

「數目不小，我都希望統統忘卻」。有趣的是，某次他的一位同事遭竊，很難過。張中行知道後，送他被盜金額的一半，幽默地說：「就當我們兩人被偷了。」一位鄉下中學生給張中行寫信，說很喜歡讀他的書，但沒錢買。他認為他很誠實，就贈書給他。《禪外說禪》出版後，一位忘年之交小友（書攤主）告訴張中行，一中年女性想買，沒有錢，想用一本成語詞典換。攤主認為是雅事，換了。張中行聽了，拜託攤主把詞典還她，由他給一本。十幾天後，攤主告訴張中行，他告訴了那位女讀者，她不接受，而且不再到他的攤子上來了。張中行聽後自責，說自己只知她寒素的一面，忽視了她狷介的一面，傷了她的自尊，自覺對不起她。

對於向他索字、要簽名、要書的人，他都來者不拒。寫的字常常裱好後送人。還樂於幫別人向啟功、金克木索墨寶、要簽名。金克木一般不給人簽名，他就把筆硬塞到他手裏，命令他：「簽！」但他從不代子女向別人求墨寶，甚而連自己的字也不給子女。他對子女要求嚴格，對小保姆卻和善、客氣。

張中行對人古道熱腸，對小動物也憐愛。一次他抱回一流浪貓，回家後又覺這貓有主人，怕主人找不到會急，於是又趕緊出去貼「招領啟事」。一度時間，他養了許多流浪貓，家裏成了收容所。

對常人如此，尚不足為貴。難得的是對與他有「過節」的人，也能以德報怨（見後），這就非屬大德之人而不能為之的。

謙虛是美德。張中行在這方面修養很深。他說人一要有自知之明，二要有知恥之心。在他聲名如日中天時，仍說自己作文是「塗塗抹抹」，自己的字是塗鴉，「獻醜」。一友人索字，他推托不過，恭

敬不如從命吧，講好只留作紀念，不可示人。可後來他發現友人將他的字精裱裝框懸於堂室，他便自責：「隨了大流，現了醜，每念及此，就不能不感到慚愧，以及應世之不易」。

張中行的自責，甚而追悔半個世紀前的一件小事。1947年他助巨贊和尚編佛學月刊《世間解》，求俞平伯賜稿。俞先生慨然，以長文〈今世為何需要佛法〉予之。不久，平伯先生函詢稿酬事，張中行覺得很驚訝：一個慣於吟詩「看翠袖，對紅裙，舊情假又疑真」的名士，怎慮及稿酬早晚之類的卑微小事，有過於看重阿堵物之嫌。這個疑團他一直堵在心裏。平伯先生作古後，他在《新文學史料》中獲知俞先生當時生活極端困難，以致許夫人典賣物什度日。張中行晚年「感到不安，或竟慚愧」，特作文以記這件小事，「想略申慚愧之情」以告慰故人。

還有一個令張中行「既悲傷又欽仰」的弱者劉佛諦（劉旌勇），地主家庭出身。劉氏是張中行通縣師範的同學，高他二級。同鄉、同學，又曾同患難過，交誼深厚，是他家的常客。他窮，張中行接濟過他。文革風暴，互斷音訊。1967年夏的一天，劉在街頭坐等上班的張中行，顯然有話要說，又吞吞吐吐，不敢多談，劉只說他對前景表示擔憂，說完催張中行趕快走。就此永別。劉佛諦回去後即喝農藥自殺了。臨死前劉寫了兩封信，其一是給張中行的，但寫後又燒了。張中行很傷感，視為終生遺憾，他很想知道老友給他寫些什麼，「想不到最後為至交留下這麼一個謎！」對於這位死於非命的友人，張中行總是難忘。他追憶舊雨文字，通常是一人一篇，唯周作人、劉佛諦是兩篇，還在另文中重述。在《流年碎影》書中不見他與名士們的留影，

卻特意選了一幅與劉的合影的照片。

　　張中行一介寒士，半生坎坷，晚
景見晴。到八十五歲時才分到一套普
通的三居室。自稱「都市柴門」。筆
者2004年因編《負暄絮語》，與先生
有一面之雅。對他的「柴門」有深刻印
象。家中沒做任何裝修，小客廳兼通道
裏還放著書架，是時下平常人家六、
七十年代的居住水平，其儉樸給人十分
強烈的印象。書房也不甚雅致，書櫥
裏陳著一些古玩，多為石頭，「像倉
庫」。桌上備有文房四寶書稿之類，書
卷氣倒襲人。他的臥室更為簡陋，床上
的被子是五、六十年代農家常用的大花
被，連疊法也是老式的。牆邊還糊著報
紙。張中行對生活的要求很低。請啟功
吃飯也是樓下的小館子，四菜一湯，喝
點二鍋頭，「忍把浮名，換了淺斟低
唱」。有時在外面吃飯，一根豆腐絲掉
在桌上，他都要揀起來吃，席畢若有剩
菜，他很從容地打包帶回去。布衣的
他，深知一粥一飯來之不易。

張中行（2004）（張昌華攝）

搞笑的是，有一晚輩送他一瓶「人頭馬」，讓他開洋葷。他聽說這酒要值一千八百元，咋舌不已。想喝吧，一兩就是一百八十元，不忍心下口；送人吧，又怕背上巴結人之嫌；轉賣了吧，又怕人說拿晚輩的人情換錢，讓人笑話。思來想去，只好把這「貴客」束之高閣⋯⋯

狐死首丘。對故鄉，張中行的感情是複雜的。他喜聽鄉音，愛吃故鄉的玉米渣粥、豆腐腦。令他尷尬的是，因政區劃分變動，故鄉原先屬香河縣管轄，現歸天津武清的領地了，地震後老宅沒了，以致「總有找不著家的感覺」。但香河人終沒忘記他，一些人士仍要求他、叮囑他日後填寫籍貫，一定要寫香河縣。「我不勝感激涕零之至」，表示有機會「必大書香河縣，以表至死不渝的忠心」，為此他特作〈狐死首丘〉以表心跡。

「無癖無可為人」。先生亦有嗜好，愛喝點小酒（最喜北京二鍋頭）。在幹校喝酒，還被批過一次，大概是被人認為借酒澆愁吧。他雅好寫字，還篆有多方閒章；「六代之民」，是說他百年人生所歷；「爐行者」，意蘊較深，當是說他改造時當過燒爐工，在爐火中「煉」過之意。還有一方叫「半百硯田老農」，那是他喜歡硯耕，亦愛收藏硯臺。再愛的就是石頭了。先生是雅人，「不為無益之事，何以遣有雅之生」。寄情於此矣。

文如其人。

張中行為人古樸，尚古風。文亦然。主要著述有：《負暄瑣話》、《負暄續話》、《負暄三話》；《順生論》；《佛教與中國文學》、《禪外說禪》；《流年碎影》以及語文方面的《文言津逮》

等等。從行文上說，他的文章開頭喜歡旁徵博引，下筆千言如行雲流水。不似今人「開門見山」，「直奔主題」。他的行文過程就是「思」的過程。看上去或雲或雨，不見廬山真面目，只要你循次而入，便漸入佳境，便能在雲雨之中觀出東西南北來。他長於將自己的喜怒哀樂化為一縷縷哲思，融入他對人生的體察觀照中。看上去「瑣話」，他寫的盡是些「瑣事」，但記的都是可傳之人，可感之事和可念之情。平淡沖和，清雋優雅，在不動聲色之間記人敘事。寫北大憶舊中的人物，雖是散文，卻像小說一樣地把人物都寫活了，有呼之欲出之神。相較起來，數十年來我們所讀的文章，大都劍拔弩張，令人見之生畏、讀之生厭；再欣賞張中行的文字，是那樣的樸實、清淡，典雅可人，自然便受到讀者的追捧。

啟功說張氏的「散文雜文，不衫不履，如獨樹出林，俯視風雲」，令人回味。也有人說張氏散文「少張揚蹈厲之辭，也似乎缺少至大至剛的偉岸氣象，但從他那清新自然如數家珍般娓娓敘述中，從那貌似拉雜的談古論今、引經據典中，我們可體察到他對攝生治世之道、國家民族命運的熱切關注」。斯言誠哉。

周汝昌先生有貼切的評論：

> 你從他的文筆看得出，像他論硯一樣，那是外有柔美，內有剛德。其用筆，看上去沒有什麼「花哨」，而實際上絕非平鋪板敘，那筆一點兒也不是漫然苟下的。
>
> 讀他老的文字，像一顆橄欖，入口清淡，回味則甘馨逸然有餘。這裏面也不時含有一點苦味。

（三）三次婚姻　苦甘備嘗

張中行生於清末，歷經多次社會變革，其婚姻狀況自然複雜。他一生有過三次婚姻，苦甘備嘗。他根據自己的閱世經歷和內省，認為婚姻可分四個等級：「可意，可過，可忍，不可忍。」

且看他的三次婚戀經過和狀態吧，為敘寫方便，依序而述。

1. 沈氏

這樁婚事是遵父母之命，媒妁之言而訂的。兩人同庚。幼時訂的婚。沈氏是典型的舊式女子，纏足，不識字，其貌也在中人之下。但性格好，樸實、溫順，孝敬父母，寡言語，因舊德所約，「向來不表示感情」。「母親說她好，我也尊重她。」1926年，張中行時年十七歲，讀師範二年級時成婚。後來，張中行在北大讀書時，與楊沫同居，她也默認了。認命。

可行的路只有一條，保留夫妻之名，兼取在婆家活下去之實。

張中行與啟功

此後漫長的歲月，張中行在經濟上一直予以力所能及的幫助，「延續到八十年代，她去世了。」

有好事者曾問過張中行，對此事可否有話要說。張中行很坦然：

> 那是一個大變革時代，處在那個時代的人婚姻狀況都複雜。孫中山、蔣介石、魯迅等都先有一妻，後來找到如意伴侶。一個人從農村出來到一個開化的地方變化會很大。這是我們這代人婚姻方面共同的問題。

2. 楊沫（1914-1995）

張中行與楊沫相識也算一種緣分。關係還比較複雜。張中行與長兄的同學于忠是朋友。一天，于忠找到張中行，說他有一個讀高中的表妹叫李紹強，她有個同學為了逃婚，決定不上學了，自立，想到小學教書，問張中行有無辦法。恰張中行的長兄在香河縣小學當校長，答應代為聯繫，並獲成功。而這位逃婚的女中學生名叫楊成業，即楊沫。

緣此，張中行、楊沫兩人相識，對彼此的印象都不錯；加之兩人的婚姻都曾有不幸，思想上產生共鳴，遂於1932年同居。前後相處了兩年，其間張中行在天津，楊沫在香河。友人告知張中行，楊沫在香河一度與某「來往過於親密」，張便將其接到天津，「又過起共朝夕的日子」。「但我們都覺得已經有了隔閡，心都不安」，爭吵時有發生，張中行認為「為了使無盡的苦有盡，應該分手」，「我向她說了此意。她面容木然，沒說什麼。」於是分道揚鑣。張中行晚年回憶這

段往事，心態相當平和、真實。說：「僅僅這兩年，是難得忘卻的。推想她也沒有忘卻。」張中行後來與人談到與楊沫分手的原因是，認為主要是兩個人在思想上有距離：「一個走『信』的路，一個走『疑』的路。」

楊沫參加了革命。建國前寫過《葦塘紀事》。五十年代出版《青春之歌》，名噪一時。對書中的「余永澤」的形象，有人指為影射張中行，這對張的處境自然產生影響。張的妻子李芝鑾認為是「醜化」，而張卻「沒有在意」，以自己位卑不值得影射或是因小說情節為強調某種教義所必須使然，竭力排解自己，也寬諒了楊沫。令人感歎、欽佩的是，文革中北京文聯造反派找張中行，外調楊沫的歷史，當然是希望張中行說她的壞話。「四堂會審、威嚇、辱罵，讓我照他們的要求說。」張中行報之以冷笑，不背良心，實話實說，不肯就範。來人逼他寫文字材料。張中行只寫：「她直爽、熱情，有濟世救民的理想，並且有求其實現的魄力。」若干年後，楊沫親眼見到這件材料，心甚感激，給張中行寫信鳴謝，說想不到在那時還說她的好話，「對於我的公正表欽佩」。張中行認為這是她有點以小人之心度君子之腹了，一笑了之。

他們育有一女，徐然。是在他們分手後出生的。直至1974年徐然才知道生父是張中行。1978年徐然第一次給張中行寫信，稱「張先生」。張中行覆信中說：

> ……你叫我先生，我不知道我可否告訴你真實情況，以前你媽媽也答應過我有機會我可以見你，其實我是你父親……

　　因女兒牽線，張中行、楊沫有了交往，均為楊沫主動。楊贈張的若干照片中，還夾有一張當年兩人未分手時的合影。布衣張中行羞於掠名人之美，總處在被動的應對狀態。

　　八十年代末，有位張中行並不認識的人，寫了一篇談楊沫早年感情生活的文章。楊沫認為是受張中行的主使，即著文申辯，公然指責張「負心」、「落後」、「可憎」。張中行蒙不白之冤，雖心中不快，仍以君子風度保持沉默。張認為楊所說「負心」，「是各有見」，認定「落後」，是「人各有道」。道不同自然難以相為謀。

　　九十年代初，張中行的《禪外說禪》出版，楊沫卻又叫女兒來要，張中行給了一本，扉頁上還題了「供參考」之類的話。兩年後，楊沫出版新著《青藍園》，回憶她一生中的三個愛人，仍用小說筆法。沒有送張。倒是有好心人給張找了一本。張中行讀罷不勝感慨，「為了浮名竟至於這樣」。這「使我不能不想到品德問題」。有人勸他也寫幾句以正視聽。張中行覺得乏味、無趣，仍然沉默。後只在一篇〈唯聞鐘磬音〉的隨筆中，「溜」出一番心聲：

　　　　如有人以我的面皮為原料，製成香粉，往臉上搽，並招搖過
　　　　市，我也絕不尾隨其後，說那白和香都是加過工的，本色並
　　　　不如是。

　　1995年歲末，楊沫去世。吳祖光曾打電話問張中行還參加追悼會否？張說「不」。「告別」一事在張中行看來，或「情牽」，或「敬重」。對於楊沫，他什麼也沒有。他只能用漠然、沉默以對。

關於他們的恩怨是非，楊沫的兒子（與馬健民所生）老鬼有番話值得一讀：「母親對他的指責比較多，包括她寫的有關自己一生中的三個丈夫的文章裏，對他也有些誤解之辭，但他沒有在公開場合說過我母親的壞話。特別是在『文革』壓力那麼大的情況下，當時我母親處境非常不好，他也沒有胡說八道。」並說張中行「挺好的，有骨氣」。

3. 李芝鑾（1909-2003）

　　苦盡甜來。張中行在經歷了兩次不幸、痛苦的婚姻之後，終於遇到了李芝鑾。這是與張中行相濡以沫近一個甲子的女性。他們育有四個女兒：靜、文、采、瑩。都享受過高等教育，各自事業有成，釀就了張氏一門有八個「北大」的佳話。

　　張中行與李芝鑾的相識，是由張的友人李列五介紹的。李芝鑾是李列五的外甥女。

　　李芝鑾出身於河北一有功名的世家。其父過世早，她與寡母共同生活，上過私塾，精於刺繡。初次見面，李的「剪髮」、「大腳」、「窈窕」、「粉面含羞」，給張中行留下了「體貌清秀而性格溫婉，是地道的舊式大家閨秀」的印象。是時，張中行已蒙兩次婚姻的創傷，孑然一身，長期飄泊在外，他的心需要一個歸屬。新人如此「清秀溫婉」，他自當欣然「開門納之」。為迎合鄉村風俗，張還親自到城隍廟找個瞎子「配八字」算命。瞎子說：命太好，前途比官還大云云。1936年底兩人結為秦晉，過起了「用小煤火爐做飯吃的生活」。夫唱婦隨，大事小事，均由張中行做主。這個窮而陋的家由李芝鑾支撐著，「饑寒而無怨」。雖簡陋，但安適。

　　張中行喜歡集硯，四十年代，他相中一方價值十二元的硯，又捨不得買。回家說起此事，李芝鑾馬上勸他買下，最後他是「忍痛買了回來的」。李氏出身大家閨秀，與張中行結縭後，不止包攬一日三餐之瑣碎，還要面對時有三餐難繼的窮困。特別是在當年八口之家，每人平均生活費二元的絕境中，為生存，李芝鑾居然挺胸給人家當保姆和「出頭露面賣破爛」。即在無米下鍋燃眉之急時，她也不忍變賣丈夫的一本書！2003年李已先他去世，家人怕張中行知道傷心，一直瞞著他。2005年張中行病重住院時還說，等他病好了，寫散文掙錢，給妻子治病。

　　李芝鑾大張中行八個月。張中行一直呼她為「姐」。垂暮之年他曾對人說：

　　　　我的夫人人品非常好。我們雖沒有卿卿我我，但一生平靜。
　　　　夫人能忍，無論環境如何、境遇如何，都能泰然處之。

　　「姐」好在何處？有張中行的詩句佐證：「添衣問老妻」，張中行解釋說：

　　　　吃飯，我不知飽，老妻不給盛飯，必是飽了；穿衣不知冷
　　　　暖，老妻不讓添衣，必是暖了。

難怪張中行自豪地說，他最有資格大寫其糟糠之妻不下堂的。
　　一介寒士張中行，就是這樣磕磕絆絆地度過了他的百年人生。

走近錢鍾書

1998年12月19日，驚聞錢鍾書先生溘然仙逝，不勝悲哀。我有幸與先生有音問之雅，但無一面之緣。兩年前寫就此文，壓諸箱底。現謹以此文聊作心香一瓣，薄奠先生在天之靈。

——題記

當歷史老人拂去往事的塵埃，《圍城》再露崢嶸的時候，作為讀者，誰不想破城而入，一睹城內的風景，體味一下城中人的酸甜苦辣，長點見識？作為編輯，誰不景仰那塵封已久的「古錢幣」錢先生，鍾情於他的書稿，以編一部他的佳構為榮？

我不諱言，我是凡夫俗子，無論作為讀者抑或編輯，我都是一個「拜錢主義者」。

十年前，我參與創辦《東方紀事》，其時全國各類刊物如林，為使該刊在全國佔有一席之地，我們策劃要以全國一大批名人為依託，爭取他們的支持，把刊物辦出品味來。在編輯部列的一長串「名人」名單中，錢鍾書

錢鍾書畢業證書

（1910-1998）、楊絳被列於榜首。説來很可笑，那時編輯部三位同仁都是剛從外單位調入的，別説無緣與錢氏夫婦相識，與文學圈內其他名流也視同路人，甚而連合適的牽線搭橋者一時都找不到。更況錢先生的耿介絕俗與他的大名一樣，如雷灌耳，欲組他的書稿談何容易。據説「堡壘是容易從內部攻破」的，我們把攻關的焦點放在楊絳先生身上。當《東方紀事》創刊號面世時，我們從中國作協花名冊上找來錢先生的地址，試著寄給楊先生，並附一長信，推銷自己和刊物，懇請她對刊物提意見、賜稿。他們是江蘇人。我牢牢抓住鄉情這根紅絲線，祈求她支持故鄉的出版社，造福桑梓。飽讀詩書的楊絳先生溫良恭儉讓，覆信不忘鼓勵勖勉一番。打那以後，除定期寄奉雜誌間或寄點社裏有品味的出版物外，逢年過節不忘寄張賀卡，送本掛曆什麼的，噓寒問暖作感情投資。她老亦投桃報李，寄賀卡、贈書。記得她收到我社出版的《蔣碧薇回憶錄》一書後，十分高興，説

大家都爭著看，未及她讀完，被友人借去先睹為快了。我投其所好，馬上又寄一本，哄得老太太再三鳴謝。慚愧，真難為楊絳先生，我本是有所圖的小人故音問不斷，累得她每信必覆，這令我深感不安，再三聲明請她無事不必作覆。漸漸地，我在致她的信中都附帶問候錢先生。她的每每來信也綴上「鍾書附筆問候」。楊絳的字一筆一畫極為工整、清秀，一次意外地我發現信封字跡風格劇變，十分流暢、瀟灑，充滿書卷氣，我斷定為錢鍾書先生所寫。我早耳聞，他們夫婦的書名不少是相互題簽的。夫人寫信，他書信封，珠聯璧合，不失雅趣，此舉正顯出他們的鶼鰈之情。

錢鍾書（紀紅攝）

　　次年，社裏擬出版一套「名人叢書」，在《名人憶往》一卷內收有錢、楊的作品，我請楊絳代轉一函給錢先生，委請他為該叢書題簽，以壯聲威。孰料，錢先生覆信云：

　　　十分慚愧我承你品定為「名人」，那證明我主觀上雖不想

「欺世」，而客觀上已經「盜名」了。

他又以他的書法很糟和右拇指患腱鞘炎掣痛不能握管謝絕，還求我「諒宥」。信寫得極其溫和，誠摯感人，活脫脫的一個慈眉善目的老爺爺形象，明明是拒絕了你，也沒讓你覺著絲毫的不舒服。

走近錢鍾書，出師不利，抬腿邁出第一步，老人家便下口令「立定」了。此舉，以失敗告終，但我不想「向後轉」。

是時，錢鍾書熱正在全國醞釀中逐漸形成。《錢鍾書研究》已出第二輯，花城版《錢鍾書論學文選》已問世，《圍城》正一印再印，傳媒説要拍電視劇。文藝界一切向「錢」看，成了熱點。鑒於此，我向社裏提出出版《錢鍾書全集》的建議，選題順利通過，我自詡有與文學前輩「玩得轉」的經驗（嘴甜、手勤、腿勤，外加臉皮厚），請纓上錢府攻關；顯然是夾著私心，要走近錢鍾書。第一次拜見老先生，又請他授權出書，總不能光著手。塞紅包？老先生早有「我姓了一輩子錢，還迷信錢嗎」的名言，出版社亦不作興這個，厚禮也不免俗氣。他不是叫「鍾書」嗎？送書吧。適逢那時江蘇古籍出版社剛剛出版《清詩紀事》，二十卷，亦算家鄉的土特產，講得出口，拿得出手，再合適不過的。一套《清詩紀事》，一堆龐然大物，我一個人折騰不了，邀同仁田迎春君偕行，興沖沖進京。為了能與錢先生對話，遮淺薄之醜，我臨時抱佛腳，翻錢氏家譜，讀《錢鍾書研究》等有關文字，忙得不亦樂乎。早聞錢先生杜門謝客，錢門由楊絳老太太一人當關，萬夫莫開。我們決定不打電話，直闖三里河。不知是為表虔誠，還是為出版社省錢，那天沒有坐計程車，那一包十多公斤的《清詩紀

事》，真把我們折騰得夠嗆的，三步一
歇，五步一停，時值隆冬，兩人還是忙
得大汗淋漓。同仁田君打趣地說我們這
是往麥加朝聖。我說我們是董存瑞，這
包「炸藥」還怕攻不下錢老先生的堡
壘？當我們氣喘吁吁地扛著這包書爬上
錢寓樓梯時，我興奮地想到下次來時扛
的是《錢鍾書全集》，那一定輕鬆愉悦
百倍。

　　按響門鈴，開門的是清秀、小巧、
溫文爾雅的楊絳先生，花白的頭髮，戴
著細邊眼鏡，驚詫地打量著我們這兩位
不速之客。我先行一躬，致歉打擾，再
自報家門。「哦」，楊絳一聽笑臉相
迎。讓坐、奉茶，説室內暖氣足，建議
我們脫大衣以防感冒。我伺機打量一下
錢宅，偌大客廳，空屋不見人，錢先生
一定是聽到電鈴聲嚇跑了。室內窗明几
淨，廳內只有一副中堂，案几上陳著筆
硯。好像只有兩隻書櫃，並非坐擁書城
（他們夫婦是功夫在書外）。兩隻單人沙
發，樸素、簡潔得一如主人清淡、典雅
的風格。我看得出楊絳先生看我們「炸

錢鍾書和楊絳

藥包」時的惶恐和不安。我也覺得挺尷尬，一種難言的送禮人比收禮人更難受的尷尬。我忙說這次進京組稿，社領導讓我們順道看望一下兩位先生，捎上家鄉剛剛出版的《清詩紀事》，供先生披覽、消閒。楊絳聽著，淡淡一笑，指指書櫥，「有了，有了。」惱人的是，早有人捷足先登。圖窮匕首見。客套一番之後，我便開始遊說，真像解放軍連隊的政治指導員，提出我社擬出版《錢鍾書全集》的構想，從意義講到操作細則。楊絳先生微笑著，安詳地傾聽我的一番勸說後，她誠懇地表示謝意又委婉地表明「此事不妥」，大概為給我們臺階下，她說要聽錢鍾書本人的意見再說。

在京組稿待了數日，當我回到出版社上班時，錢先生的信已靜靜地躺在案頭。為求真起見，斗膽侵權照錄：

昌華先生編席：

不才兩月以來，身心交瘁，遵醫囑，終日僵臥，大駕來失迎，歉憾之至！《清詩紀事》頗多採及拙著，故蘇州大學主編者曾以全部相贈；復蒙惠賜，雖「好物不嫌多」，然「與友朋共」，即以貽一學人。借花獻佛，而飲水思源，不敢忘，尊錫也。特此致謝。頃獲大函，語重意厚，感愧感愧！近數年京、穗、寧、渝、港、台出版家均以印行「全集」相請，弟一概堅辭，故台僅刊「錢著七種」，穗僅刊「選集」。為弟搜拾舊作逸文者亦有六七人，以目錄相示，弟不加增減，但答以有著作權，不同意出版。約法已成，「人人平等」，未便為貴社破例。來函所舉自編「全集」諸

君，必自信字字珠璣，故大踏步，大出手，無怍無愧。弟尚
如佛家所說「知慚愧」，不敢學步。且古今中外作家生時編
印之「全集」，事實上證明皆非「全集」，冒名撒謊而已。
弟所覩一切全集，其中值得存者往往不過十之五六，乃學究
輩借此堆資料博取微名薄利。來函所稱Huters君書，乃其博
士論文，作者人甚誠篤勤懇，而天資不高，且不能讀文言；
譯印其書，實屬無聊。新西蘭Auckland大學Duncan Campell
君收弟早年文章譯為英語，與弟所作英語文章合成巨帙，年
前來華求弟增訂，弟勸其甘休。近新西蘭電視中渠出現講聘
譯拙作事，顯然尚樂此不疲也！來函釋所言，只落後矣。一
笑。草此及謝，並請諒宥。

　　即頌

　　春祺

　　　　　　　　　　　　　　　錢鍾書上　楊絳同候
　　　　　　　　　　　　　　　二月一日

　　又是一年春草綠。

　　堡壘沒有攻破。有心栽花花不發，無意插柳柳發青。在一切向
「錢」看的熱潮中，社裏組織到一部《錢鍾書傳》，決定出版，為尊
重傳主，為杜絕出版後可能發生的不快，社裏希望錢先生能過目，予
以認定。社長又動員我去說項。這本是一件令傳主尷尬的事，更別說
淡泊名利的鍾書先生，他歷來反對此類俗舉。一因社裏的事，推不
脫，加之想圓走近錢鍾書的夢，我硬著頭皮給錢先生寫信，細述我社

的一些想法。慣以「學得無怒天子法，戰書雖急不開封」的錢先生，這回接到信後便發來「雞毛信」，信云：

> 奉讀來書，甚感厚愛。年來弟不幸，已成新八股文題目，頗多借「題」著書者。欲為弟撰傳記者憶有兩三人，弟皆謝絕「合作」，請其甘休。來信所言，不知何人，想必據美國Huters所撰傳（已有極糟的中譯本），加以增飾，誤漏百出。楊絳衰病，無氣力審讀此類著作，然此傳既未得「傳主」本人同意，作者豈「文責自負」耶？倘失實過多，跡近造謠誹謗，將來涉訟，亦未可保耳。八十老翁，來日無多，作「傳」者何急不及待如此，使「傳主」如神龍之見首而不見尾乎？可疑可歎！
> 愚夫婦「全集」之舉，亦有穗、滬、寧（譯林）共四五出版社建議，弟等差有自知之明，不願災梨禍棗，亦皆婉謝。不識抬舉，辜負盛情，既疚且感。

接讀來信，我惶恐不安，忙將此信示社長，並建議認真考慮，尊重錢先生的意見。人微言輕，社裏又有社裏的考慮，不聽招呼，將書印了出來。這甚於把我送上斷頭臺。生米已成熟飯。楊絳先生此前另有信相託，要我堅決「勸阻此書出版」。我愧對二老，只能負荊請罪，寄上樣書，等著挨罵了。不日，錢先生賜覆，嚴厲地批評「傳」中「因道聽塗說失實之處」。又因作者學殖淺薄，有張冠李戴或穿鑿附會多處，「令人啼笑皆非」。讓我銘感五內的是信末兩句「木已成

舟，書已出版銷售」，薄利微名已賺，「置之一笑可也。」錢先生批評得有理有據，言辭中肯，顯出一種大人不計小人過的大家風範。至此我心中一塊石頭落地。因是年初，錢先生正式委託人文社向法院起訴四川文藝出版社非法出版《圍城》（彙校本），維護著作權法的尊嚴。我真害怕老人家一氣之下，也把我們拖上法庭。

這是錢老給我的最後一封信。我曾先後到錢府拜訪四次，多麼想走近錢鍾書，一睹先生的風采，聆聽先生做人、做學問的教誨。我世俗，先生脫俗，這註定我無法走近他，無緣見他一面。但從《錢鍾書傳》出版前後先生致我的兩封信，對出版社截然不同的兩種態度，體現他的寬容大度，讓我走近了他，理解他，更敬愛他。他曾對友人說過：「做學問難，做人也難，做一個好人更難。我們要永遠『如臨深淵，如履薄冰』。」誰能說他不是個大好人？《錢鍾書傳》出書前，淡泊的他竭力勸阻，反對；出版後，多處失實，甚至幾近誹謗地誣衊了他，他「置之一笑」，真是佛家的胸懷，大肚能容，容天下難容之事。媒介的片面宣傳，誤導了世人，只知他的孤傲；其實他的寬厚也是名聞遐邇：1947年周振甫先生為他編《談藝錄》一書，錯別字未能盡數掃除，錢先生非但沒批評，反為之開脫，書出版後又題辭相贈，拜謝。以至半個世紀後的今天，耄耋之年的周先生憶及此事仍感慨不已。大概由於錢先生過於執、過於實，而引起一些人誤解他「矯情」。他曾說過：「人謂我狂，不識我之實狷。」他指控某出版社，那實在是錢先生沒有辦法的辦法，出口氣而已。耿介絕俗才是錢先生的本質。

錢鍾書夫婦和女兒

自《錢鍾書傳》出版，引起錢先生不快後，我無顏也不敢再給先生寫信了。但報端一切有關錢、楊先生的文章，我仍一字不漏地愛讀。總想找個由頭「走近他」。似乎此生不做一次錢著的責編枉做了編輯似的。一日讀先生《寫在人生邊上》，忽想到楊絳的《幹校六記》諸篇文字，感到他們是一對飽風霜、歷滄桑的患難夫妻。他們的金婚紀念在即，突發奇想，如能把他倆寫的有關家庭、親情、人生的散文結一合集作為金婚紀念冊，該多有意義！因為他們的人生際遇，正是那一代知識份子命運的典型代表。

於是，我又把這一想法寫信告訴錢、楊先生，希望得到他們的支持。這回二老聯名寫信來，楊先生執筆，信云錢先生去年動一大手術，楊先生亦積勞成疾，得了冠心病，都是老病之人，不宜勞神，也不可動火。又說他們的散文集已約定出版社，勸我取消這項選題。因我在信中寫明「絕對尊重你們的意見」，我自己已把路堵死，只好作罷。

後另組織一套人馬,出版了「雙葉叢
書」第一輯。

　「雙葉叢書」問世後,大概由於
選題獨特,裝幀別致,頗受社會關注,
特別是受圈內人士的推崇。蕭乾先生當
時就問我為什麼沒向錢先生夫婦組稿,
我說有難度。他老很熱情,建議我去找
舒展去,順手給寫了張「介紹信」。
我給舒展先生寫了封約有兩千字的長
信,申述此叢書沒有錢楊加盟,大為失
色,託請斡旋。舒先生樂當信使。但曲
線也救不了國,舒展先生向我致歉「沒
有完成任務」。並附錢之女錢瑗女士致
他的信,錢瑗説,她父母不入盟「雙葉
叢書」與對出版《錢鍾書傳》不滿「完
全無關」,請我不要誤會。我明知「名
流」的集子,錢先生素不參加這一事
實。但以小人之心猜測,仍以為二老為
「傳」的事在生我的氣,我也感到很委
屈,為了出版社的公事,傷了與二老的
感情,太虧了。後靜心研讀各界人士寫
的有關錢先生為人的文章,徹底悟出錢
先生就是這種脫俗的人。他能拒絕華中

錢鍾書夫婦與女兒錢瑗

師大為其父錢基博老先生作百歲誕辰紀念，他能拒絕世界名流趙浩生的錄音採訪，他能拒絕一老出版家抱八十朵玫瑰為他祝壽，他能拒絕法國政府授其「對中法文化交流的貢獻」勳章……那麼，他拒絕我的這一請求是不足為怪的了。「素不喜通聲氣、廣交遊、作乾乞」，這是他的本色，「老來歲月，更無閒氣力作人情」，這是他的心聲。拉他們夫婦入盟「雙葉叢書」的事，我只能偃旗息鼓。可是社會輿論壓力太大，讀者來信、來電不絕，小的有讀中學的「錢迷」，老的八十多歲如「二流堂」堂主唐瑜先生，就曾厲聲詰我：「『雙葉叢書』為什麼不選錢鍾書、楊絳這對老幽默？」逼得我只能回答說，「錢先生如隨意加盟，那他就不是錢先生了。」

十年了，夢想走近錢鍾書，就是走不近。誠如哲人所言，越是得不到的東西越顯珍貴吧。古人云，精誠所至，金石為開。金石不開呢，結論那一定是還不夠精誠。走近錢鍾書，是為了見識一下「廬山真面目」，理解他、學習他。其實在追求走近的歷程中，不正加深了對先生的理解？他對《錢鍾書傳》出版前後的態度，不正是淡泊名利寬以諒人的一種身教？我為什麼非要見那隻「下好吃的蛋的雞」？我終於悟出一個道理：與其執意走近錢鍾書，還不如多讀點錢先生的書。

難忘蕭乾

我不信佛，卻篤信緣。此生因書之緣結識蕭乾（1910-1999）先生，真幸莫大焉！

前歲暮秋，我為出版社策劃了一個選題：為當代文壇有影響的夫婦作家，出一本以寫人生、家庭和親情為中心的散文合集，冠名為「雙葉叢書」。最初，我以投石問路的方式，請友人把這一構想轉告蕭乾先生，希望得到他的指教和支持。覆信是出乎意料之神速，蕭乾對此議表示欣賞，説「這個點子高明」，並稱他已著手整理文章了。

不久，我因他事進京，想順道拜訪蕭乾。因從無緣與蕭乾謀面，我按圖索驥找到了蕭乾的寓所，只見門鈴旁貼著一張小條子：「年老體衰，仍趕任務，談話請短，索稿請莫」（其實這塊擋箭牌形同虛設，我共去四次，三次都有訪客）。我稍事躊躇，心想反正我已有信在先，硬著頭皮按響了門鈴。

開門的是位老人，個子不高，背微佝僂，稀疏的頭髮調皮地立在腦門，一臉慈祥

蕭乾（張昌華攝）

的微笑。我一眼認出他就是蕭乾先生。蕭乾微笑著、打量著我這位不速之客。我趕忙自報家門。蕭乾「哦」了一聲，打著手勢說：「請進，請進」。

　　蕭乾引我在沙發上示坐，轉身進裏屋。我掃視了一下他的工作室兼客廳，僅八平米之大。室內顯得有點兒雜亂，準確的說是相當雜亂。書架上立著一排他自家的著作和一盒盒的錄音帶，辦公桌被一張大飯桌擠到偏牆的一隅，桌上正攤著稿紙，原版《尤里西斯》，一大摞英文資料和工具書，像座小山。辦公桌旁的一隻方凳上擺滿大大小小的藥瓶子和文具。牆上掛著他與冰心、與巴金的合影。十分有趣的是，室內交叉地拉著兩條長長的繩索，掛滿來自海內外的、五顏六色的賀年卡，像一面面萬國旗（那時春節剛過）。更逗趣的是，依辦公桌牆壁釘子上掛著兩個帶鐵夾的小本子，桌子右下方也拴著個小拍紙簿，活像生產隊會計的帳本。頃刻，蕭乾為我端來一杯椰奶，我忙迎上示謝。室內暖氣很足，他見我正在揩汗，說道：

「把大衣脱下，要不會感冒。」杯水片語，使我覺得彷彿回到家中，與我講話的不是別人，而是老父親。

一陣寒暄後，我問起文潔若先生呢，蕭乾説她一早就到廠裏校對《尤里西斯》去了。此時我才知道，蕭乾夫婦正為譯林出版社在趕譯「天書」，每日「日不出而作，日已入而不息」呢！我問他身體近況如何。他説雖然割了一隻腎，還好，但必須一日三藥。他指了指那堆大大小小的藥瓶子，右手食指上纏著一圈白膠布，在我眼前一晃，我的心為之一顫，老人就是這樣工作的。我略有些興奮地向他彙報「雙葉叢書」的構想，著重介紹了合集中夫婦兩人的文章正反顛倒都可閲讀的編排方案，他説「這個點子新」。當談到作者人選時，蕭乾説：「一定得把錢鍾書、楊絳先生請進來」，並介紹我找舒展先生幫忙；説著便給舒展先生寫信，還順手從桌子下方掛的那個小拍紙簿中，把舒展先生的電話抄給了我。我這才悟出，老人室內的物件陳放是紊亂一點，但放得絕對

蕭乾與文潔若在北京醫院
（1999）（張昌華攝）

有序，用起來便當，順手可得，還可提高效率呢！

告辭之前，我提出想與他合影留念。他笑了笑，坐上沙發，便招呼小和霞（照料蕭乾生活的初中畢業生，蕭乾還堅持每天教她二十分鐘英文）幫忙。拍照時，我堅持我應站著，他說：「那我也站著。」還真的站了起來。我說：「您是大作家，我是小編輯；您是長輩，我是後生。」蕭乾反對：「編輯和作家是平等的。」我說：「不行，不行。」蕭乾莞爾一笑：「那好，一樣來一張。大家平等。」就這樣，同一時刻，幾乎同一瞬間，兩張不同姿勢的合影，並列地珍藏在我的影集中。他那大家的風範、長者的寬厚形象，鐫刻在我的腦海。

蕭乾把書稿分兩批寄來，還應約專為這本合集寫了一篇長序，但忘記了起書名。我打電話請他補寫書名，他囑我代勞。先生厚愛，恭敬不如從命。我知道蕭乾一生坎坷，北平、上海、香港、英倫三島，浪跡天涯。他是一位著名的「未帶地圖的旅人」，屢遭婚變，歷經劫難，因禍得福，終在不惑之年結識文潔若女士，此後這個旅人方才覓獲生命的綠洲。緣此，我斗膽為蕭、文散文合集題名為《旅人的綠洲》，問蕭乾可否。先生來函稱「雅而恰當」，欣然同意。

是年，出版社的經濟狀況不佳，陷入困境，因無錢購紙致使該書的出版期一再延誤。實出無奈，我只能函請先生寬宥。蕭乾說不必客氣。反而提出：出版社有困難，將來出書可以用書來抵充他的全部稿費。其時我獲悉他將《尤里西斯》的稿費悉數捐贈給《世紀》雜誌，而自己的生活極為簡樸，這怎不令人肅然起敬？

《旅人的綠洲》面世了，我專程送到府上。他翻閱樣書，十分稱道：

印得不但好，而且別致，這在出版史上可能開創通過合集表
現男女平等的先例。真是別出心裁。

他簽名送我一本，還特地寫道：「昌華同志，謝謝你的精心編輯」。
事後，他還為《中華讀書報》撰〈慧眼和匠心—向出色的出版社編輯
們致敬〉一文，鼓勵我一番。

蕭乾先生古道熱腸，有口皆碑。他十分關心「雙葉叢書」續集
的出版，為擴大稿源和影響，他把我介紹給臺灣的何凡、林海音和
柏楊、張香華兩對文壇伉儷，以及英國的陳小瀅（陳西瀅、凌叔華之
女），請他們支持這套書的出版工作。後來他們都愉快地加盟了。
前不久，客居英國的陳小瀅女士寄來陳西瀅先生的一篇重要佚文
——1945年蕭乾、陳西瀅共同拜訪英國作家福斯特的日記，要求補入
《雙佳樓夢影》一書（「雙葉叢書」續集之一）。因原日記手稿複印件
模糊不清，文內夾雜二十多處中國讀者不熟悉的英國人名、作品名、
地名，我難以辨認、注釋，遂再次請教蕭乾。當時他在為《收穫》趕
寫「玉淵潭隨筆」專欄的百忙之中，撥冗為我答疑解難，並對英文部
分一一作詳盡注釋，寫了滿滿三大頁稿紙，還幽默地說我是在「考」
他，慨歎老了，「答卷不及格了」。其實，他那張對人生、對文學事
業的答卷，本就是他晚年的絕唱。

蕭乾先生，這位人生的旅人，在文潔若女士那兒覓到生命的綠
洲，我亦有幸因選編《旅人的綠洲》結識了蕭乾先生。《旅人的綠
洲》是一本精彩的書；蕭乾先生本身又是一部耐讀的書。作為前一本

書的編輯，我深感三生有幸；做為後一
部書的讀者，我沒齒難忘。

舒乙為蕭乾作漫畫像祝壽

蕭乾為陳源日記注文

季羨林及其師友

季羨林（1911-）先生，世人稱其為「學界泰斗」、「一代宗師」，那是大家對他的尊崇。先生本人固不認同，自謙「是一個平凡的人」；但這個平凡的人一生與數以百計的「不平凡」的人有過或深或淺的過從，他們的點滴形象都鑴刻在季先生的心版上。季先生一向認為：「感恩圖報是做人的根本準則之一」，因此，在同輩學人中，他寫的懷念師友的文字絕對是最多的，先後達五、六十位之多：計有（齒序）陳寅恪、胡適、湯用彤、吳宓、馮友蘭、傅斯年、朱光潛、曹靖華、鄭振鐸、老舍、梁實秋、周培源、沈從文、葉公超、吳作人和胡喬木等等。筆者擇其中五位與先生有某種特殊關係者，梳理成文，以展示先生豐富多彩的人際世界和色彩斑斕的人文情懷。

（一）與陳寅恪：「教授的教授」

　　陳寅恪（1890-1969）是季羨林的老師，也是季羨林人生草圖的設計者。

　　歷來做學問都講究傳承，季羨林對梵文的研究融彙了中西的脈傳。由他做橋，構起一則中德教壇的佳話。季羨林1930年入清華西洋文學系，研習莎士比亞、歌德、賽凡提斯等西洋名家，到德國哥廷根大學後卻一頭鑽進了梵文、巴利文和吐火羅文的故紙堆，而「這個轉變來自寅恪先生的影響」。當年在清華時他旁聽陳寅恪的「佛經翻譯文學」，漸漸地萌發了對佛學的興趣，戲劇性的是，在哥廷根大學他師從的瓦爾德施米特教授，恰是陳寅恪在柏林大學攻讀時的同學，而他們兩人又都是呂斯德教授的門徒。真正的中西交匯，一脈相傳，印證了學術是沒有國界的論說。

　　季羨林一直把陳寅恪、瓦爾德施米特兩位先生視為心靈聖殿中的恩師，「超乎尋常的神聖的」。他在〈回憶陳寅恪先生〉一文中深情地寫道：「如果

季羨林（張昌華攝）

沒有他的影響的話，我不會走上現在的這一條治學道路，也同樣來不了北大。」真實得就像「沒有天，哪有地」那樣自然。

這或許就是命運中註定的一種緣。

無意插柳柳成蔭。清華的教育，給季羨林留下深遠影響的倒是一門旁聽課陳寅恪的「佛經翻譯學」和選修的朱光潛的「文藝心理學」。三十年代陳寅恪在清華德高望重，被譽為「教授的教授」，但他與那些留洋歸來的西裝革履、發光鑑人的教授不同，身著一襲長袍，樸素無華，肘下夾著一個布包，裏面盛著講課用的書籍資料，一般人還以為他是琉璃廠某書店來清華送書的老闆。僅此一貌，就給季羨林留下深刻的印象。這令人油然聯想到季羨林歸國後一輩子中山裝、圓口布鞋，北大新生誤以為他是學校的老工友的趣話來，猶如陳寅恪身影的再現。對聽陳寅恪的課，季羨林認為那是一種「無法比擬的享受」，特別是陳寅恪做學問「不武斷，不誇大，不歪曲，不斷章取義」，他實事求是的謹嚴治學態度，薰陶了季羨林。以致畢生孜孜不倦，焚膏繼晷。耄耋之年，還窮十年之功，寫就皇皇八十萬言的《糖史》和譯竣吐火羅文的《彌勒會見記》劇本。尤值得一書的是《彌勒會見記》，當時德國和法國有關方面委託季羨林譯成英文，季羨林當時考慮全是殘篇斷簡，資料嚴重匱乏，加之自己年歲已高，目力不濟，本擬婉拒。後再三思量，覺得他還是應該做這件事，他若不做，國人恐就無人能及了。外國人就會譏笑中國人在「吹」。於是，季羨林每天晨四時即起，中午休息一會，晚上還要加班、加點。每天工作達十二小時，整整花了一年時間將其譯完，現已出版。不幸的是，自那時起他的視力急劇衰退，執筆維艱了。

更為重要的是陳寅恪對季羨林的提攜和知遇之恩。

1945年，季羨林留德已十年，準備回國。欣聞陳寅恪其時正在英國治療目疾，他馬上給陳先生寫信彙報自己十年來的學習研究情況。陳寅恪不很瞭解季羨林學業的詳情，一聽季的指導老師瓦爾德施米特竟是自己的同學，且季的師祖便是自己的導師，同祖同宗，豈不知情？陳寅恪即覆長函致季羨林獎掖、鼓勵了他一番，並云擬將來推薦他去北大任教。天降良機，季羨林十分興奮。是年秋，季羨林帶上用德文寫就的論文，遵陳寅恪之囑，先到南京中央研究院拜見北大代校長傅斯年，旋赴北平叩見北大文學院長湯用彤先生……

季羨林到北大後，受到優厚的禮遇。陳寅恪不久也由英國回到清華。一段時日，季羨林常登門拜訪、討教，不忘捎上先生喜歡喝的北平天主教堂外國神父親手釀製的柵欄葡萄酒；與陳先生的弟子周一良等在藤影荷聲中聆聽先生的教誨、談學論道。

這期間，季羨林寫了一篇〈浮屠與佛〉，探討「浮屠」與「佛」的出現誰先誰後的問題，他用自己掌握吐火羅文的優勢，解決了胡適、陳垣都感到困惑的難題。季羨林讀給陳寅恪聽，陳大力讚賞，立即將文章推薦給《中央研究院史語所集刊》。該刊是當時國內最具權威的學術刊物，能在該刊發文章者，便「一登龍門，身價百倍」。果然，文章一發表季羨林就聲名鵲起，連季本人也感到「受寵若驚」。顯然，在季羨林學術成功的道路上，陳寅恪襄助他奠定了第一塊基石。

全國解放前夕，國民政府經濟完全崩潰，物價瘋漲。教授教授，越叫（教）越瘦（授）。天寒地凍，陳寅恪家窮得連買取暖煤的錢也沒

有。季羨林悄悄將此訊告知時已回國擔任北大校長的胡適，胡適素以愛才惜將名世，馬上決定擬贈一筆數目可觀的美元給陳寅恪。傲骨凌霜的陳寅恪不願無功受祿而失節，又迫於燃煤（眉）之急，他決定以自己心愛的藏書來「易」取。胡適責成季羨林承辦此事。季羨林坐著胡適的小汽車，到清華園陳宅拖回一車西文關於佛教和中亞古代語言的珍版書；而陳寅恪只收了兩千美元。其實僅一部《聖彼德堡梵德大辭典》的市價就遠過於此。季羨林覺得此舉是帶有義捐性質。陳寅恪對金錢一介不取的狷介精神尤令季羨林欽佩，並影響了季羨林。季羨林晚年在北大和清華同時設立獎學金，對故鄉教育事業悉心捐助。更為可貴的是，在2001年7月6日正式與有關方面簽字，把畢生的所有收藏及藏書全部捐獻給國家。他成了真正的「一無所有」的無產者。季羨林這種對名利的淡泊，又令人油然想到中國傳統知識份子的風骨和精神。

陳寅恪畢生研究歷史，研究政治的成敗與興衰。各派學人對歷史都有自己的獨見。陳寅恪雖然是史學界的權威，但他尊重他人，從不以威壓和貶低他人（對一明史專家屬例外）。尤其是對晚輩學人，他多以勉勵。就連那一位由於誤會而對他專門攻擊，甚至說些難聽話的學者，陳寅恪也從來沒有說過半句褒貶的話，顯示一種大度和寬容。「英靈已作蓬萊客，德範猶薰門牆人。」陳寅恪的為人、學德脈傳給了季羨林，以季羨林今日在學界的地位和他在學界內外的口碑之隆卻仁藹可親，足以明證他師承了「教授的教授」的真傳。

季羨林晚年，仍不時拜讀陳寅恪的詩文，他總覺得自己「還未能登他的堂奧」。

1995年，陳寅恪在文革中被折磨至死的二十五年後，中山大學舉辦「陳寅恪學術研討會」，季羨林沒齒不忘，做了長篇發言，闡述陳先生的思想與學術成就，給予極高的評價。

不過，令季羨林始終困惑的是，陳寅恪當初為什麼不把他介紹到清華，攬到自己的門下，而將他推薦到北大？

（二）與胡適：「畢竟一書生」

如果說陳寅恪當年寫八行書向北大推薦季羨林，是伯樂的話，那麼胡適（1891-1962）便是拍板接納千里馬的老闆，季羨林自然不能忘懷。季羨林晚年專寫兩篇文章回憶胡適「報知遇之恩於萬一」。

季羨林到北大後，瞬間（十天）由副教授擢升為正教授，兼東語系系主任。儘管與胡適的學術輩分不同，社會地位懸殊，但仍有較為密切的接觸：做為系主任，他要經常向校長請示工作，加之他們同是北大教授會的成員，同是文言所的導師，同是北京圖書館的評議

胡適

員；胡適那時在編一學術副刊，季羨林又是撰稿人，因此，季是校長辦公室的常客。他們共事三年，令季羨林印象最深的是胡適的為人特別親切和藹。不論是對教授、職員、學生，乃至工友都是笑容滿面，誰在他面前都有如沐春風之感。胡適幽默，更易貼近與大眾的距離。所謂「人和」。寫到這裏，筆者不禁想到半個世紀後季羨林也成了「泰斗」、「大師」級人物，雖不苟言笑，但待人和藹可親，不乏先師之遺風。

顯然，從季羨林到北大後所受的極厚禮遇，可見胡適對他的信任和厚愛。當時印度總理尼赫魯派印度著名學者師覺月博士到北大當訪問教授，隨來的還有一批留學生。接待、照管印度老、少學者的任務，胡適全權委託給季羨林。當師覺月第一次講演時，胡適還親自出席致詞歡迎。

在學術上，胡適與季羨林亦有交往，甚而是切磋。季羨林自云，解放前三年，他只寫過兩篇比較像樣的學術論文，其一是〈浮屠與佛〉，此文是季羨林讀《胡適論學近著》而受的啟發，探索漢譯「浮屠」與「佛」誰先誰後的問題。當時胡適與陳援庵（陳垣）各持一端，爭到面紅耳赤的地步，季羨林據他對吐火羅文的研究，解決了這一難題。這著實讓胡適對這位年輕教授刮目相看。另一篇〈列子與佛典〉定稿後，季羨林即呈胡適審正。胡適挑燈夜讀，立即覆信，予以肯定：「《生經》一證，確鑿之至。」寥寥八個字給季羨林莫大的鼓舞。胡適離開大陸後，對季的學術研究一直是關注的。1999年季羨林赴臺訪問，友人告訴他，胡適曾對臺灣「研究院」李亦園先生說過：「做學問應該像北京大學的季羨林那樣」。季羨林聽罷，百感交集。

季羨林眼中的胡適，是一個「矛盾的人物」。他不贊成共產主義，也反對三民主義，他崇尚的是美國的民主。胡適一輩子沒寫批判共產主義的文章，但反對國民黨的文章他倒寫過。季羨林認為胡適「他對共產黨沒有深仇大恨」。季羨林用耳聞目睹的兩件小事來說明自己的判斷。

一是解放前夕，北平的學生運動頻繁，「反饑餓，反迫害」，「沈崇事件」等，都是由中共地下黨所發動、指揮的。路人皆知，胡適焉能不知？但每當北平國民黨憲兵、員警逮捕愛國學生時，胡適總是親自出馬，奔走大小衙門，逼迫國民黨當局釋放學生；曾親筆給南京駐北平的國民黨要人寫信，要求放人。二是某次他到校長室與胡適談事，見一個人進來對胡適說，解放區的廣播電臺昨天夜裏有專門對胡適的一段廣播，勸他不要跟蔣介石集團逃跑，將來讓他當北京大學校長兼北京圖書館館長。在座的人聽了，都有興趣，靜觀胡適的反應。胡適異常平靜，只微笑著說了句：「他們要我嗎？」他並沒有以大罵共產黨來表示對國民黨的忠誠。

「胡適是一個非常複雜的人物」，季羨林如是說。胡適一方面研究學術，一方面從事政治活動。「他有時候想下水，但又怕濕了衣服。」一生在矛盾中度過。季羨林覺得這個「過河卒子」本質上是一介書生，「說得不好聽一點，就是個書呆子」。季羨林說，一次他們兩個人在北京圖書館開評議會，會議剛開，胡適匆匆趕到，首先聲明，他要提早退席去趕開另一個重要會議，結果，與會者發言跑題，一聽到有人談到《水經注》，胡適渾身是勁，滔滔不絕發表己見，一直到散會都沒退席，早把那個「重要會議」忘到爪哇國去了。

另一點讓季羨林感戴的是，胡適愛才，求賢若渴，當年出走臺灣前，他從南京要一架專機，點名要接幾位老朋友。他在南京機場恭候，機艙門一開，只一兩位，他當時大哭一場。胡適畢生獎掖後進，是位「平生不解掩人善，到處逢人說項斯」的人物。

1985年左右，季羨林偶見一報紙發文章批判胡適「一生追隨國民黨和蔣介石」，覺得有失公允。毅然寫了篇〈為胡適說幾句話〉，當時有人勸止他發表，季羨林仍堅持發了。在文章中他又說胡適是「一位非常複雜的人物」，是「一個異常聰明的糊塗人」。

1999年季羨林訪問臺灣，拜謁胡適的墓陵，獻了鮮花，行三叩大禮。照舊理，他應將自己新出齊的「文集」在胡適墓前焚燒，算是向他彙報畢生的科研成果。「我此時雖思維混亂，神志還是清楚的，我沒有那樣做。」回來後他寫了一篇長文〈站在胡適之先生墓前〉，文中特別愧疚地寫到十多年前寫的短文〈為胡適說幾句話〉，連「先生」兩個字都沒有勇氣加上。

九十年代，安徽教育出版社出了兩千萬字的《胡適全集》，請季羨林當主編，請他「俯允」。季羨林說「我只能『仰』允」。他寫了篇一萬七千字的總序，副題是「還胡適本來面目」，「撥亂反正，以正視聽而已」。繼而為「學林往事」抱病寫一篇關於胡適的文章，覺得前序的副題寫得太滿，「我哪裡有能力還適之先生以本來面目呢？」後文主要寫他對胡適認識，比較實事求是，故以「畢竟一書生」冠之。他以為這樣較為妥帖。

（三）與湯用彤：「錫予先生是 我的知己」

　　如果說陳寅恪為季羨林的未來設計了藍圖草稿，胡適批准了這一計畫的話；那麼湯用彤（錫予，1893-1964）先生應該算作得力的實施者之一。

　　湯用彤，著名的佛學大師，蜚聲海內外。他的巨著《漢魏兩晉南北朝佛教史》，集義理、考據、辭章於一體，至今無人能望其項背。季羨林說他是以「小丘仰望泰嶽」之軀崇敬湯先生的。

　　湯用彤時為北大文學院長。季羨林拜謁時見湯先生穿的是灰布長衫，圓口布鞋，沒有半點「洋氣」，「望之似老農老圃」。雖「不苟言笑，卻是即之也溫，觀之也誠，真藹然仁者也」。有一點可以證明，季羨林到北大報到的第一天晚上，湯用彤就把他請到家中，設家宴為其接風，暢敘。

　　本來，季羨林負笈德國十年，回國只想「搶一隻飯碗」而已，沒有想到一足邁入北大這座「龍門」，被聘為副教

湯用彤

授。福也雙至，更令季羨林做夢也想不到的是，十天後，湯先生告訴他，他已被聘為正教授，兼新成立的東方語言文學系主任。這令三十出頭，尚藉藉無名的季羨林既感且愧。他心裏明白，這是機遇，而很大程度上這一機遇是湯用彤先生的垂青與提攜。北大早就想設東方語言文學系，因缺少能講授東方語言文學的教師，條件不成熟。而國內研究東方語言文化的人日益見多，也有幾位知名學者。有季羨林的到來，胡適、傅斯年、湯用彤一研究，加之陳寅恪從側一推促，東方語言文學系成立了，季羨林當上了系主任。自然這與他那幾篇蜚聲德國學壇的論文是分不開的。儘管如此，季羨林知道他後面站著的湯用彤先生是一言九鼎的人物—那時北大精兵簡政，校長僅胡適一人，沒有副校長。胡適又常常不在校。學校下設文、理、法、農、工和醫六個學院，院長「各自為政」，權及一方。文學院的聘人、升職諸問題，都是「一個人說了算」。季羨林副教授任期之短，在北大確實前無古人，後尚未見「來者」。季羨林至今仍引以為幸，並將其作為激勵自己的力量。

湯用彤對季羨林的厚愛不止在表面的任職上，而更多的是在實際工作中。湯先生親自出面，在學校圖書館為東語系要了間教授研究室，把教學、科研所需用的圖書提到研究室，還為季羨林配備了一位研究生助手……季羨林每有新作，總向湯用彤請教，湯先生的隻言片語季羨林都一一記下。那時「我之所以能寫出幾篇頗有點新鮮見解的文章，不能不說是出於錫予先生之賜」。

季羨林常為自己沒能成為湯先生的授業弟子而遺憾。「往者已矣，來者可追。」適1947年湯用彤開「魏晉玄學」課，季羨林徵得湯先生同意後，做了先生的私淑弟子，聽了整整一年的課，「成了他班

上的最忠誠的學生之一」。一年內沒有缺席一堂課。認真做筆記，巨細不遺。那厚厚的一冊筆記，一直保存至今。

　　季羨林在晚年回憶湯先生的文章中，對自己的「官」運亨通，「一級教授」、「學部委員」，「名利雙收」的一切，他都惦記著：「背後有一個人在，這個人不是別人，正是錫予先生。」、「我不敢謬托自己是錫予先生的知己，我只能說錫予先生是我的知己。」

（四）與胡喬木：「他實則是一個正直的人」

　　1949年春夏之交，季羨林忽然收到一封發自中南海的信。信首寫道：

> 你還記得當年在清華時的一個叫胡鼎新的同學嗎？那就是我，今天的胡喬木。

　　季羨林怎能忘卻胡喬木（1912-1992）？當年在清華，季羨林讀外語系，胡喬木讀歷史系。胡喬木一邊讀書，一邊從事反國民黨的地下活動。為喚起民眾，胡喬木在清華辦起了一所工友子弟夜校，邀季羨林給孩子們上課，季羨林義不容辭。某日夜間，胡喬木坐在季羨林的床頭，勸他參加革命活動。季羨林雖然痛恨國民黨，但他怕擔風險，儘管胡喬木苦口婆心，季羨林仍未敢應承。那時晨起，季羨林發現盥洗間臉盆裏放著手抄、油印的革命傳單，大家心照不宣，誰也沒有向學校當局報告。大約一兩年後，為避遭國民黨的迫害，胡喬木離開了清華……

　　往事縈繞心懷。眼前胡喬木的來信不全是為敘舊，他是就有關大學院系調整問題徵求老同學意見的。胡喬木說國家目前需要大量研究東方問題、通曉東方語言的人才，想把南京的東方語專、中央大學的邊政系等合併到北京大學。季羡林自然高興。此舉使北京大學東語系頓時兵強馬壯起來。

　　建國後的日子，胡喬木始終沒有忘記老同學季羡林，到季的寓所走訪、晤敘。1951年，政府派第一個大型文化代表團出訪印度、緬甸，胡喬木首先想到季羡林，彌補了研究印度文化的季羡林一直無緣訪問印度的遺憾。

　　胡喬木的官越做越大，但對老同學季羡林的友情有增無減。文革以後，胡喬木多次走訪季羡林。奇怪的是，季羡林一次也沒有回訪過。即令如此，胡喬木獲得什麼好吃的食品，如上好的新大米，大螃蟹之類，都不忘記給季羡林捎一點，共同分享。平素最講禮儀的季羡林，卻「來而不往」，「可我什麼吃的東西也沒有送給喬木過。」他不喜攀「高枝」。

　　最令季羡林不能忘懷的是，1986年冬天，「北大的學生有一些愛國的活動，有一點『不穩』」。胡喬木不安，透過季羡林的兒子表示想找老同學聊聊，瞭解一下北大的真實情況。胡喬木如到北大，多有不便，遂用車子把季羡林請到中南海他的寓所。一見面，兩人促膝而坐，胡喬木便聲明：「今天我們是老校友會面，你眼前不是政治局委員、書記處書記，而是六十年來的老朋友。」熱語暖肺。季羡林也毫不隱諱，把自己對青年學生的看法「竹筒倒豆子」和盤托出。季羡林一人獨講，胡喬木靜靜地聽。季羡林要說的題旨簡明：

青年學生是愛國的。在上者和年長者唯一的態度是理解和愛護，誘導和教育……

胡喬木聽完後微微點頭，「他完全同意我的看法，說是要把我的意見帶到政治局去。」中午，胡喬木還設家宴招待季羨林。飯菜平常，與山珍海味不沾邊兒。

喬木是一個什麼樣的官兒，也就一清二楚了。

某年，胡喬木約季羨林到敦煌去參觀。不料，季羨林卻婉謝了。他倒不是不樂意與老朋友做伴，只是他一想到「下面對中央大員那種逢迎招待，曲盡恭謹之能事的情景」，便油然感到厭惡、膩味，「感到不能忍受」而作罷。

步入耄耋之年後，胡喬木的懷舊情緒日甚，屢對季羨林發「老朋友見一面

胡喬木

少一面了」的感慨。一次，胡喬木到北大參觀一個展覽會，會後他讓季羨林陪同他到燕南園去看望了老同學林庚，後又想去看吳組湘，遺憾那天吳不在家，怏怏而回。

胡喬木最後一次走訪季羨林，是由夫人谷羽陪同的。在季羨林那「低矮、窄小、又髒又亂的書堆中」再次並肩晤敘。季羨林感謝胡喬木送他簽名本的詩文集。胡喬木讚揚季羨林的學術成就時，用了幾個比較誇張的詞兒，令季羨林「頓時感到觳觫不安」。季羨林忙說：「你取得的成就比我大得多又多呀」時，胡喬木沒有多說什麼，「只是微微歎了口氣，慢聲細語地說：『那是另一碼事兒。』」

1991年，季羨林驚悉胡喬木患了不治之症，再也坐不住了，「我真想破例，主動到他家去看望他」。但胡喬木不讓。次年八、九月間，住在醫院中的胡喬木捎信給季羨林，希望他去看他。季羨林到醫院，見到胡喬木躺在病床上，吸著氧氣。他見季羨林來了，顯得有點激動，抓住季的手，久久不鬆開。那一刻胡喬木的神態安詳，神志清明，不知怎的想起季羨林發在《人物》雜誌上的《留德十年》，連聲說：「寫得好！寫得好！」季羨林馬上說等書出版後一定送給他。季羨林明白，那是一句美麗的「空洞的謊言」。

這次見面是他們的永訣。

《留德十年》出版後，季羨林想起宿諾，本想到胡喬木墳前焚祭一冊。可胡喬木沒有墓塋，他的骨灰撒入了大地。

據筆者所知，胡喬木曾襄助過季羨林，幫他完成一件善舉─季羨林一生從來不願意麻煩別人，不願有求別人，但他也食人間煙火。他太熱愛故鄉了，為了故鄉山東臨清面臨倒塌的古塔需立即修復，1991

年他破例給胡喬木寫信求助。最後得到國家文物局四十萬元的撥款，使臨清古塔得以修復。

胡喬木逝世後，季羨林撰〈懷念喬木〉一文，追述他們相識、相知、相親的往事，平淡從容，但溫馨感人。季羨林說，他們相處六十年。在他生前，他刻意迴避，在他去後，卻不勝懷念。回味六十年的交往過程「頓生知己之感」。

對大陸和香港一些人士封他為「左王」，季羨林坦然地說：「我總覺得喬木是冤枉的。他哪裡是那種有意害人的人呢？」、「他實則是一個正直的人，一個正派的人，一個感情異常豐富的人，一個脫離了低級趣味的人。」

（五）與吳作人：「真摯的友誼是永存的」

季羨林的懷人文字，多係學界師友，吳作人（1908-1997）只能算是他文學藝術界的大同行。季羨林專寫一篇〈壽作人〉可視為例外；而一生向來不喜歡拜訪人的季羨林，連老同學胡喬木家都不想去，卻專程探視病中的吳作人，這不能不說是例外中的例外。

季羨林、吳作人相識於1947年左右。那時北大還在沙灘。北大為籌辦印度大詩人泰戈爾的畫展，季羨林向徐悲鴻借他的名作——泰翁的畫像，畫展籌備期間，季羨林又請徐悲鴻、廖靜文夫婦和吳作人來指導。他們由此因緣際會。此前季羨林早聞吳作人的畫名，卻不識其人。這次相見，吳作人在接人待物中表現出的熱情、誠摯和純樸，給季羨林留下了深刻的印象。

剛解放，季羨林忽然對藏畫發生了興趣。雖剛出道收藏，但他

的品味極高：齊白石以下的作品一概不收。季羨林想收白石老人的畫作，油然想到吳作人，因為找他可免遭贗品的煩惱和不快。吳作人問他，可否接受畫作上有受贈者的名字。收藏者歷來對有上款的畫作持偏見。季羨林說他不在乎。吳作人一次為季羨林張羅了四、五幅白石老人的畫作，其價總共不過三十元。季羨林的收藏興趣由此被激發起來。

1951年，季羨林、吳作人共同作為中國文化代表團的成員訪問印度、緬甸。從出訪前在故宮籌辦出國的圖片展覽到訪事結束，前後八、九個月，兩人幾乎天天在一起，「我們參觀的任務不重，悠閒自在，遺世而獨立，頗多聊天的機會。我和作人常常坐對桔園，信口閒聊，上天下地，海闊天空，沒有主題，而興趣盎然。」友誼自然也與日俱增。

回國以後，各在自己崗位上忙著，見面的機會少。大概到八十年代，季羨林和吳作人同時參加全國人大常委會的工作，五年任內，每兩個月可見一次面，但再無當年出訪時那種「晤對閒聊」之暇了。其間，吳作人偕夫人蕭淑芳到季府拜訪，並以畫冊相贈。而季羨林清楚自己「有一個最大的缺點，就是不樂意拜訪人」。他至少在六、七篇回憶師友的文章中提及這個缺點，「我由此而對我一些最尊的師友抱憾者屢屢矣。」

季羨林終於彌補了他不拜訪人的抱憾。據蕭淑芳女士親口告訴筆者，1992年夏，季羨林在《光明日報》發表〈壽作人〉後不久，親自到西郊華僑公寓看望病重的吳作人先生。

因為此事多少與筆者有點關係，簡述如下。

1992年，因出版一本文化名人畫冊之事，筆者與友人一行應約先

到季羨林家後到吳作人家分別為他們拍照。當時吳作人先生已中風，較重。蕭淑芳先生說，吳對以前的事記得清清楚楚，對目下的事則過目皆忘。為吳作人拍完照後，照例請他在冊頁上簽名，以便製版。我們把簽名冊送到他手上，一頁頁翻給他看，請他照此簽署。當他見到季羨林簽的那頁時，樣子十分激動，用手指著季羨林的簽字，雙唇發抖，眼睛裏含著淚光，吳作人執筆非要把他的名字簽在季羨林的名字旁。蕭淑芳怕吳作人不慎，弄損了季羨林的簽字，不好製版，硬要他簽在另一面上。吳作人先是不肯，後來還是十分不情願地簽了。儘管蕭淑芳在一旁不斷提醒：「寫你自己的名字！」吳作人還是寫不出。最後只畫出一堆介乎美術線條狀的字，雜亂。但誰都可以十分清楚地辨別出那是季羨林的「林」字。蕭淑芳無奈，取出一紙吳作人病中狀態好時寫在便條上的簽字交給我們。看到這動人的一幕，我忍不住給季羨林寫信，將所見到的這一切告訴他。季羨林接信後，次日，便寫〈壽作人〉一文，發在《光明日報》上。他在文中說：「就是在這樣艱難的情況下，我在他心中竟然還能有這樣的地位」深感震撼。他在文末寫道：「往事如雲如煙，人生如光如電。但真摯的友誼是永存的。」

愛說「閒話」的吳祖光

壬申春，吳祖光先生曾以他的《吳祖光閒文選》見贈。實在愧對老人，由於終日碌碌窮忙，未及細讀。今患恙臥床，閒得無聊，捧誦「閒文」，以閒攻閒，趣味盎然。感受那些令人或捧腹或扼腕或擊節或沉思的活潑文字，油然想起先生這輩子的諸多色彩斑斕並帶有傳奇的故事。於是乎，信筆塗起這篇「閒話」來。

——題記

吳祖光（1917-2003），江蘇常州人，生於一書香門第，自幼生活在北平，酷愛戲劇藝術，有《正氣歌》、《闖江湖》和《風雪夜歸人》等傳世。周恩來曾讚譽他是「天才劇作家」。現今，他已是個有閒（銜）階級。銜者，官也。他是全國劇協副主席及多屆的全國政協委員。說不出是幾品。若論知名度，當比與他等銜者要當勝多籌，自身的新聞性不說，還有他的老伴，評劇「皇后」新鳳霞

那半邊天呐。吳祖光之父吳景洲，二十年代官至內務部主管，後為故宮博物院創始人之一。老人畢生熱衷於讀書、作詩、寫字、繪畫和製印，均成就斐然。令他特別醉心的是文物收藏，每逢過年，客廳的幾把椅子都被京華幾家古玩店前來索款的帳房先生坐滿，把家財、薪俸全部抵上，還不夠敷出。他的鎮庫三寶是：吳道子西旅貢契圖、呂紀福祿圖和黃不齋山水。1937年「七七」事變，四面荊榛，鬼域橫行，全家人避難四川。萬里蜀途中，躲敵機，避刀兵、匪盜，歷經艱險劫難，老先生棄置大量衣物箱籠，但字畫古玩隨身攜帶，毫髮無損。吳祖光是知道這批文物的價值的，他覺得這些國寶讓國家保存遠比私人收藏妥帖、安全。1955年，吳祖光動員老人將連鎮庫三寶在內的「一級品文物」二百餘件悉數捐給了國家，了卻一椿宿願。三十年後的1985年，《人民政協報》的〈二十萬件文物回歸記〉一文，表彰了建國以來海內外華人及外籍友好人士捐贈文物之傑出貢獻者三十人，吳景洲先生名列第一。文物無價，終有價；吳氏父子的拳拳愛國之心非價可計。

1998年春，我公出進京，順道拜訪吳祖光。吳先生開門一見是我，一邊忙作姿邀請入內狀，一邊雙眼直視我良久，嘴唇翕動一下又止，像是在問：「你是？」我明白，他記不起我的名字了，忙自報家門。他隨之「哦」了一聲，連叫了我兩遍名字，又說「對不起」，還用手在腦後輕拍了兩下，大發「人老了記性壞」的感慨。

吳祖光已過八十華誕，名副其實的耄耋之年了。但當朋友們與他聊起世事來，他總固執地認為自己「十分幼稚，極不成熟」。他大概是想表明他仍有一顆天真的、不泯的童心吧。童言無忌，想啥說啥，

愛說「閒」話。有朋友評他的愛說「閒話」，十分有趣：說他像過去村塾裏不守規矩的塾童，課堂上老愛插嘴說「閒話」，有時「閒話」還硌得長袍先生腰背疼。先生免不了要用戒尺敲他手心，以示懲罰；而他呢，又老不認錯，老不接受教訓，所以學到老，說到老，吃虧到老。追往述今，三十年代，抗戰烽火剛點燃，二十歲的他便創作《正氣歌》，遭國民黨當局審查，打這會兒便開始說「閒話」的生涯；四十年代，在國民黨的眼皮底下，他寫了兩個反對黨國傾向的劇本並在國統區上演；更有趣的是，他還寫了篇「閒文」〈水裏的人民〉，嬉笑怒罵蔣夫人—宋美齡乘飛機回上海，遇大雨，道路積水，小汽車不能開，政府備了輛十輪大卡車，上置一沙發，讓蔣夫人安坐其中欣賞雨景。夫人頗開心。吳市長還去慰問。筆鋒一轉，另一畫面是：大雨中積水灌入民宅，沒膝，鍋碗瓢勺四處漂蕩，無人問津……此舉的結果是，他不得不遠離上海到香港去謀生。直到新中國成立的消

吳祖光（張昌華攝）

《吳祖光閒文選》書影

息傳來，吳祖光立即結束在港尚未完成的電影拍攝工作，滿懷喜悦地趕來北京投奔新中國。但他並沒改變好說「閒」話的積習，十年後，他在文聯的座談會上又呼籲「保障創作自由」、「取消戲審」，還發表了〈將軍失手掉了槍〉、〈相府門前七品官〉等閒文。批評當時一些戲曲演員只紅不專，演技不高，年輕的武生在臺上耍槍竟兩度脱手的現象。文末還評點説：「你有了上臺資格才能上臺，你上了臺，就得對臺下的觀眾負責。」結果，果然不吉。他被戴上右派的帽子，發配到北大荒戍邊。即使在此之後，（儘管有人曾教育過他「你這種人什麼話都敢說得出來！言多有失。」）印象中他的「閒話」也從沒少説過：在周揚主持的老作家座談會上，在胡耀邦主持的「思想戰線座談會」上，在作協四代會上，在「紀念雙百方針三十周年座談會」上，以及全國政協的大大小小研討會上。幾乎有會必説，一瀉千里，無遮無攔。朋友們稱他的閒話為「鹹」話，有味；為「賢」話，在理。他妻子新鳳霞卻並不這麼瀟灑。她是嘗夠了吳祖光1957年的閒話給她帶來的災難的滋味。文革中被虐逼成癱瘓的新鳳霞，在數十年歲月裏一直夢寐不安，提心吊膽地過日子。一聽説吳祖光又要寫什麼了、或説什麼了的時候，就雙眉緊鎖，苦不堪言地教訓他：「你呀！又是閒得難受，沒事找事啦，你給我老實點吧！」

天曉得吳祖光何曾「老實」過。若「老實」，他也就不再是吳祖光了。1957年反右那會兒，機關下午召開他的批鬥會，他仍一如既往地陪兒子的小朋友打一場乒乓球再赴鴻門宴。1987年8月的一個上午，某領導同志向他宣讀有關勸他退黨的文件後，下午仍從容地拿起筆照原訂計畫，為某出版社的一本有關酒的散文結集《解憂集》寫徵

稿信。他從不因突發的事件而改變自己
的計畫，不乏大將風度。「祖光是個男
子漢！」吳祖光愛妻如命，他深為他的
右派而累及妻的癱瘓而終生不安。在家
中他是最聽話的先生，唯妻是從。可有
時，出於對國家民族的憂患，他不得不
把家庭置於腦後了。1985年為在四次
作代會上的發言，吳祖光與新鳳霞在家
中竟吵了起來。還是吳祖光朗讀《人民
日報》上流沙河的新詩〈不再怕〉，使
新鳳霞有所鬆動，同意了。半個小時
後，她又反對：「我還是怕，因為你在
1957年的發言，弄得家破人亡……」
最後達成妥協，要吳祖光保證在會上不
點人名，方才作罷。

新鳳霞（張昌華攝）

　　吳祖光不但愛說「閒話」，還愛
管「閒事」。非他閒得難受，而是他實
在對某些事看不下去，就像戲劇舞臺上
的綠林好漢，路見不平，只有拔刀相助
為快。1992年他與「國貿」的那場官
司就是典型的例子。當時他讀了〈紅顏
一怒為自尊〉，發現一個超級市場竟
然強行對女顧客搜身，如此侮辱人格，

他先激動，後憤怒。揮毫寫了〈高檔次的事業需要高素質員工〉，對國貿這一不文明經商的行為進行了規勸。孰料國貿為轉移大眾視線，竟把七十五高齡的吳祖光告上法庭，說侵害了他們的名譽權。這叫多事有事了。國貿此舉引起港、澳、臺乃至國外的輿論大嘩，幾乎一邊倒。要義務為吳祖光打官司的律師可以組成一個團。受理此案的法院弄得很被動，違背法律規定的期限，遲遲不作判決。曠日持久，直到1995年方宣判：吳祖光勝訴。正義終究戰勝了邪惡。多管「閒事」而招致的這場官司先後纏了吳祖光三年，精神上的折磨不說，皮肉上也吃了大苦。1992年12月14日深夜11點，香港《明報》記者林翠芬第一個把她在港獲得的「國貿狀告吳祖光」的消息告訴了吳祖光，以致他精神恍惚，心緒不寧，在以金雞獨立式用單腿穿睡褲時摔倒，頭跌在桌沿的玻璃上，血流如注。次日，還強作歡顏，堅持為馮驥才的畫展捧場，多義氣！眉眼間一大塊創口貼有傷大雅，最後還是新鳳霞出點子，用她棄置的化妝油彩塗抹在青紫的傷口上遮醜，還是讓同仁好友傳為笑談。

最逗的是某晚九時，為了應約會見這場官司中受害者一個女孩的母親，吳祖光趕忙從楊憲益的宴請席上請假告退，在家門口的馬路上規規矩矩地從人行道、斑馬線過街，還是被一輛小轎車撞傷了腳。肇禍的女士下車，十分熱情，先說要帶他到醫院去看，後又要送他回家。吳祖光為這可人的世風感動得不知說啥才好，大有反欠了對方一筆人情債似的。吳祖光考慮已到了自家門口，當時的腳也不很痛，還能走，家裏還有客人在等著；更主要的是，怕讓老伴知道了，就此剝奪他的單獨外出權，便婉謝肇事者。肇事者執意認真地問了他的名姓

地址，儘管吳祖光勸她們放心地走吧，她們仍堅持說第二天早上一定來看他。吳祖光的客氣，成了肇事者的福氣。那幾位女輩再也沒有露過面。傷筋動骨一百天，害得吳祖光到醫院治療兩個月。吳祖光一直瞞著新鳳霞，說是走路不小心扭了腳。後來還是報紙把這件事捅了出來，有朋友怪他，為什麼不記下那汽車的車牌和駕駛員的證件號碼？吳祖光笑著說：「記了又怎樣，人家又不是故意的。」多有雅量的紳士，多與人為善的好老頭兒。他以平日以粗茶淡飯為安，只要多給他一點空間活絡筋骨，他準活得更滋潤。

說吳祖光「閒」，那真是冤枉了他。這位八十老翁，每要做多少事：或寫文章、練書法，或開名目繁多的雜會，見各式各樣的訪客。近年來，他忙於整理出版兩百多萬字的《吳祖光文集》、撰寫二十集電視劇本《新鳳霞傳奇》，當然還少不了與新鳳霞合辦書畫展。

吳祖光最大的業餘愛好，大概就是練書法了。有時衝動了，興之所至，能通宵達旦。他曾贈我「生正逢時」一條幅。據說這是他某日夜不能寐，一口氣揮毫寫了十幅的其中一幅。1994年，他與妻子合作出了本書畫集。他倆一個畫畫，一個題字，珠聯璧合。四十年前齊白石曾對新鳳霞說：

> 你們是夫妻畫，霞光萬道，瑞氣千條。夫妻畫難得，你和祖光—「霞」、「光」，就是一幅畫。

這說法既貼切又極富詩意。而我看吳祖光這幅畫，怎麼看都像紅楓，像勁松……總之是只老盆景。不論歲月的流變，或季節的更替，也不

管你將它置於案几或陽臺，以至公園的展館或國賓的大廳，它永遠都可作為一只盆景，成為一道引人注目的風景。

吳祖光贈作者的書法

吳祖光、新鳳霞書畫展宣傳頁

陳從周：中國園林第一人

因文拜荊。我與陳從周（1918-2000）先生「有交無往」。

1996年，我為徐志摩、陸小曼編散文合集《愛的新月》，想配發幾幀陸小曼的稀世照片，經王映霞介紹，我致函陳從周。後由他的近鄰、同濟大學的老友錢青教授覆函示我，說陳從周已數度中風，無力為我提供方便。我本已絕念，孰料是年春節期間，他的長女勝吾由美返滬，遍撿箱篋，惠寄兩張從未面世的徐、陸照片。俾使《愛的新月》平添了幾分輝彩。

上世紀末，我曾三次謁拜先生。前兩回過訪，來去匆匆，正值先生外出求醫，不遇。第三次是專程，在同濟校園住了兩天，記得那是1999年歲末，初冬的陽光，暖融融的灑滿了梓室，有點春意。然主人卻僵臥病榻，昏昏沉睡。正面牆上懸著他與夫人蔣定的大照片，左手壁上懸著他八十華誕時友人書贈的「壽」字，那碩大祥瑞的「壽」字與

陳從周

陳從周閒章

纏綿病榻數載的先生之病容，令我想起周作人的「壽則辱」的那句話來。

千禧年元旦，我給先生寄去賀卡，先生已不能作覆，勝吾別出心裁，將其父喜歡的幾方印章鈐在一頁賀卡上回贈。品味「江南石師」那幾枚閒章，意趣盎然。古人云：「詩言志，歌詠言」，我曰：「閒章亦明心跡」！

三個月後，梓翁辭世。

是年秋某日，我忽接勝吾電話，告知浙江海鹽擬建陳從周藝術館，徵求實物，又說，五十年代初梅蘭芳曾贈其父一幅「梅花」。梅過世後，她父親將此畫捐給南京博物館（南京是梅的故鄉）。勝吾說她想自費請博物館代為複製一份轉贈藝術館。我一口承諾效勞，因該館一位副館長是我的朋友。那位朋友很熱心，鼎力張羅一番。不知何因，未果。我為此惴惴，一直引以為憾。今適陳從周（1918.11.27—2000.3.15）先生仙逝五周年，特撰此文，權借用四枚閒章作標題弘揚先生懿德風範，聊表心香一炷。

（一）梓室

梓室，乃趙樸初先生為陳從周書齋的命名。典出子厚的〈梓人傳〉。蓋先生工木土，故趙以梓人稱之。陳從周喜甚，晚年以梓翁自喻。

梓室，實為陋室。「陋」到僅七平米方圓，但文房四寶俱備，充盈書香。文革歲月，陳從周白天要進「牛棚」，掃廁所、打雜，晚間歸來，家人怕他太累，又擔憂寫文章再遭橫禍，勸止。陳從周常背著家人，半夜起床，挑燈展卷，或夜讀或揮毫，將他對古園林事業研究的心得、思考，用蠅頭小楷傾灑稿箋。窮十年之功，完成皇皇八十萬言的《梓室餘墨》。這是他園林小品之集大成。他的《說園》先後被譯成英、日、德、法、西班牙等多種文字。僅日本，就有六家出版社同時翻譯。

「多才好學，博識能文。」俞平伯如是評說陳從周。

陳從周以古園林專家名世。他對中國傳統文化造詣頗深，其散文有晚明風格、詩詞清麗可頌、書畫秀潤清逸，還擅崑劇。他交友極廣，與科界前輩茅以升、朱啟鈐，建築大師梁思成、貝聿銘，書畫名家張大千、王蘧常，以及京崑大師梅蘭芳、俞振飛等科壇藝苑社會名流結交，或拜師學藝或切磋文化。他憑藉深厚的傳統文化功力，將園林藝術與中國傳統文化融為一體研究，把中國古園林藝術的詩情畫意詮釋得淋漓盡致，而享譽中外。

他是匠人：土木匠，教書匠。

作為土木匠，他走出梓室，考察、修建古建築及園林工程，事必親躬，圈點評劃的足跡遍及中國；作為教書匠，「傳道、授業、解

惑」，他把梓室作為教室，新生入校，他常把研究生帶回梓室，讓學生們看他大學時代的作業、筆記，看他的書畫作品，看他那《梓室餘墨》的蠅頭小楷長卷……為他們上一堂無言的「勤奮課」。「板凳要坐十年冷」。他認為，學問之道在於德，有德者，虛懷若谷；想做事業，唯勤是途。

在治學上，為考察學生的知識面，凡是報考他的研究生，他都要加試「百科知識」一門課。學生們對聽他的課，又愛又怕。怕他會提出許多「刁鑽」的要求，如：記筆記要用毛筆，寫字要用繁體，格式還要豎寫；上國畫課，他不講技法，先要學生每周畫五千個圓圈；畫竹寫生，一次要交十幾張作業。他認為這是在教學生打下堅實的文化基本功。儘管如此嚴苛，學生們仍愛聽他的課。上大課，階梯教室總是「滿座」。他授課從不照本宣科，有紳士風度，在談天說地、道古論今中「傳道」。他反對文、理分科太死，倡導文理應互通，提倡多讀書，讀與專業相關、甚而是專業以外的書。由博返約。他的教學思想和方法既有創見又靈活。他認為中國傳統文化是相通的。為讓學生融通傳統文化之間的關係，他出奇招，上世紀五十年代，他便把崑曲引進課堂，建議學校開辦崑曲研究班，請崑曲名家到校園傳授崑曲。為陶冶學生的情操，他自掏腰包請學生去聽崑曲，體味古園林建築與崑曲之間的親緣關係和藝術趣味。在他此舉的啟發下，崑曲大師俞振飛也請他到崑曲學校講古園林建築。他講「園境與曲境」，提倡「曲師知園，園師懂曲，園中拍曲，曲中寓園」，竟建議戲校學生到蘇州園林中去體味古典戲劇之美，去感受「遊園」、「驚夢」中一招一式的源泉。

　　「腹有詩書氣自華」。陳從周授課深入淺出。他用生動、形象的比喻，讓學生們在輕鬆的談笑中獲得知識，在濃郁的文化氛圍中昇華學生的藝術境界。他在談大園林與小園林的區別時說：「大園林宜動觀，如流覽水墨長卷，小園林宜靜觀，如把玩扇子和冊頁」；在論述園林應由豔麗而素雅時說，如女孩子「小時候喜歡紅皮鞋，大了喜歡白皮鞋」；在講授園林造型收頭處理的重要性時說，比如舊時相親，「男看皮鞋，女看頭髮」；稱讚樸素的空間效果是「貧家勤掃地，貧女勤梳頭」；在闡述保護古建築與營造新建築之間的關係時，以「土要土到底，洋要洋到家」一言概括。他遊刃雅俗之間，而且都與傳統文化有關，以致他的眾多學生在緬懷先生時說：「十幾年過去了，我還清楚地記得當年上課的生動情景。」

　　陳從周提倡在做學問上，要講究世系和傳承。有人認為此說會導致門戶之見，缺少包容，不易交流。他覺得應一分為二，講世系有凝聚力和鞭策力，逼學生用功，掌握自己派系的精髓，不致失傳。他自稱是桐城派弟子，他認為自己的國學底子還不錯，是大學老師的教誨。同時，他在指導學生做學問上，講究紮實，論文題目寧可小而全，不能大而空。反對什麼「通論」、「評述」之類的大題目，覺得那是大海中撈魚，一網下去雖有收穫，多為小魚小蟹，沒有硬通貨，缺少權威性；他倡導學生既鑽故紙堆，又要走訪、調查，掉幾斤肉，到小河濱裏捉魚。方法是先築堤，後抽水，將小河溝裏的魚一網打盡；那樣在那條小河溝裏你就是權威，大專家、大學者也捉不住你的「板頭」。陳從周的這番理論或許是經驗之談。他自己就不是學建築的科班出身，本學的是文學，後因興趣而改行。故業內有人非議他的

學問不正宗，說他的園林散文不是論文；甚而有人認為他在搞「旁門左道」。顯然這有失公允。對此，他不以為然，說：

> 我搞學問是紅軍戰術，我沒有多少兵力，就打游擊，你打你的，我打我的，占山為王。占住一個山頭抓住不放，管你承認不承認。只要有真東西，就不管別人說三道四……成了草頭王，你不認也得認。

實踐證明，他的說法不無道理。陳從周獨闢蹊徑，把詩詞、美術、音樂、戲劇和建築園林糅在一起，具有濃郁的中國傳統文化品質，開闢了建築和園林研究的新境界。

誠正如此，他由梓室走向全國，走向世界。日本人稱他是「中國園林第一人」，美國人稱他為「中國園林之父」。

一梓室，是他成功的起錨點。

（二）江南石師

「江南石師」。顧名思義，石師，師石也。他在《蘇州園林》中寫道：「江南園林甲天下，蘇州園林甲江南。」由此足見陳從周對江南園林的情結。陳從周緣何對蘇州園林情有獨鍾？蘇州園林之盛冠蓋全國當是一，他個人命運的沉浮懸於蘇州園林當是二。

陳從周本在上海教書。全國解放之初，他應蘇州美專之聘，在這所學校講授《中國美術史》和《中國建築史》。教學之餘，他探訪、考察蘇州的園林和文物，同時足跡遍留江蘇、浙江和山東，故

後來有人戲稱他是「兩江總督」（古園林）。1956年，他出版《蘇州園林》，該書是中國當代第一部園林專著，「具有劃時代的開創意義」，引起全國建築界的關注。繼之又出版了《蘇州舊宅參考圖錄》、《漏窗》等書。後來的《說園》出版，一時熱到洛陽紙貴了。

1958年他向蘇州政府呼籲搶救網師園，蘇州政府很重視，立即行動，予以修葺。同時在這非常年代，全國大煉鋼鐵要造小高爐，有人要拆蘇州城牆磚砌小高爐。蘇州這座有兩千五百年歷史的文化古城，蘇州城牆上的每一塊城磚都是文物，陳從周堅決反對，儘管他振臂疾呼，但無人回應。歷史車輪滾滾而過。當時北京批判梁思成反對拆城牆，陳從周也被作為中國營造社的周邊份子遭批判。禍不單行，陳從周剛出版的《蘇州舊宅參考圖錄》中，引用〈吳風錄〉中「雖閭閻下戶亦飾盆島好玩」一句，而被批說誣衊勞動人民為「小民」（下戶），反動（三十多年後，陳從周上書江澤民，亦自稱「小民陳從周」），從北京批到上海。自此，他成了以後歷次政治運動的「老運動員」。

為江南園林，陳從周吃足了苦頭，但他並沒有因此接受教訓。

十一屆三中全會後，蘇州修復名園。陳從周認為蘇州曲園的文化含量最高，是晚清學者俞樾故居。他聯絡葉聖陶等八位社會名流提議修復。蘇州政府十分重視，並付諸實施。

1986年，他作為蘇州政府的客人陪同貝聿銘訪問蘇州。兩年後蘇州政府請他審核行將開放的「蘇州古典園林藝術陳列室」，他順便考察了藝圃、環秀山莊和拙政園等景點，發現了不少問題，回滬後在上海媒體上發表〈蘇州園林今何在？〉，嚴肅地批評了蘇州園林商業

化的世俗之風，「俗不可耐」，連園林的外賓接待室都開商店，掛彩燈、立彩人，破壞了園林之美。1991年考察有「江南華廈，水鄉名園」之譽的同里退思園，發現園旁有座水塔，大煞風景。所幸蘇州有關方面，對陳從周的意見十分重視，及時予以全面整頓和清理，大有改觀。

「夢也蘇州，醒也蘇州」，陳從周太愛蘇州了。1978年，他主持了中國第一個整體園林的出口項目，他以蘇州網師園中的園中園一殿春簃為藍本，按照蘇州園林的風格，建立一個獨立的庭院，並起名為「明軒」。方案得到美國認可後，於1980年5月他把「明軒」搬到美國紐約大都會藝術博物館，讓美國人一睹中國的園林風采。1999年蘇州古園林被列為世界文化遺產。

蘇州人尊重、熱愛陳從周，聘他為蘇州市文物管理委員會的顧問。他欣然接受，並題「述古還今」四字，張揚他對古園林的繼承和發揚並重的理念。

陳從周熱愛蘇州園林，把它視為生命的一部分。且看他對蘇州園林的一段描述：

> 我曾以宋詞喻蘇州諸園：網師園如晏小山詞，清新不落俗套；留園如吳夢窗詞，七寶樓臺，拆下不成片斷；而拙政園中部，空靈處如閒雲野鶴來去無蹤，則是姜白石之流了；滄浪亭有若宋詩；怡園彷彿清詞，皆能從其境界中揣摩而得之……

宋詩、清詞、園林，他把中國傳統文化融為一體，用詩的語言為我們展示了蘇州園林獨特的美。

豈止蘇州！上海的龍華塔、豫園，嘉定的孔廟、真如寺，紹興的應天塔，松江的唐經幢，寧波的天一閣，揚州的個園，連雲港的青海寺，以至山東聊城和雲南昆明安寧的名勝都有他的辛勞汗水。

——長江南石師，和崇尚、熱愛自然園林專家的心聲。

（三）有竹人家

文人愛竹。愛其形，更鍾情其精神品格。

陳從周擅丹青，在松、梅、菊、竹中，尤喜繪竹。他的畫竹小品或孤枝獨竿，或竹葉一蓬，題字為「清風之竹」、「清風過後一簾青」之類。下鈐的閒章是「有竹人家」，典出鄭板橋的「寧可食無肉，不可居無竹」。他們共同欣賞竹的操守：性直（外形）、心虛（內竿）和情柔（竹葉）。

情柔。陳從周熱愛大自然生靈萬物。他畫小動物富靈性，為小烏龜的題詞是：「風雅長壽唯此物」；他的書畫成名作〈一絲柳，一寸柔情〉，畫面上一線婀娜的柳枝上，並棲著兩隻脈脈相視的小鳥，馨愛無比，柔情萬丈。陳從周寄情崑曲，不下園林。他在〈園林美與崑曲美〉中，天才地提出應「以園解曲，以曲悟園」。他認為：「在園林裏喝喝美酒，聽聽崑曲，乃人生一大清福也！」何等癡迷。某年，在陪美國建築大師貝聿銘在蘇州聽曲時，驚悉名聞遐邇的蘇崑劇團因經費難以為繼，以致一些專業人員改行流失了，他忍不住向陪同的蘇

州市領導大聲疾呼：「救救崑曲」。當時，社會對他的聲音是「很不以為然的」。他撰文預言：

> 如今國外自「明軒」建成後，掀起中國園林熱，我想很可能崑劇熱，不久也便到來的。

二十年後，歷史驗證了他的預言：2001年5月，崑曲被聯合國科教文組織列入「人類口述和非物質遺產」的保護名冊。他不愧是崑曲藝術的忠實保護者。

心虛。虛懷若谷。他對文藝界前輩執禮之恭是有名的；對眾人之謙和是有口皆碑的，即使在園林建築工地對工人們也甚為尊重，不時討教。五、六十年代，他到上海郊縣考察古建築，坐小火輪，坐二輪車（自行車後綁塊木板），沒有分文報酬，充其量是幾角錢夥補，他都在所不辭。他對古園林建築的研究，業內同行有人不認可，以致非議，所幸終被社會接受了。人家稱他是牆裏開花牆外香，他戲說自己是「農村包圍城市」。洋人說他是「中國園林之父」，他付諸一笑。但在外國人面前他又是那樣地自尊。在日本講學時，日本人問他中、日園林的區別，他脫口而出：「中國園林是人工中見自然，日本園林是自然中見人工。」

他為人風趣。改革開放後，全國各地請他去考察本地古建築、園林，他孩子般天真，得意洋洋：「我陳從周出門，看來不用帶糧票了。」他看到某地胡亂以雜石駁江岸，譏為「滿口金牙」；某著名景點邊的盆景園，自稱為「萬景山莊」，他嘲之「大言不慚」，是「真

山下面堆假山，賓館門口擺粥攤」。一次到揚州一家飯店吃包子、乾絲，飯店的食品質量、服務水平都差，他在意見簿上幽一默：「皮似鐵來肉似鋼，一碗乾絲沒有湯」（乾絲本應有湯）。在學生面前，他平易隨和。他與學生談旅遊經驗時説：「旅要快，遊要慢，急匆匆走景點，不如行軍拉練。」逗得同學們捧腹。

性直。陳從周的長相、言談，儼然一恂恂儒者，溫文爾雅。他疾惡如仇，看不慣的就説。他喜歡放炮。新年時單位開茶話會，大家都談新年如何發財，他最後舉手發言，提醒領導不要光想發財，要注意培養人才，有點令人掃興。知道領導要在教工宿舍院內一塊綠地蓋房子，他堅決反對，弄得領導下不了臺，説：「老陳啊，你現在是名人了，我的話你也聽不進了，那你就看著辦吧！」陳從周還好管「閒事」，一次在校園內見到兩個同學在大草坪上玩球，他硬是把同學拖到校長面前評理；眾人反映，學校附近的飲食攤上大餅漲價，分量不足，他也過問。故而有人喊他「大餅教授」。

在對園林、古建築的保護問題上，他更是據理力爭，寸步不讓，力圖挽救，減少遺憾。此類之舉確實有些效果，但不如人意，往往放了空炮。他在文章中不斷有「他館已隨人意改，遺篇猶逐水東流，漫引清淚上高樓」、「蘇三案件發還洪洞縣」之類的歎息。

1986年，他對蘇州園林管理很亂的現象，公然在報上提出了批評。蘇州方面很重視，做了整改。後來蘇州又請他對拙政東花園的改建提意向性方案時，他一口同意，但他馬上又提出一個條件：要求設計、改造方案，一切由他説了算，「不允許領導們畫圈定調。」真是一個老天真，屢犯「低級錯誤」的阿Q。

1992年，「他同某大官開會時，拍桌子發脾氣，忽然血壓升高，手腳冰涼，中風住院。」掛了半個月黃牌，好不容易撿回一條老命。

陳從周1989年第一次中風，1992年再度中風併發胃出血，1995年復發日益嚴重，言語、行動不便，但思維清楚。後來臥床。於2000年3月15日病逝。

1986年他的夫人蔣定去世，愛子陳豐在美國被害，他悲痛欲絕。那時，他正在上海豫園修建工地上。他悲情地對弟子們說：「這以後我只能是『書妻筆子了』，豫園就是我的家！」

——「有竹人家」，一個有良知的知識份子操守的寫照。

（四）阿Q同鄉

「阿Q同鄉」這方閒章，盡顯陳從周的幽默、智慧與風流。

陳從周，其名典出論語「周監乎二代，郁郁文哉，吾從周」。他生於浙江杭州，祖籍紹興。其父陳清榮，商人，家境比較殷實。陳氏兄弟七人，他排行老七。五歲時破蒙識字，但因幼時體弱多病，八歲才上私塾。十歲時轉入鎮上一所教會小學，為三年級的插班生。班上的一位女性葉老師，她那「質樸無華，淡淡如雲」的風格和做事認真的精神，在德的教育上深深薰陶了陳從周。他自幼喜愛詩文，十三歲入杭州蕙蘭中學，課本上一篇徐志摩〈想飛〉的範文令他神往。他找來徐的全部著作，細心揣摩研讀，一心想像徐志摩那樣做個文學家。次年，徐志摩墜機身亡。出自一種「無緣無故的愛」（陳自語），他搜羅資料，殷殷叩訪，撰寫了《徐志摩年譜》，後又編訂《徐志摩全集》。實則，他與徐也是一種緣分。徐志摩的表妹蔣定後來成為他的

夫人，他的二嫂又是徐志摩的堂妹。陳從周一直說，他的散文是學習徐志摩的。

1942年陳從周於之江大學國文系畢業，在之江大學上海分部任教時，有幸做了張大千的入室弟子。1948年他於上海舉辦第一次個人畫展，以〈一絲柳，一寸柔情〉的花鳥畫蜚聲滬上。後在上海聖約翰中學當國文教員，結識建築系主任黃作燊，訴說自己對中國建築的興趣，受到黃先生的賞識，被聘為教員，講授中國建築史。1952年調至同濟大學。在同濟，他創辦了建築歷史學科和教研室。

他的確不是建築系出身，故業界曾有人譏他為「旁門左道」。但他全憑勤奮自學，拜劉敦楨等為師，獨闢蹊徑開創了建築園林研究的新境界。特別是他的一系列園林專著問世，奠定了他在園林研究上的基石，他的文筆極佳，有人評論云：

> 《說園》填補《園冶》後屬於中國文化意義上的造園理論專著的空白，《說園》猶如中國園林，形神兼備，有情景的精闢論述，相當於詩詞界的《人間詞話》。

陳從周熱愛祖國的一草一木，一禽一獸，他四方奔走，八處吶喊。特別是對古園林的保護視為生命。戲稱自己：「我是消防隊，到處救火」。正是他的拳拳之心，救護了不少名山名園。

他對故鄉山水更是呵護有加。

浙江杭州灣北岸海鹽縣境內的南北湖，三面環山南臨海，自然風景秀美。陳從周撰文贊稱：「比揚州瘦西湖幽深，比杭州西湖玲瓏，

能兼兩者之長。」上世紀八十年代，當地民眾炸山賣石，山體千瘡百孔，樹木橫遭砍伐，禽鳥幾乎絕跡。陳從周獲聞後，帶著記者明查暗訪，面對生態環境的滅頂之災，他在《人民日報》、《解放日報》和《中國城市導報》等大小報紙發表文章呼籲拯救南北湖，並頻繁出入杭嘉湖各級領導機關，勸止炸山採石這種吃子孫後代的飯的惡劣行徑。有的領導說：「老百姓要吃飯，不好辦。」陳惱怒：「你們是在踐踏老祖宗留下的財富，等於挖祖墳，在賣祖宗！」並警告如不聽勸，他就要寫文章告示天下。他為嘉興市海鹽相關領導寫了「放下屠刀，立地成佛，救救南北湖」、「石落烏紗」等字幅，在為某領導作畫時題「在隆隆炮聲中揮淚寫之」。儘管他為南北湖的開發提出了中肯的建設性意見，但有令難行，有禁不止。他慨歎人微言輕，於事無補。1991年當他讀到報紙一則〈南北湖風景區炸山捕鳥何時了？〉的消息時，坐不住了，憤而疾書，「告御狀」，給時為總書記的江澤民寫信：

> 浙江海鹽南北湖都是名風景區，自從周呼籲後略有好轉，但地方破壞風景太甚，民情忿怒，附上《中國環境報》印件一張，公可抽空一閱，給浙江省與海鹽一批示，望還我自然……

最後含淚補寫一句：「敬懇澤公開恩，救救南北湖」，落款是「小民陳從周」。江總書記閱來信後立即批示，南北湖始得救，現已成國際大都市上海的後花園，吸引國內外遊客。

　　陳從周去世後，南北湖人民和當地政府為紀念這位造福鄉梓的鄉賢，於2001年建「陳從周藝術館」，藝術館介紹其生平，陳列其書畫，展示其熱愛、保護自然的業績，成為教育後人熱愛祖國大好河山的教育基地。

　　——「阿Q同鄉」，一個幽默令人深省的沉重話題。

博物君子王世襄

王世襄（1914-），字暢安，福建人，圈外人知者不多，隔行如隔山。在文化界則響得很，特別是在文博、民俗界簡直是如雷貫耳。他是文物賞鑒家、收藏家、民俗家、書畫家，還是美食家！籠而統之稱為「雜家」，倒很切實。雜者，博也；博者，大而精深也。王世襄素不喜溢美之詞；雖九十有五，但童心不泯，倘若稱他是個大玩家，他或許會更樂意接受。你看，他秋鬥蟋蟀、冬懷鳴蟲，放鷹逐兔、遛狗捉獾，種葫蘆、養鴿子都是他的拿手絕活。從小學到大學、幹校勞改，迨至目下期頤在望，憶談起當年的玩，仍興奮得像個孩子。

因為王世襄玩的東西太多，上至故宮博物院裏的國寶，下到田野裏的蛐蛐兒；天上地下，歷史現實，簡直有點無所不及。人稱「博物君子」、「大玩家」。

273

（一）下里巴人

　　畫片上一身著中服的老者，坐在方凳上，佝身側面俯耳。耳廓貼近一棍狀物，棍的另一端，伸在一隻形似大圓桶的器皿內。那是〈世襄聽秋圖〉。

　　不知閣下讀懂這幅畫沒？

　　筆者初讀，百思不解，思來想去，以為那老者用木杵在舂米什麼的，後拜讀王世襄的〈冬蟲篇〉，始知：那桶狀物名為圓籠，多為木質或竹篾器，是冬日養鳴蟲必備之物。籠內中置供暖的湯壺，四周放葫蘆器，葫蘆內豢養著油壺魯、蛐蛐之類的冬蟲。那「棍子」，本是一紙筒。所養秋蟲鳴聲自有等差，因擠在一起，無法聽清好的究竟在哪個葫蘆內。必須把紙筒一端貼近葫蘆口，一一聆聽，才能瞭解各蟲的音色，辨別其優劣高低。為激蟲兒鳴叫，時用「鞭兒」策之。所謂「鞭兒」，是把兔鬚用蠟粘在長針針鼻的一端，兩指撚針，針轉鬚動，鬚鋒撩蟲身，蟲以為異性與己相親或是有來者尋釁，遂振翅奏鳴……

王世襄（張昌華攝）

僅蟲鳴而論，還有「本叫」（天然之聲）和「粘藥」（人工促之）之別，其奧妙無窮盡。

這一套玩法，別說見誰玩過，我聽都未聽過。高山流水，大概只有鬍子長的老北京才有資格評論。

王世襄生望八之年，仍樂此不疲地雅玩。老伴袁荃猷見狀，笑他嬉戲如頑童，而靜肅似老衲，一時興起，拈筆速寫此圖，冠以〈世襄聽秋圖〉，僅題材而言，中國近現代繪畫史上恐怕是獨一無二，更況是夫聽婦畫的唱和之作。

阿虎槍籤子、罩子、芭蕉扇，是王世襄當年捉蟲的武器。翻翻年少時，院前樹上飄下第一片黃葉，王世襄便坐臥不安了，像有「一根無形的線，一頭繫在蛐蛐的翅膀上，一頭拴在我心上，那邊叫一聲，我這裏跳一跳」。其時他混跡於販夫走卒之間，踏上往西山逮蛐蛐的征途，逡巡在高粱地裏，初秋和中伏的太陽仍很毒，田野裏潮濕、鬱悶如蒸籠一般，他「一不怕苦，二不怕死」；渴了，喝口水，餓了，啃口饃。一次，追捕了三天兩夜，戰利品是五隻像樣的蛐蛐。他在燕京大學就讀時，一次聽鄧文如先生授《中國通史》，他坐在前排，懷揣冬蟲，室內溫度較高，加之太陽一曬，懷中的蟈蟈一樂，放聲高歌。他慌忙採取緊急措施，未果。鄧先生怒叱：「你給我出去，是聽我講課，還是聽你的蟈蟈叫！」王世襄自知紕漏闖大了，赧然低首而退，逗得全班同學捧腹不已。玩物不喪志，知「恥」近乎勇，王世襄發憤，二年後畢業考試，論題是〈論貳臣傳〉，他以立論高遠，論證謹嚴、有力，文采斐然拔得頭籌。鄧先生不計前嫌，居然給他滿分。晚年的王世襄，回憶這段往事時，說這叫「不冤不樂」。

「收、養、鬥」是玩蟋蟀的三部曲。

白露前幾天，組織鬥局者便下帖邀請蟲友們聚會鬥蟲。王世襄主辦過好幾年。那請帖與一般不同，邀請者帖上不寫姓名，而寫局上所報的字。他所報的字具名為「勁秋」。鬥局還有一套班子，章程很嚴。一人司秤，一人司帳，填表格、寫條子、蓋章、換條子，有規有矩。俟鬥家到局，先領笤子，裝好蟋蟀，過秤，司秤者還要唱某字重量，用蘇州碼字寫蟋蟀的份量，交給主持者，壓在蟋蟀罐下。將份量相等者拴對……還有監局，八仙桌上鋪上紅氈子，再把鬥盆的蟋蟀罐列在中間，緊張又莊重。再議賭彩（月餅），司帳者將月餅斤數，或折合成錢數，由監局將數額寫在兩家條子中間，有如騎縫，字跡各持一半……三十年代，北京玩這類遊戲要數王世襄邀請的「鬥盆」玩得最高雅，賭彩甚微，輸者如數交納，贏者分文不取，留給在局上幫忙的各位先生一分了事。權只是當作怡情養性的雅玩而已。

在美僑小學讀書時，一連數周英文作文，王世襄篇篇言鴿。惹得老師怒而擲還作業本，叱曰：「汝今後如再不改換題目，不論寫得好壞，一律給『P』！」（P即Poor）。積習難改，在燕京大學讀書時，劉盼遂先生授《文選》課，他交的作文就是〈鴿鈴賦〉。

垂暮之年的王世襄，雖無緣無閒無精力玩這類遊戲，但終不改玩蟲之樂。一次，春節期間，他冒著嚴寒騎自行車遠征到東郊苗子寓所，大汗淋漓，他脫下罩褲，解開棉襖上繫的腰帶，從懷中掏出幾個裝著油壺魯的葫蘆，放在桌上與苗子郁風共賞。九十年代初，張中行慕名叩訪，他爬高上低，從櫃頂上翻出許多蟋蟀罐讓老友觀賞。張中行聽見他家裏還有蟲鳴，春已至，室內火爐還未撤，原來爐周擺著一

圈養秋蟲的葫蘆器。王世襄打開讓他看，張中行驚呼：「裏面立著一個大油壺魯，像比田野裏的更有精神。」

玩蟲雅好，王世襄終身不輟。他還馴鷹叫溜子。望八之年，還騎著叮噹響的破自行車到圖書館查資料，拜訪師友，乞借實物，拍攝照片，終出版皇皇巨著《錦灰堆》，令國人大開眼界，教時下各色玩家們大跌眼鏡，「王先生不愧是我們玩家的鼻祖。」時下，誰人能與之比肩？

王世襄玩鷹

（二）陽春白雪

王世襄是位凡夫俗子，俗到與三教九流為伍，下里巴人唱和；但他又是位風流雅士，雅到鑑定、把玩國寶，他還是唱陽春白雪的大家。

1941年，王世襄畢業於燕京大學研究院，專攻畫論研究。後到重慶，故宮博物院院長馬衡聘他為秘書，但因戰亂，文博工作不能展開，他未去故宮就職而跟梁思成研究古建築，到中國營造學社任助理研究員。日本投降後，教育

部成立「清理戰時文物損失委員會」，他任駐平津助理代表，作為主幹將，他沒收了天津德人楊寧史的青銅器二百四十一件，收購郭觶齋藏瓷，追還美軍德士嘉定非法接受日人的瓷器，以及接收溥儀存在天津張園保險櫃中的一批國寶，1946年他受命赴日本運回被劫奪的善本書一百零七箱。他的鑑賞力在實踐中大大豐富了。在新中國建國前這段歲月，他為清理、追還和保護中國文物工作做出了有目共睹的重大貢獻。1948年美國提供故宮派員赴美考察博物館一年的名額。故宮派王世襄前往，因為他是當年故宮唯一在語言上沒有困難的人員。1949年8月他回國，繼續在故宮工作。

業精於勤。王世襄本就是研究畫論出身，很想在書畫著錄上能有所建樹。西晉陸機的〈平復帖〉已有一千七百年的歷史，具有歷史和藝術的多重價值，是國寶中之寶。此寶一直流傳有緒，三十年代，大收藏家張伯駒先生斥鉅資從溥心畬手中收得。為研究此帖的質地、尺寸、裝裱、引首、題簽、本文、款識、印章、題跋、收藏印和前人著錄等專題，他常拜訪張伯駒，向其請益並借閱〈平復帖〉。張伯駒十分瀟灑，為使王世襄研究方便，慷慨地把〈平復帖〉借給他帶回家去研究。王世襄喜出望外，同時心理負擔沉重，他將〈平復帖〉小心翼翼捧回捨下，怕這寶中寶有所污損，買了個小樟木箱，用白棉布鋪墊平整，再用高麗紙把已有錦袱的〈平復帖〉包好，置於箱中，放在床頭。平時寸步不離，偶爾不得已外出，心中總是忐忑不安，回家後第一件事總得開鎖啟箱驗寶。每需觀摩時，要等天氣晴朗之日，把桌子移到南窗，在光線敞亮且日曬不到之處，鋪上白氈，淨手後還戴上白手套，靜心屏息才敢舒展手卷，其燭香佛語，虔誠、謹慎不可言狀。

他用一個月的時間對此帖作了詳盡的閱讀和抄錄，始完成〈西晉陸機平復帖流傳考略〉一文，載入史冊《故宮博物院藏寶錄》。

在書畫界，他結交一大批社會名流，張大千、沈尹默、啟功、李一氓等。他至今仍珍藏著沈尹默、大千先生贈的融法書寶繪於一體的扇面。

「人棄我取」、「走偏門」是王世襄確立研究方向的一大策略。對明清家具的研究與收藏是他對祖國文博事業獨特的貢獻。早在1957年，他針對社會破壞消毀古代家具的現狀，發表〈呼籲搶救古代家具〉一文，以期引起全社會的關注。在那年月，此舉有點自作多情。他寫就的有關專著也難以出版，「耿耿殘燈背壁影，蕭蕭暗雨敲冷窗」，不得已他費十年之功，將《清代匠作則例》的《佛作》、《髹飾錄解說》等二、三十萬字文稿以刻蠟版的方式，油印成冊，以便流傳、弘揚祖國的文化遺產。他付諸心血最多的是對明清家具的源流、款識、製作工藝及藝術

王世襄手跡

價值的研究，編撰出「林黛玉絕對拿不動」（張中行語）的《明式家具珍賞》。此書一出，蜚聲中外，1985年後陸續被譯成英、法、德三種文字，共有九種版本，在全世界發行，足見其煊赫了。他不僅在理論上研究古家具，還節衣縮食、身體力行收藏古家具。數十年如一日。他常騎著自行車出沒鬼攤冷市，物色有價值者藏之。由於經濟乏力，他不得不世俗，常與賣主討價還價。有時只能揀有破損者購之，為的是好「殺價」，回家後再請能工巧匠修復。為探源求真，他披閱、抄錄古籍，親下廣州、蘇州、揚州等產地，叩訪木器作坊老師傅，向其請益。他和收藏明式家具與相埒的考古學家、詩人陳夢家是摯友，常相研討、交流。陳夢家稿酬較多，他為收藏的家具獨闢一室，精心保管，每件上繫一紅頭繩示警，不許人坐、碰。王世襄笑話他：「比博物館還要博物館。」王世襄家居室雖不窄小，奈家具太多，只好與家用雜物堆在一起。高條案下面是八仙桌，八仙桌下放矮几，矮几又以大套小，層層相疊。精緻的花梨木桌上擺列著一長溜瓶瓶罐罐，連吃剩的麵條、炸醬也堂而皇之登上大雅之堂。他工作的坐椅是元代式樣帶腳凳的大圈椅，結構精美的面盆架上晾著衣服，紫檀雕花編藤面的榻上則堆著被褥，那是他的床榻。

　　有趣的是，1976年鬧地震，街道動員他搬遷到日壇公園的防震棚去住。王世襄高低不肯撤離，大有誓與他的寶貝共存亡的決心。他在一對黑漆大櫃之間架擱板，上鋪毯褥，鑽進去逍遙入夢。他想即使地震平房倒塌了，拙實堅牢的大櫃足以抗之，尤如保險櫃。郁風見之，戲稱他是「櫃中人」。老屋年久失修，漏雨，這樣睡在櫃中又無被雨淋之憂，苗子特書一聯贈他：

> 移門好就櫥當榻，漏屋還防雨濕書。

橫批是：

> 斯是漏室。

古家具越積越多，家成了古董鋪倉庫，給生活帶來了不便，同時也不利於保管。1992年王世襄將精心收集的七十九件明清家具，以遠遠低於所值的價格半捐半賣的讓給了香港的莊先生。而後莊先生又全部捐給了上海博物館，供世人參觀欣賞、學者研究，使其得歸其所。

王世襄的愛好廣博，研究的門類也繁多，他涉獵的有髹漆、竹刻、匠作則例、雕塑乃至飲食文化，一個十足的民俗文化的萬事通。他還工詩善詞，書法也可入品。

（三）小院春秋

芳嘉園小院，一個溫馨又富有詩意的名字。這座北京傳統的四合院，是王世襄父親早年購置的舊居，院內花木扶疏，亂石幾叢，藤蘿、葫蘆滿架；晨有鳥啼，暮有蟲鳴，幽靜、恬淡。院內有兩株海棠和核桃樹，扶疏交映，給人一種庭院深深之感。因王世襄在解放前當過故宮博物院古物館科長，又有一段「清理戰時文物損失委員會」的歷史，故在「三反」運動中，他莫須有地被視作「大老虎」，給拖到景陽崗，多次被戴上手銬、腳鐐，染上了肺結核；雖未查出老虎傷人

的作為，一身清白，竟遭開除公職的厄運，令其自謀出路。在家養病一載後，他含悲離開了曾以終身相許的故宮博物院，接受了音樂研究所楊蔭瀏所長的邀請，研究古代音樂。1957年大鳴大放，王世襄咽不下這口冤氣，又「放」了一下，結果被劃為「右派」。那時，一個右派獨住偌大的一座四合院，很不時尚。他又不願租給陌生人，便把黃苗子、張正宇兩家請了進來，「結孟氏之芳鄰」。院內一棵老海棠樹死了，王世襄將其鋸掉，留下桌面高的老樹椿，從外面折騰回一塊青石板，架上充當石桌。為裝點小院的景致，他到皖南歙縣出差，看上一棵具有文徵明畫意的老椿古柏，費九牛二虎之力，輾轉杭州，托運進京，置放在小院內。京華文化名人啟功、溥雪齋、張伯駒、管平湖等常來此做客，在小院內或啜茗或彈琴或談藝論道，不亦悅乎。

歲月不居，文革一聲炮響，苗子夫婦銀鐺入獄，王世襄也被牽進牛棚，小院一夜間又來了五戶不速之客，雜七雜八，小院成了地道的大雜院，昔日的書香飄散殆盡。十年河東，十年河西。改革開放了，落實政策了，數度被打入冷宮的王世襄一夜之間又「香」了起來，埋首他的花鳥蟲魚、古家具研究，著書立說。昔日階下囚，今朝座上客，他居然當上了全國政協委員……

王世襄先生身體壯實，為人隨和又謙恭，質樸得像尊陶俑，土氣大於書卷氣。他素喜中裝，冬日套件老棉襖，腰間還愛繫根帶子，猴頭帽一戴，只露兩隻眼睛。他是一位達觀之士，名利淡泊，養生卻有道。一年四季，天一亮推著除了鈴不響渾身都響的自行車，到朝陽門外日壇公園打幾路太極拳，隨後去菜場採購點時蔬，返家途中一手推車，一手端一大茶缸豆漿，與老伴共進早餐。

　　無欲品自高。王世襄的人品為眾人推崇。三聯出版他的「文集」，他自認為類似「食餘剝剩，無用當棄者」，「瑣屑蕪雜」，故名《錦灰堆》，當然這是他的自謙之詞，那是地道的一捧上乘的珍珠。為了幫出版社推銷，八十六歲的他，還到書市簽名售書！他與陳夢家先生是摯友和收藏界的同道，對陳夢家在文革中被迫害致死，悲痛得不可言狀。他在香港出版的《明式家具珍賞》扉頁上，赫然印著「謹以此冊紀念陳夢家先生」。在〈懷念夢家〉一文中動情地寫道，假如夢家活到今天，明式家具「這個題目輪不到我去寫，就是想寫也不敢寫」。著名女作家凌叔華晚年在北京終老。堅冰尚未全融，追悼會比較冷淡，靈堂上唯一一副輓聯是王世襄送的，上寫：「葉落楓丹歸故土，谷空蘭謝有餘馨。」凌叔華的後人十分感謝，後來將此句刻在凌叔華的墓碑上。

　　他還是位美食家。他的烹飪手藝是有名的，1982年曾擔任全國烹飪師技術表演鑒定會的裁判。好友汪曾祺、范用提議小聚一下，王世襄帶著鍋勺、佐料，推著車子與夫人一道穿街過巷去獻藝。

　　王世襄的樣子木訥，平時話不多，但文字幽默，書法也入品。在〈說葫蘆〉和〈秋蟲篇〉中寫道：「捉蟈蟈之勞累，不亞於『拉練』」，而十年浩劫是「生逢亂世，竟至國不成國，家不成家，無親可認，無友可談，無書可讀，無事可做，能使忘憂者，唯有此耳！」

　　　我有時也想變成蛐蛐，在缸子裏走一遭，爬上水槽呷一口清泉，來到竹抹子啜一口豆泥，跳上過籠長嘯幾聲，優哉遊哉！

七十年代，他在幹校當牛郎，還牽著牛犢照像「立此存照」，題詩曰：

> 日斜歸牧且從容，漫步長堤任好風。我學村童君莫笑，倒騎
> 牛背剝蓮蓬。

1993年他訪台過港，功德林主人柳和青、王丹鳳伉儷盛情款待。請
他品嚐一種玉蜀黍烹製的冷碟，清爽雋永，他即席撰聯幽他們夫婦一
默：「不上梧枝棲翠柳，巧烹黍穗作銀絲。」

他的居室，令來客感興趣的倒不是辦公桌上比雜貨攤還雜，而是
院內他自製的一個信箱，足可申報《金氏世界紀錄大全》。信箱質粗
狀大，斑駁不堪，是他用幾塊未經加工的木板釘製的，大如小書櫃。
一如他的為人質樸、實在，「有容乃大」。寫王世襄，不能不寫夫人
袁荃猷，她是江蘇松江人，中國藝術研究所研究員，燕京大學教育系
畢業。早年師汪孟舒先生學畫，從管平湖先生學琴。編撰了《中國古
代音樂史圖鑒》等多部學術專著。從她畫的〈世襄聽秋圖〉中，讀者
已「聽」出畫外之音，她是他的賢內助，王世襄著述中家具的複雜的
結構圖和其他多種著作中的插圖都由她一手繪製。《錦灰堆》第三輯
用毛筆抄錄的〈暢安吟哦〉，因王世襄病目，所以大半由她用小楷寫
成。她心靈手巧，特別有意思的是，她把王世襄的一生愛好、研究成
果以剪紙的形式表現出來，加以總結，名為《大樹圖》，新穎獨特。

　　1997年，王世襄遷出生他、育他
八十年的芳嘉園小院。此前，筆者聽説
他要喬遷，乘進京之便溜進他的小院，
拍了小院一隅和那只一如主人風格的
「王世襄信箱」。

王世襄在幹校

書香黃裳

時下，如有人策劃評選文人雅士的話，我想黃裳先生入圍是絕無問題的。且看他對書房命名，一脫「齋」、「館」、「廬」、「軒」、「閣」、「樓」之俗，名「榭」，「來燕榭」。榭者，憑台而築之屋也。據黃裳自云，舊時遊嘉興，見一景題此名，頗愛之，遂取以名住處。慧眼信手，不費功夫。來燕榭坐落在滬上一小巷深處，屋後有株枝繁葉茂的老榆樹，時有鳥雀來做客，靜中有鬧，歌台舞榭名副其實。室內書櫃櫛次，然室仄書多，不得已疊床架屋後，循櫃頂向上發展，呈摩天（花板）之勢。黃裳的藏書之豐、品味之高，久享譽同道，特別是他藏的明清孤本、善本，更令人眼羨。主人揖門迎客，便聞書香襲面，絕非戲說。

布衣黃裳，沒有專用書齋。來燕榭，是他起居、讀書、寫作的「多功能廳」。黃裳本人的「功能」亦多，他是散文家、老報人、翻譯家。他的散文《金陵五記》、《榆

下説書》和以隨筆形式寫的序跋《掌上雲煙》都是上品。且説四十年代那篇〈老虎橋邊看知堂〉（黃裳自稱為報紙寫的報導），讀書人莫有不愛讀的。至於藏書，則是他的副業，類似廣東人喜喝功夫茶，黑龍江人愛冬泳一樣。但不可否認，黃裳一生與書結下不解之緣：讀書、訪書、藏書、寫書。福兮禍兮，一言難盡。沐一番書香之後，與文字結緣，緣書會師友，與同道品茗論書，雅趣旁逸，構建了黃裳獨特的書香人和世界。

（一）

黃裳（1919-），原名容鼎昌，祖籍山東益都，生於河北井陘。出生於一知識份子家庭。父親曾留學德國，事採礦業。家中洋文書多。他幼時的啟蒙老師是大伯父，清朝最後一個舉人。用的課本是左圖右文的《字課圖説》。認識若干字後便開始讀《四書》。家裏藏有插圖本《紅樓夢》、《封神演義》和《聊齋志異》之類。父親管教很嚴，除「聊

黃裳（張昌華攝）

齋」以外，一律宣佈為「禁書」，不讓其染指。但禁令收效甚微，黃裳乘父親上班、出差的空當，便玩起躲貓貓的遊戲來。他對「封神」最有興趣，蓋那時他正在搜集「封神」人物的香煙畫片。畫片一百張為一套，他搜集到九十九張，就是找不到那張「女媧」，大概「補天」去了。畫片搜不齊，他復又把興趣用到閱讀上。

中學讀的是天津南開中學，初中時的國文教師是一位老先生。每到新學期開始，他與同學們喜歡捧一疊粉紅紙面的作文簿請先生題簽。先生不僅認真簽字，還鈐印章，很是風雅。高中時，教國文的先生用一口天津話聲腔誦讀《桃花扇》慷慨激越；英文李老師喜歡音樂，常給他們放唱片、教英文歌。他的宿舍裏書很多，櫃上貼著「此櫃書籍概不出借」的紙條，但黃裳不屬此列。當時，南開中學校門口有三家書店，五四以後文學名人的書應有皆有。黃裳知道「男兒須讀五車書」，就從父親寄來的生活費中克下一部分，用來買書，一次「豪舉」以三塊銀元買了一部《四印齋所刻詞》。周氏兄弟的作品是他最喜讀的。還附庸風雅刻了一方「流覽所及」的藏書印。南開是名校，校長是張伯苓，時何其芳等在此執教，梅蘭芳、張鑄九等社會名流亦應邀常來講學。恰逢同窗周杲良，其父周叔弢是有名版本收藏家，《屈原賦注》便是其家刻本……黃裳對文學、戲劇乃至收藏的興趣的種子，都是在南開的校園裏植下的。

不久，北平發生「一二九」運動，黃裳隨高中部的同學南下請願，火車站站長不讓上車，改為步行，後被學校派車追回。黃裳晚年在回憶李堯林先生當時在給同學們上都德《最後一課》時，仍十分動情，說「音容宛在」，終生難忘。

黃裳以文獲名於世，但他卻是學工出身。父親希望他能傳承「工業救國」的思想，令報考上海交通大學，按黃裳的數理成績，他是難以叩開交大之門的。意外的是，幼時熟讀「聊齋」，奠下了古文功底，國文試卷上一段「天書」，竟讓他讀通、點對了。當時執掌交大的唐文治先生特別注重語文，他因此歪打正著地沾了大光，得緣做了唐文治先生的弟子。一段時日，交大借用震旦大學校舍，黃裳在震旦圖書館大飽眼福，既博覽群書，又親睹《四部叢刊》一二三編的另種，在泛覽中對版本研究激發出莫大興趣。1942年，顛沛流離中在重慶九龍坡圖書館讀到方虛谷《桐江續集》中「每重九日例淒苦，垂七十年更亂離」，大慟。後流寓昆明、桂林，無書可讀，讀《國文月刊》聊慰饑渴；重溫唐詩宋詞佳句，有如遇故人之樂。

　　抗戰勝利後返滬，結識吳晗，讀了他許多別致的明史論文，像〈社會賢達錢牧齋〉之類，著眼現實談舊史，十分佩服。他的《金陵雜記》與《舊戲新談》就是模仿這種寫法。

　　萬卷古今消永日，一窗昏曉送流年。

　　黃裳讀書不為黃金屋、顏如玉，不為千鍾粟，只求一解，唯圖一樂。然樂難求，惱易生。為考證釋疑，五十年代末，他想借讀「明刻本抹雲樓舊藏」柳如是的《戊寅草》。1962年幸得友人贈一抄本，遺憾的是張宗祥的《湖上草》，與通行本無二，不能答難。七十年代末他專程赴杭州，欲向浙江圖書館借讀。儘管手持「故將軍」級省文聯領導的介紹信並出示工作證，其門難入。有關人士說要向領導機關申請獲准後方可。黃裳說明他專程由滬來杭一趟不易，可否通融。有關人士請示後云：須指定一位館員在旁監視才能閱讀。但過了半小時又

說該書「找不到」，說專管善本的同志下鄉了，須等他回杭。問要等多久，答曰：「半年」。黃裳自歎無福消受，只得把讀善本的雅興付諸西子一湖春水。

有味詩書其後甜。黃裳學的是工，志在文史。學生時代，便在《文匯報》發表文章，抗戰勝利後，正式成為《文匯報》記者。「索道於書世者，莫良於典」，當記者要解讀社會這部大書，要與三教九流人等打交道。為使自己能成為與國學大師、史哲學人、書畫名宿、佛道清流對話的「通人」，他更加注重「充電」。青燈黃卷，孜孜以求。

西哲培根說：「有技藝的人鄙視讀書，無知的人羨慕讀書；唯有聰明的人才以讀書為本。」黃裳當屬後者。

（二）

書是亡靈的紀念碑。黃裳畢生都在做古碑夢尋，上海灘頭、西子湖畔、虎丘塔下，乃至黔滇邊陲。

1949年冬，他到蘇州採訪，途經護龍街的「集寶齋」舊書店，舊藏堆成一人多高的「書山」，他隨手一抽，就抽出一本清刻（1653）女詞人徐燦的《拙政園詩餘》，而且是善本，「真是高興極了」。因此他說，蘇州對他最大的吸引力不是虎丘、拙政園，也不是「元大昌」的老酒，是書。七十年代，他舊地重遊，訪怡園附近一舊書店，主人說他們前些日子到鄉下發現一屋線裝書，因書店與文化部門體制不順，黴爛蟲蛀了也沒人管，一部孫星衍手校的明刻白皮紙四卷本《白虎通》，有兩卷竟被院內的住戶抽去當引火燒柴了。黃裳聽了如燒心一般心痛。

三、四十年代，黃裳便是上海福州路一帶舊書店的常客，書店
老闆送他一雅號「書店巡閱使」。抗戰前的歲月，他家居徐家匯「租
界」線側，那兒有間舊紙鋪。由於戰亂，大量舊報章堆積成山，黃
裳幾乎每日去一次，當成日課。他在此搜集大量舊雜誌：《東方雜
誌》、《國聞週報》、《太白》、《中流》，兩、三個月便集齊了
茅盾接手後編的《小說月報》。令他樂得忘乎所以的是，在故紙堆
中覓得郁達夫〈飲食男女在福州〉的手稿，鳳舞龍飛般的字寫在大
張綠色稿箋上，芬芳四溢，遺憾後來失落了。淘得另一寶物是《徐
俟齋先生年譜》，線裝，羅振玉輯。彌足珍貴的是封面有鄭孝胥墨
書題記：

> 《徐俟齋先生年譜》。己未四月十九日，羅叔蘊嫁女於王國
> 維之子，余過其居長樂裏，叔蘊贈此冊。

黃裳說此妙不可言在「好像是遺老在聚會，或者學者在聯歡」。鉤稽
史事之旨的價值，另當別論。久之，他與書店老闆建立了感情，老
闆遇好物藏之，專出讓給「收藏家」黃裳。濃郁的書香，把這位剃光
頭，常年穿沒領子短上衣，腰裏只拴一根帶子的舊書店老闆也薰得文
氣三分，他也請人篆刻了一枚「不讀書人」章，在他經手的每本書
上，都鈐上此印。
　　黃裳愛書如命。他自云：「性命可輕，至寶是寶。」寶者，書也。
　　黃裳的藏書活動受周叔弢先生影響甚大。周先生六十年代把家
藏悉數捐給北京圖書館。開箱時，黃裳有幸作第一位讀者，信手取出

二、三冊，「看序跋、辨紙墨、讀題記、流覽收藏印記，頓為那幾冊古香襲人的小書所迷醉」，其心儀程度聊見一斑了。

　　然而，黃裳的藏書從集殘本始。他自以為既少眼力又乏實力。所以他有一齋名「斷簡零篇室」。他入手的第一種舊書，是七冊《四印齋所刻詞》，在天津從勸業場書肆以三元大洋購得，後展閱方知不是全書，俟到五十年後才補齊。1949年在北京琉璃廠得一抄本《癡婆子傳》，孰料那也是書鋪徒弟用舊本影抄的假古董。當時說與錢鍾書聽，默存難「默」，撫掌大笑，後送他一聯斷句：「遍求善本癡婆子，難得佳人甜姐兒。」一時成為友人的談資。也有偶爾得之的善本。土改時紹興有人論斤賣出舊家藏書，中國古典劇曲的重要文獻《遠山堂明曲品劇品校錄》，就是所得之一。

　　收藏是要繳「學費」的，且不止一次。

　　五十年代在杭州松泉閣，他購得一本《晞顏集》（明初舊刻），回家後發現尾卷數行被割，補以舊楮，心中悵悵。兩月後他又過訪松泉閣，主人出示《晞顏集》下部，正是自己前買之本所缺漏的，不得不以重金購之，使其全璧。

　　啼笑皆非的事也碰上了。解放前夕，鄭振鐸赴港前將一批藏書交上海文海書店寄售，有兩千冊；還有他手寫的書目《紉秋山館行篋書目》，後面還有跋。有一四川人要買。藏書之艱，棄之一旦，黃裳很為鄭可惜，想做雷鋒籌款為其贖回。他好不容易東挪西借，把借來的「小黃魚」、銀元換成金圓券，於吃晚飯時分趕到書店，不意幣值日市暴跌，書店拒售了。一麻袋金圓券像豆腐掉進灰裏，再換回金條銀元還款已成妄想。一不做二不休，他就乾脆拿這些錢買下了十幾種

書。事後才知道，鄭賣的只是他捨去的次品。而黃裳為此次善舉欠下的債務，直到六十年代才償清。但他絕不後悔，始有「一時豪舉哄傳書林」的佳話。明崇禎刻本《吳騷合編》，被鹽商王某用重價買走。解放初，王故去，此書流入書市，黃裳看著心癢，忍痛賣掉家中兩三輪車藏書，換下了這一部。1956年，他翻譯屠格涅夫《獵人日記》等三部書稿，得了一筆相當可觀的稿費。錢一到手，全用來買書了。黃裳買書不自量力，時把自己陷入捉襟見肘的困境。徐森玉先生曾書呂岩詩贈之，末兩句是：「白酒釀成因好客，黃金散盡為收書。」倒真形象生動。

樂在其中。在交了走眼、失察、悔憾的「學費」之後，「才能多少讀懂版刻前後、書卷空缺……」這時讀題跋才能領悟書趣。在黃裳眼中，每一本書都有自己的故事，無論新知舊雨，在收藏者心中都有一個「緣」字。把這書緣記下就是書跋或書話。黃裳平生最酷愛幹的，就是這事兒。書一到手，便在書前或卷尾「寫一點不著邊際的話，以記得書時的心情而已」。他說這是向鄭振鐸先生學的。此舉諒鄭振鐸以後能得其遺緒的，或許就數黃裳了，有目共睹，黃裳的題跋是他散文作品中之精品。

苦在其中。世人鮮知黃裳因題跋在文革中吃了不小苦頭。有人告密，康生發話，說黃裳「在書前書後寫許多題跋都是企圖『以假亂真』，目的是投機倒把」。於是造反派勒令黃裳交代所買書的進價；七十年代初某日，來燕榭來了兩部大卡車、三十條漢子，卡車開來開去幾次，將黃裳的藏書抄得一乾二淨。黃裳不識趣，請他們留下一份目錄，答覆是一聲斷喝：「囂張！」還說：「書，只要有一、二本就

算了，買這麼多做什麼？難道打算囤貨居奇？」收書也罷，把黃裳的藏墨也擄去半麻袋，「墨嘛，有塊用用得了，弄這一大堆做什麼？」黃裳聽不懂。

大凡藏書家都有藏書印。「佳書而有名家收藏印記，正如絕代名姝，口脂面藥，顧盼增妍。」黃裳有藏書印幾十方，造反派將逐一其鈐在一方大白紙上示眾。旁批「不是藏書家，是偽古董製造者」，以印證康生的批示：「以書為貿易。」

黃裳被抄去的書存在單位裏，有五、六個人編目，還煩顧廷龍先生勞神，鑒定版本。僅屬國家二類古籍的就有八百二十八種，二千一百六十冊（後來落實政策，落到實處的也只十之二三吧）。吃了苦頭，黃裳每每得書，不記書值，只記愉快心情，王顧左右不言他了。古人於農曆臘月向尾某日，往往舉行祭書儀式將心愛之書供於案頭，鮮花酒醴以為犧牲，焚香參拜，口念虔語，乞求免五厄：水火兵蟲之類。而黃裳大概沒有祭過。

藏書，談何容易。有藏家云：「得此書，費辛苦，後之人，其鑒我。」黃裳認為這一跋語為秋晚寒蟬之鳴。「腹有詩書氣自華」。黃裳博覽古今，咀高文典冊，哺於毫素；將山川、歷史、人物彙攢筆下。「愛好舊史，癖於掌故」，敘事之從容，文筆之老道，「麗句與深采並流，偶意共逸韻俱發」的獨家風骨，世人莫不共識。

「要真正瞭解一位作家，最好的辦法是去讀他的作品」，黃裳如是說。六大卷四百萬言的《黃裳文集》像一部厚厚的《二十四史》，從何讀起？讀他的書話吧，讀題跋吧，由此生發開，你一定能讀出書香墨韻來。

（三）

來燕榭的書香，黃裳的人也和。

黃裳人和的樹上，結了豐碩的果實的標誌是，一是他在《文匯報》編副刊時組了一大批名人的稿子，馬敘倫、吳晗、梅蘭芳等等。二是他收集了數量可觀的時賢手跡，魯、郭、茅、巴、老、曹；胡適、林語堂、梁實秋乃至周作人。亦算「以文常會友，唯德自成鄰」，大大地增飾了來燕榭的翰墨香。

黃裳有此雅好，緣於一件小事。1946年他在編報時，常見一些宣紙詩箋上娟秀雅致的小字，由排字房轉回編輯部往往委於紙簍，煙飛灰滅甚為可惜，何不將此收集藏之。茅盾是他崇敬的作家，字又漂亮，他很眼羨。但那時並不熟識，某日，他在榮寶齋買了一匣詩箋，找個朋友陪同壯膽，冒昧登門求墨。熱情、敦厚的茅盾，不拂美意，抱病為他寫了〈旅遊寫懷〉。首戰告捷，激發了黃裳的興趣。他素仰魯迅先生，但生不逢時無緣求之，遂致函在臺灣執教的魯迅好友許壽裳先生，懇請他寫了兩首魯迅的七律。時與吳晗是編者與作者關係，類屬同道，友情日深。1948年《文匯報》一度被封，閒來無事，他便在榮寶齋買了一盒詩箋存北京吳晗處，京華人文薈萃，吳晗交際又廣，府上常有名士過訪，由他託請大家留墨。吳晗為人熱情好客，樂此不疲。黃裳的交際圈畢竟有限，為擴大收集範圍，他又請許廣平、葉聖陶、俞平伯等襄助。於是社會賢達、專家學者、文人雅士乃至戲曲名伶的手跡都成了他搜羅的對象。

眾多的手跡，有的是黃裳自求，有的是託請；有的是專事而為，有的是隨意而得。一次，他到滬上來薰閣書莊去玩，見店員在裱錢玄

同致魏建功的手札冊頁，就託店夥求魏
建功的字。適巧魏建功剛從臺灣來滬，
就住在書店的樓上，一求便得。有些名
人不是書家，不大願揮毫怕被人見笑。
黃裳請張奚若和鄧叔存先生握管，張先
生高低不肯，又不忍心掃興，就在箋紙
上寫了一封信充之；鄧先生錄了一首岑
嘉州詩，屬款「鈍蟄」。巴金向不用毛
筆寫字的，在他的盛年還為黃裳寫過一
幅。在求字生涯中，黃裳只碰過鄭西諦
一顆釘子。他倆關係甚篤，而鄭先生自
謙自己的毛筆字不能登大雅之堂，黃裳
的藏品中也只能以他的鋼筆手跡聊以充
數了。

　　黃裳的這些寶貝，文革中悉數被劫
也罷，張東蓀、知堂、梁漱溟等的字，
還被做為他「結交匪類」的一大罪狀，
招致禍端。這些手跡，後來珠還了部
分，有的就莫名其妙「蒸發」了。

　　改革開放後，黃裳突然又來興致，
重新幹起「小時候幹過的營生」，復請
師友寫字。他說他素不求畫，向名人求
畫實質就是伸手要錢，他不幹。當然，

黃裳的收藏

有朋友惠賜那是例外。他首先請郭紹虞先生寫，當他聽説郭老年邁寫字時手抖，是用一根線從屋樑上縋下吊起臂膀而書的，很過意不去，忙登門致謝。

教黃裳終生不安和感動的，大概要數與張充和先生的字緣了。

1947年黃裳託靳以向沈從文求字，沈慨贈。兩年後，沈又惠一長幅，右下角題記説「霽清軒中三人同書」。他們是沈從文、張充和與楊金甫。書家張充和，是沈從文太太的妹妹，金甫是楊振聲。在這三個人的字中，黃裳最欣賞張充和。旋轉請靳以向張討字。世事滄桑，一晃三十年，此事早已淡忘。

張充和贈黃裳字

可是1982年卞之琳訪美見到張充和言及故人。張充和翻出靳以的舊信，馬上踐約，為黃裳書〈歸去來辭〉並附言：「奉上拙書一幅，想來你已忘記此事，因靳以49年的信尚在，非了此心願不可……」黃裳睹物思人，百感交集，特寫〈宿諾〉紀念這段溫馨往事。更令他銘感的是，1984年張充和返大陸省親，在滬上與黃裳晤敘，齒及名人墨寶時，黃裳說他本有一幅胡適題款簽名的字，文革中怕惹事將它毀了。言者無意，聽者有心。張充和返美後將己藏胡適的〈清江引〉寄贈，以慰黃裳。

　　最富有戲劇性的，大概是周作人的散文集《藥味集》和夾在書中的周作人題的那首小詩了。1946年黃裳是《文匯報》駐南京記者，當時周作人被羈押在南京老虎橋監獄。某日，黃裳帶著周的《藥味集》去「訪問」周作人。採訪後他請周作人在《藥味集》上簽名，周順便還題了一首小詩。不知何年此書流失，黃裳四處託友人「大索」這本《藥味集》，未果。八十年代某日，他到巴金先生家茶敘，巴金從樓上拿出三本書送他。說是二十年前託人從舊書店買的，現在沒用了。黃裳一看，有一本是《藥味集》。奇跡發生了！打開《藥味集》，扉頁上有周作人親筆題字：「民國丙戌秋分節後一日南京，周作人。」那張「題詩」還好好地夾在書中！失而復得如此神奇，算是上蒼對讀書人愛書的一種回饋。

　　那本中國古典戲曲重要文獻之一《遠山堂明曲品劇品校錄》，黃裳校箋出版後便捐給北京圖書館。他在收集作家手跡中最為珍貴的是兩幅魯迅手跡：一是〈立此存照（四）〉手稿，一為貼在《凱綏‧珂勒惠支版畫選集》封面上的書籤。六十年代，兩件一併捐給魯迅紀念

館。他珍藏著1931年9月新月書店初版紀伯倫的《先知》，冰心譯，且是冰心手校本，扉頁還有冰心一段鋼筆題字：

> 這本書送給文藻，感謝他一夏天的功夫，為我校讀，給我許
> 多的糾正。──這些糾正中的錯誤，都成了我們中間最甜柔
> 的戲笑──我所最要紀念的，還是在拭汗揮扇之中，我們隔
> 著圓桌的有趣的工作。十一，十七夜，一九三一　　冰心。

該書是抗戰初期黃裳在上海書攤上覓得的。文革中被抄走，發還時黃裳託巴金將它送給原主。冰心覆信説：

> 真有意外的歡喜和感激！幾經離亂，贈書人和受書人的腦海中
> 早已沒有那片帆影。為了晚年的慰藉，我們向您深深地致謝！

對先賢同道友人如此，對素人布衣，黃裳也不薄，他為懷念解放前一個舊書攤的小老闆，寫了一篇情文並茂的書話〈老闆〉；他在多篇文字中，為日漸凋蔽、後繼乏人的舊書業疾聲鼓與呼，甚而提出：應該像太史公寫《遊俠列傳》那樣，為舊時代舊書商寫合傳。

黃裳，創造了一位文人與書的童話。

塵香如故

——胡風與梅志

通覽當代中國文壇冤案種種，案發最早、蒙冤最深、涉眾最廣、歷時最長、吃苦最多、平反最晚者，大概要數「胡風反革命集團」案了。胡風（1902-1985）是該案的一號人物，其夫人梅志亦掠美連坐。她與胡風共度五十一個春秋，卻有二十五年是在監禁、流放、伴囚中度過。其鶼鰈之情，感天泣地。

梅志（1914-2004），常州人。1932年加入「左聯」。她是學師範出身的，早年從事兒童文學創作，梅志是她的筆名。梅志畢業後找不到工作，在上海給人家當家庭教師謀生。由於接濟「左聯」被捕的同志，暴露了身分，被主人辭退了。1933年夏的一天，梅志去「左聯」盟員韓起家中聯繫工作，邂逅了剛從日本回國的谷非（胡風）。胡風也不姓胡，他是從母親姓的。他本名叫張光人，湖北蘄泰縣人。這以前他在日本留學，為宣傳抗日，創辦了油印刊物《新興文化》而被日本人逮捕，驅逐回國。胡風回到上海，在周

揚主持下的「左聯」負責宣傳工作，梅志又屬胡風領導。胡風與梅志志同道合，又朝夕相處，便日久生情。梅志欣然接受了胡風的愛。他們都屬虎，胡風整整大梅志一輪。婚後翌年大兒子曉谷出生。其時，胡風的公開身分是《時事類編》的日文譯員。自「八一三」戰事爆發，他們不斷流浪，上海、武漢、重慶、桂林、廣州乃至香港。處處無家，處處為家。1939年1月，他們顛沛到重慶，窩居在小旅館中，在敵機的轟炸聲中生下了女兒曉風。接生的醫生連手都來不及洗，就匆匆地跑了。這期間，胡風在上海創辦的《七月周刊》只出了三期，戰火迫使他撤到武漢續辦。後來到重慶，胡風每天到「中華文藝界抗敵協會」上班，忙於會務還兼編刊物，忙不過來，梅志不僅包攬了家務，還騰出手來，幫胡風登記文件、抄寫稿件。不久，老舍推薦胡風到重慶復旦大學任教。當時學校揚言：教授不入國民黨就解聘；入了，月薪可提高至一百多元，而且是專職終身制。這時胡風的父母一

胡風與梅志

大家二十餘口，都逃難在宜都，經濟上要靠胡風接濟。在此困境中，有好心的朋友奉勸胡風「為了吃飯，就入了吧」。胡風是有風骨的，他沒有為五斗米而折腰。他被炒了魷魚。

　　苦盡甜來。新中國建立了。開國大典時，胡風有幸立在觀禮臺上，親耳聆聽毛主席的莊嚴宣告：「中國人民站起來了！」他為新中國歡欣鼓舞，滿懷激情地創作了〈小草對太陽這樣說〉，藉以表達他對祖國、對黨對人民的赤子之心，和對未來的希望。1953年，不愉快的事情終於發生了。文藝界整頓思想，重新學習毛澤東的〈在延安文藝座談會上的講話〉，胡風寫了篇〈學習，為了實踐〉的心得想發表，交給領導，而上面認為這篇心得有問題，不予刊發。同時《人民日報》轉載了舒蕪的〈從頭學習毛主席「在延安文藝座談會上的講話」〉，並加了按語，聲色俱厲地指出，文藝界存在「以胡風為首的一個文藝上的小集團」。山雨欲來風滿樓。一時間批評胡風、路翎的文章鋪天蓋地，而胡風、路翎的申辯文章無處發表。只有一種聲音，胡風心中很不快活。本來，胡風與周揚以及解放區來的評論家們，在文藝理論上問題的論爭是學術性的，屬認識問題，可以透過討論明辨是非，而扣上這麼個大帽子，胡風消極了，想寓居上海掛個職，寫寫文章就算了。可是，胡風還是奉命進京到《人民文學》當編委。次年，路翎《窪地上的戰役》又挨批，所有與胡風接近的作家的作品無處發表，文網森嚴。胡風覺得因他而連累了一大批無辜的青年作家，深深自責。在思想無法轉彎的情況下，他想寫《三十萬言書》。當時，梅志不同意，勸他說雞蛋不能跟石頭碰，「掉下來不只是砸腳」。胡風不聽，反安慰梅志說：

這是向黨交的一份報告，現在又不是帝王時代，應該相信黨，即使錯了也不過挨頓批評，思想搞通了，就深刻檢討嘛，不必害怕的。

這個報告，胡風整整寫了半年，梅志為他抄了一個多月。胡風把報告交給周揚。周揚立即呈毛澤東，並附了他自己的信。這當兒，文藝界正批判「紅樓夢問題」。在一個會議上，周揚動員胡風發言。胡風先不肯，後來被慫恿不過，上臺毫無顧忌地説了一通，造成大會的混亂。始料不及的是，「戰線轉移」了，槍打出頭鳥。胡風一下子成了被批判的主角；而且逐步升級，越升越高。1955年5月17日，梅志與胡風同時被捕。梅志的罪名是胡風的「同謀」，抄寫了《三十萬言書》。她被監禁了五年又十個月，直至1961年其母去世，停在太平間無人收屍，她才被釋放。公安部門給的結論是一紙「不予起訴書」。一顆酸果子，還令梅志繳了一千四百元伙食費。

　　梅志託老母去世的福出了獄，出獄後尚不知胡風是死是活。託親友四處打聽，始知胡風被關在秦城監獄。1965年3月，梅志第一次探監，整整十年。在獄警的監督下，胡風、梅志隔桌相對談了半個小時。胡風的衣衫破爛，面容蒼老，神情冷漠得有點麻木。梅志欲哭無淚。梅志告訴胡風，女兒沒考上大學，到農場當工人了。胡風説：「好，這樣好。讓曉山也去當工人。」梅志勸他好好改造，爭取早日回家。胡風反問：「噢，你説我怎樣好好改造？就關在這裏？」梅志建議他好好檢查一下文藝思想，胡風臉一沉：「關於這方面的問題，

你最好別問！」梅志怕胡風一火，會説出什麼話來又闖禍，趕快改變話題了。胡風説他在獄中沒有紙筆，但他默寫了一些詩，有寫給梅志和子女的。並背誦寫給梅志的〈長情贊〉給她聽，梅志一聽就流淚了。第一首剛背完，就被獄警打斷：「別背了，快説吧！」胡風自覺得是受了侮辱，受了委屈又不能發火，向梅志擺擺手，立身要走。梅志忙把帶來的食品給他，又拿了張〈簡易太極拳圖〉，要他練拳保養身體。胡風的興趣不在此，向獄警要了紙筆，開了一長串書單子。梅志第二次去探監時，給他帶了一大捆他指定要的日文版「馬、恩全集」，並捎去一封女兒寫的信。曉風在信中勸他好好改造，向溥儀學習，爭取「特赦」。胡風看到這一句，惱火了，大發脾氣：

> 什麼話，要我向溥儀學習！要我向這個專靠殘酷剝削人民過著腐朽沒落生活的封建皇帝學習？我能向他一樣全部否定自己？

梅志不忍心向他解釋、申辯。第三次是在公安部一女幹事的建議下，由梅志陪同做胡風的思想工作「勸降」的。在去監獄的汽車上，那位幹事對梅志説：「我們已經等很長時間了，他應該覺悟了。不認罪是不行的。」又説：「如果他認罪，可以寬大，不認就只有公之於法了。」見到胡風後，梅志就勸他：「黨的政策你是知道的……」「唔？」沒想到胡風聽了把眼睛瞪圓了，狠狠地逼視梅志。梅志幾乎是跪下來懇求他：「你也該為我們一家想想，就認罪吧！」梅志還沒敢説曉風兩次考大學未取，都是政審過不了關，怕刺激他。胡風卻

朝梅志冷冷一笑：「你以為我沒認罪嗎？只要我能承認的，我都承忍了。」梅志勸他要提高到原則高度來檢查。胡風不接話，忽然溫和起來，安慰梅志：「你不要怕，沒你的事，是我連累了你。你是一個聽話的妻子，我對你是有罪的……」一番話，把梅志說哭了。胡風又勸梅志別難過，說他精神上、肉體上都受得了。胡風說可能要公審。監獄方面要他找辯護人，他拒絕了。勸降不成，敗興而回。

1965年11月26日，北京市高級人民法院判決胡風有期徒刑十四年，褫奪公權六年。判決書下達後，監獄當局要他寫「感想」。胡風寫了很多，最後概括為「心安理不得」。文末還引了林則徐的一句詩：「苟利國家生以死，豈因禍福避趨之」以表心跡。這一年年底，胡風被「寬大」監外執行，回到家中。出獄後，有關方面安排他在北京參觀。在參觀人民大會堂、人民英雄紀念碑後，他又寫了許多感言，一片赤誠，向革命烈士懺悔。在過了與家離別十年後的第一個春節後，胡風又奉命到四川。為了照顧胡風的生活，梅志決定伴囚，與他同去四川。

夫妻本是同林鳥。梅志與胡風結婚後，家中的大小事都由梅志包攬。1961年，梅志因老母去世，得以出獄。當時家中三個孩子都在上學，最小的才八歲。靠過去的積蓄生活。梅志不得不像街道婦女一樣，向居委會領一些鑲花邊的活來做，一個月能掙十五元錢貼補家用，由於心神不定，手常被針刺破、流血。平時省吃儉用，探監時總要買些好吃的、補品帶給胡風。後來在四川的監獄中，為了省點錢，梅志自己買了副推剪，給胡風理髮。四川大山中，夏天的蚊子特別多，蚊帳又破，蚊子老鑽到帳子裏攪得胡風無法安睡。梅志就坐在

帳子裏，亮電筒捉蚊子。剛到四川，水土不服，梅志常鬧拉肚子、嘔心，手一下水就爛。而她那時被分配在苗溪勞改茶場醫院，專幹洗血繃帶之類的下活，雙手成了爛桃，仍堅持做針線活。有段時間內，胡風夫婦被圈住在山上一個七平米的小棚子裏，棚子前有塊荒地，他們夫婦就自己開荒種地。梅志拿鑯頭刨地，讓胡風在後面撿撿石子什麼的。場部每月供應他們二十斤糧票、一張肉票。梅志養了幾隻雞，凡是葷菜，梅志都盡胡風吃。胡風那時身體很差，患嚴重的貧血和痔瘡。大便解不出來就吃瀉藥，一天要跑七、八趟廁所，經常拉在褲子裏。身體虛到走路都打晃晃。其實他有受不了的時候。在大監時梅志一天到晚提心吊膽，還不忘時時開導他，怕他再尋短見。關押期間，胡風被提審幾百次。他先拒不認罪，一會兒又認了。瞎編亂説一氣，又推翻。過些時候又深度「自責」，自認是「囚犯」、「罪人」、「該死」。梅志勸他説：「我們兩人在一起，我不把你當犯人，你別怕。」梅志怎麼勸也不行。胡風一天到晚生活在極度恐懼中。一會兒嘩嘩地寫幾張紙條，急急地埋在土裏，一會兒又刨出來，説：「來了，來了！」有時突然大叫：「關門！」，而門明明是關好的。梅志煮荷包蛋給他吃，加了點蜂蜜，胡風不肯吃，説別人知道要開鬥爭會的，要加刑的。一個夏天的夜裏，胡風推醒夢中的梅志，神秘地説：「你不要怕，空中有人在和我説話，他説他是中央派來的專案組。」梅志説他這是幻覺，什麼都沒有。胡風火了，猛推梅志一把説：「你干擾了我們的談話，去你的！」梅志見胡風的身心被摧殘到這種地步，哭了。胡風也哭了。胡風直説：「我不行了」。梅志也心如死灰，真想一了百了。第二天一早，胡風一早起來，又急呼呼地整理手

提包。梅志莫名其妙，問他做什麼去。胡風説中央派直升飛機來接他了。梅志問他怎麼曉得的，胡風又説是空中傳話告訴他的……隔些時候，胡風不吃飯了，卻到廚房拿了一隻碗，用它接自己的尿。説空中傳話告訴他，他的尿能治百病。胡風自己當場喝了一半，留下一半強迫梅志喝。梅志不肯，他大罵梅志不知好歹，把剩尿倒在熱水瓶裏，説帶到北京去送朋友。梅志沒辦法，只好找獄警，幹事訓了胡風一頓，他才乖乖地把尿倒了。唐山大地震，他在報上看到了，病情加重。半夜裏舉著菜刀喝問梅志：「你把我的詩放到哪裡去了，裏面有老農采的藥方，趕快送到北京去救毛主席。」梅志忙把椅子上的詩稿給胡風，怕出意外，想按警鈴向獄警報告。胡風一見，怕了，跪下來向梅志求情。胡風的精神病時好時壞，好的時候與常人一樣。一年冬天，梅志病倒了，咳喘不止，吃藥也不見效。胡風一早便起床生爐子，把屋子烘暖了才准梅志起床。梅志很感動，説了些謝謝他的話。萬金難買一笑的胡風也笑了：「讓我也為你做點事嘛。」涸轍之鮒，相濡以沫。梅志那時覺得是世界上最幸福的人。大牆裏的生活沒有底，梅志想想感到很煩悶，就在紙上寫山字。山山山山。一個字比一個字大，再倒過來山山山山，一個字比一個字小。忽然詩興大發寫了首：

山山山山／山山山山／重重疊疊的山／大山小山壓在你的肩上／你躲著／雙腿還在顫動／別屈膝／別倒下……

胡風看了，評説梅志這類詩寫得不好，説她只能寫兒童詩，樣子又全像正常人。周恩來去世，胡風寫了篇〈向總理伏罪〉，稿紙上還有淚

痕，交給獄方領導。1977年底，胡風寫了四百四十四頁稿紙、長達二十萬字的勞改心得《收穫》，他說：「這是寫給黨的，我就得坦白地交代」。監獄政委嫌長，沒時間看，胡風又花十天時間縮寫成兩萬字。

1979年1月，胡風、梅志走出高牆，獲得了自由。是年初冬，因小便閉塞、尿血，連續做了兩次手術，摘除了前列腺時，終因失血過多，導致腦神經混亂病復發，醫生斷為心因性精神病。

1980年3月，胡風、梅志回到北京。醫療、生活都改善了。曉山添了個兒子，讓胡風起名字。胡風說，叫張本吧，意思是做人要本本分分。

1980年9月，黨中央為「胡風反革命集團」案平反。因此案而受牽連的人都得到改正。接著胡風被任命為文化部藝術研究所顧問、政協全國常委；梅志被安排在中國作協當駐會作家。1985年6月8日，胡風逝世，沒有遺言。最後在悼詞中，他終於得到他生前不敢想而本應屬於他的公正評價。1986年1月5日開的追悼會，全國政協副主席楊靜仁主持，文化部部長朱穆之致悼詞，參加者有七、八百人。胡風的骨灰盒上刻有屈原《離騷》中一句詩：「亦余心之所善兮，雖九死其猶未悔。」

胡風死了，梅志成了孤葉一片，不免黯然。「懷君懷信仰，永惜不枯心。」這是胡風在獄中默寫贈梅志〈長情贊〉一詩中的兩句。梅志回報的是畢生的心血。在胡風去世的十年裏，七十高齡的梅志抱病撰寫《胡風傳》、《往事如煙——胡風沉冤錄》凡一百餘萬字。梅志絕不止是懷念，而是幫胡風說清楚了「一輩子也說不清楚」的問題，還胡風以清白。

有人比喻「家庭是一棵樹」，那麼夫婦倆當是這株樹上比鄰萌發的兩片葉子，相互映襯、輝照。李輝先生曾寫《文壇悲歌》，喻胡風是「風雨中的雕像」，那麼梅志則應是這雕像基座上的一坨泥。

梅志，以梅為志，「暗香浮動」是梅的品格。豈止如此，「願意作泥碾作塵，只有香如故。」

梅志（張昌華攝）

梅志在北京寓所
（張昌華攝）

一對老幽默

——周有光與張允和

周有光（1906-），張允和（1909-2002）伉儷合出了本散文集《多情人不老》。其書名取自張允和贈俞平伯夫人的詩句「人得多情人不老，到老情更好」。書名很值得玩味，既可讀成「多情人，不老」，也可念做「多情，人不老」。反正一「情」定性，情為本。

作者夫婦都是文化名人，奈何，他們所從事的專業過冷，知名度僅高在圈內。現「普及」一下：周有光，著名學者，中文拼音創始人之一。早年學經濟的，跑過紐約、倫敦大碼頭，後因他對語言文字造詣深，「副業」比主業還令人刮目相看，遂奉命改行，專事語言文字的研究工作。有大著《漢字改革概論》等二十餘部。曾擔任全國政協教育組副組長，為滿園桃李而躬耕。他有個大腦袋，前額廣袤、光亮，一片不毛之地。牙齒是「原裝」的，但吃西瓜非但要吐渣滓，還須剔牙。耳朵不靈，助聽器隨身攜帶，張嘴必須戴起來。其太太張允和為名門

之後，准軍名將張樹聲的孫女、民國教育家張冀牗（吉友）的閨女，是著名崑曲研究家，繼俞平伯之後擔任崑曲研習社社長。她自「三反」、「五反」吃了莫須有的虧，由出版社返回灶台任「家庭婦女」（自稱），一做就是近半個世紀。擅舊詩詞，工崑曲，長於演「小丑」——五十多歲時，她在崑曲《西廂記》中扮小書僮，活潑可愛，一位中央首長看完演出後說：「這個小夥子不錯嘛，有沒有女朋友呀？」她是沈從文的紅娘。當年沈從文追其三妹兆和時，她充任「地下交通」，到郵局發了份有名的「半個字的電報」，錄入文壇趣事「鄉下人喝杯甜酒吧」的故事中。她臉部符合黃金分割（范用語），鼻子挺拔，不輸給洋人，髮型別致，黑絲絨纏銀絲髮，梳成辮子挽在頭頂。愛著中裝，上街買油打醋，回頭率讓小姑娘們都生醋意。還是一個「無齒之徒」，一口假牙，但不說假話。不時掩口一笑，樣極嫵媚，在周有光看來，仍是動人無比的。

周有光與張允和結婚照

這是一對老幽默。

「老」到幾許？已不是「七老八十」或「八老九十」，翻過年都是九十百兒的，往三位數挺進的超級老壽星了。

上述介紹，謂予不信，有靚照為證。

這兩位老將，早已解甲，榮歸故里。但人生征戰未休。他們目前獨居京華一名為「後拐棒」的胡同內，深居簡出。平日，兩人在家，常相向而坐。先生打電腦、寫文章，「腦」耕不輟，太太披閱書刊、剪報，手忙不停。劃疆而治，相安無事。多時夫唱罷婦隨：他手一離鍵盤，要活絡筋骨了，她即扮書僮，奉上香茗一盅。有朋自遠方來，他們共品茗、聽音樂、唱崑曲、侃大山、圍桌話詩。有時老太太會撒嬌，老頭兒喊：「生薑」，她偏叫：「不辣」！

他們兩人年齡相加一百八十三歲（1998年）。在時下中國文藝界長壽伉儷中恐怕算得上一對了。他們長壽的秘訣也是一絕：不迷信飲食（吃得好）延年，不崇尚運動健康，只信奉家庭睦愛

悄悄話（張昌華攝）

生福，性格幽默增壽。在有限的人生客棧中，他倆已攜手六十七個寒暑，什麼人間冷暖、世事滄桑皆領略閱盡。這部《多情人不老》是他們「多情」的真實寫照，記錄他們椿庭恩澤、慈闈春暉、昆仲義深、師恩三疊和兒女情長的故事。

　　幽默是一種智慧，是生活的佐料。

　　周有光喜歡逗夫人取樂，常抖出一個甲子前的陳芝麻、爛穀子，調侃老太太。譬如，當年初戀時，在大上海花四元銀洋，請張家二小姐聽名流雲集的西洋音樂會，二小姐竟然酣然入夢，窘得他手足無措。張允和少不了反戈一擊：說是對他「不懷好意」的一種考驗。周有光博學，素向談鋒甚健，且語出必幽。某年，全國政協請委員們看戲，他帶了隻象牙望遠鏡，不時地拉近與舞臺上的大紅大綠、男男女女的距離，逗得鄰座眼饞，三番五次借觀。中場休息時，大家都把目光投向他的鄰座，看把戲似的。事後他問朋友，那鄰座是誰。朋友說是溥儀。周有光聽了，不露聲色地說了一句：「早知道他是皇上，我就進貢給他了。」他們家訪客奇多。每每有客造訪，他與夫人都喜歡爭著跟客人說話。「我讓你，我讓你」，張允和有時體諒他耳背，不與他爭。筆者拜訪時親歷其境。是日，我請教周先生高壽幾何。他答：「我今年十二歲零×個月外加×天。」這回答既幽默又科學，也令人費解，張允和趕忙作註：他自己認為，人活到八十歲，已算「盡數」，後面的應從零開始計算。周有光眼明耳不聰。俗言：「聾者好打岔」。他曾「岔」出一個讓人笑掉下巴的故事。一次，他新認的「編外」孫女曾蕾小姐到周府向二老請安，大家以說笑話取樂。這天，張允和爭寵，不讓老伴阻擋，她要先說。她說了一個曹禺當年親

自向他倆說的故事：曹禺夫人鄭秀有潔癖，曹禺有書癖。某年夏日，鄭秀照例倒好洗澡水，叫曹禺洗澡。曹禺讀書正在興頭上，「嗯嗯」應諾，動嘴不動手。鄭秀再次發號。有點懼內的曹禺挾著書到洗澡間。隔壁的鄭秀見半天沒動靜，又厲聲施令。曹禺急中生智，一手捧書，一手把澡盆裏的水劃得潑拉拉響……得演員之工的張允和邊說邊用手掌作劃水狀，唯肖唯妙，引得曾小姐咯咯咯笑個不停。在一側的周有光見老伴逗樂了小孫女，有點不服氣。他戴上助聽器，把小板凳挪到曾小姐旁邊，說：「聽我說一個比她更好玩的吧。」曾薔正襟危坐，洗耳恭聽。周有光剛說了兩句，曾薔和張允和便哈哈大笑不止──原來他說的正是張允和剛才說的那個！

周有光的幽默，還反映在他的文字中。八十年代，他寫了篇〈新陋室銘〉自娛，為博讀者一笑，鄙人抄錄於後：

山不在高，只要有蔥鬱的樹林，
水不在深，只要有洄游的魚群。
這是陋室，只有我唯物主義的快樂自尋。
房間陰暗，更顯窗子明亮，
書桌不平，要怪我伏案太勤。
門檻破爛，偏多不速之客，
地板跳舞，歡迎老友來臨。
臥室就是廚房，飲食方便，
書櫥兼作菜櫥，菜有書香。
喜聽鄰居的收音機送來音樂，

愛看素不相識的朋友寄來文
章。

使盡吃奶力氣，擠上電車，借
此鍛煉筋骨。

為打公用電話，出門半裏，順
便散步觀光。

仰望雲天，宇宙是我的屋頂，
邀遊郊外，田野是我的花房。
……

　　周有光自稱他患「多語症」。殊
不知語多有失，特別是在那人人都裝聾
作啞的日子。文革中，單位有人戲出上
聯：「伊凡彼得史達林」，周有光信口
搶答：「秦皇漢武毛澤東」。毛澤東的
默是不好「幽」的。由此被判為「現行
反革命」，加之他的「前科」是「洋翰
林」、「洋奴」、「反動學術權威」，
數罪並罰，被罰到遙遠的寧夏平羅勞動
改造。他的摯友聶紺弩先生曾寫了首打
油詩贈之。詩曰：

周有光一百歲（張昌華攝）

　　黃河之水天上傾，一口高懸四座驚。

　　誰主誰賓茶兩碗，蓋頭蓋腦話三千。

　　時下，周有光已九十四歲高齡，仍弘揚他的「洋奴」精神，讓兒孫放飛，與老伴獨居一處。實施他的周氏「三自」政策：自實其力，自得其樂，自鳴得意。享受人生。

　　夫唱婦隨。張允和也是個出語詼諧，極其風趣的女性。記得葉聖陶先生講過：「張家（張冀牖）的四個女兒，誰娶到都會幸福一輩子。」既飽受詩書舊學的薰陶，又深得新學精髓。她們個個秀外慧中。元和、允和、兆和及充和分別嫁給了顧傳玠（耶魯大學教授、崑曲專家）、周有光（語言學家）、沈從文（作家）和Hahs Frauk（漢名傅漢思，耶魯大學教授，漢學家）。四條漢子無一是等閒之輩。一日她與朋友聊天，談及此事。有朋友戲說二小姐「犯規」，率先出閣，張允和衝著周有光說：「可不是，不要臉，那麼早結婚。」周有光聽了哈哈大笑說：「張允和最聰明，可是她幹過最蠢的事情，就是嫁給了周有光。」張允和的「花季」是引人注目的，1931年第一期《中學生》的封面就是她的玉照。她的出生很有傳奇色彩，她慨歎這個世界「本來沒有我」——她落地時臍帶在脖子上繞了三圈，是個「死」嬰。在產房坐鎮的老祖母令接生婆耍盡十八般武藝也弄不活。有人提議用水煙噴噴試試，試了一百袋煙，也不見起色，絕望了，接生婆把圍裙裏的嬰兒抖落到腳盆裏，來了個三百六十度的大翻身，「死」嬰竟奇跡般地活了過來。張允和姐妹兄弟十個。她老二，天生是顆十畝地只長一顆的「能豆豆」。她是下面八個弟妹的領頭羊。十一歲時，父母叫

她做四妹充和的小老師，教妹妹認字。她公然把妹妹的名字改為「王覺悟」，還用紅線線牢牢將「王覺悟」三個字繡在妹妹的書包上。四妹不服，跟她吵、鬧，問姐姐為什麼要把她名字改為「王覺悟」。張允和只説，一覺睡醒了，就覺悟了。妹妹充和不讓，氣得張允和抄起把剪子把書包上的「王覺悟」三個字唭唭唭地剪掉拉倒。六十年後，充和帶她的洋夫婿傅漢思回國探親，張允和當著妹夫的面調侃充和：「王覺悟呀王覺悟，你到現在覺悟了沒有？」稍大一點，1932年在蘇州上中學的時候，一日張兆和的老師沈從文尋上門來找兆和，兆和不在家，張允和接待了他，記下他下榻的旅社地址。兆和回家後，允和囑她去回訪先生。張兆和不肯在旅館裏跟沈從文見面，張允和便給她出點子，「你可以説我們家有好多小弟弟，很好玩，請到我家去。」張兆和照姐姐的既定方針辦，沈從文果然來了，跟弟弟們玩。張允和只照了一個面，她「不願做臭蘿葡乾」，找個託詞溜了。次年春，沈從文給張兆和寫信，婉請允和代他向張老太爺求婚。允和樂為妹妹「作嫁」，並引發了文壇趣事「半個字的電報」──張允和趕到郵局向時在青島的沈從文發電報報喜。電報內容一個字「允」。一箭雙雕，既言明父母已同意了這件婚事，又表示發報人身分。當事人張兆和擔心沈從文看不明白，補發了封「鄉下人喝杯甜酒吧，兆」的電報作「安君告示」。悠悠四十五年之後，張允和與沈從文談及此事，要沈從文謝恩。沈從文幽稱她是「三姑六婆中的媒婆」。

誠如周有光所説：「張允和最聰明」。五十年代初，她本在上海一所中學教歷史，發現歷史教科書中破綻百出，遂寫了篇兩萬字的長文，闡明己見。她的意見被採納，後來緣此改行到人民教育出版社當

歷史學科的編輯。張允和處事求實允當，待人篤誠平和，這也顯示了她的精明。文革期間，北大的紅衛兵殺上門來，喝令她揭發北大教授張芝聯（她在上海教書時的校長）的歷史問題。她清楚小將們要導演她唱什麼戲，她忽然想到戲劇舞臺上的小丑。面對小將她鎮定自若，在哄嚇詐騙的百般侮辱中，她只從實招了三個字：「不知道。」，面對著人性異化了的孩子們，面對著趁機洗劫她家中「好玩的」紅衛兵、紅小兵們，她不惱不怒，她寬容他們，也寬慰自己：「如果我的兒子或孫子跟我『鬥猴』，我生氣不生氣呢？當然沒必要！」

七十年前，蘇州城內九如巷張家十姐弟辦了份家庭小刊物《水》。每月一期，出了二十五期。1996年張允和將死「水」復活。由她倡導張氏家族人員，《水》復刊了。這引起了大出版家范用的興趣，他說：「這是二十世紀的一大奇跡」。為了辦好這個家庭刊物，時年八十有六的張家二小姐親自學電腦、打字，還雇用九十二歲的夫君周有光打工，排版、複印、分寄。其樂無窮。「老妖精」張允和童心不泯，是個地道的「老頑童（女）」。她用電腦給五弟寫信，稱謂欄赫然寫道：「最最親愛的小五狗、小賴狗！」給趙樸初寫信信筆就寫「樸初老表」。她長期生活在北京，但鄉音難改，自稱她的普通話別具一格，「半精（京）半肥（合肥）」。當著友人的面，戲侃她耳背的老郎君：「我不能對他吹枕邊風，隔壁鄰居聽到了，他還聽不到！」

張允和晚年生活的另一大樂趣，收了位「編外」的孫女。該孫女第一次拜見未來的奶奶時遞上名片，張允和一看笑了：「你是真（曾）薔，不是假（賈）薔」。一句話，讓曾小姐笑了半晌。曾薔看見老人書房中排著一幅二老在花叢中讀書的照片，說這挺像寶黛共讀「西

廂」，兩人十分投緣。後有人問她們是怎麼認識的，她一本正經地說：「是曹雪芹」。自正式收了這個孫女後，張允和莊重宣佈：「哪個男孩子追你，得先到我這兒拜碼頭，先做我的孫子，才能娶我的小孫女。」不過，老奶奶收孫女也是付出代價的；且很「沉重」。孫女發現奶奶床頭壓著一篇七十九歲時寫十九歲時與爺爺第一次約會的回憶〈溫柔的防浪石堤〉。孫女憑著職業的敏感認定這是一篇絕妙的好文章，吵著要拿出去發表。爺爺不讓。奶奶說：「那多不好意思。」在逼迫之下，最後各自妥協，發在家庭刊物《水》上。一「石」激起千層浪，此文一發，使《水》價百倍，索者不絕。孫女步步為營，最終把它收入由她選編的爺爺奶奶散文合集《多情人不老》一書中。

〈溫柔的防浪石堤〉那份含蓄、那縷柔情，那種俏皮足令時下言情小說家臉紅──吳淞江邊的石堤上，他取出一方手帕，讓他們相依而坐。他從懷中取出一本藍皮的英文小說《羅密歐與茱麗

周有光教張允和學
電腦（張昌華攝）

葉》。他把一枚漂亮的書籤蓄意夾在其中。她翻開書籤夾的那頁，是兩位戀人相見的一幕，「我願在一吻中洗盡罪惡」一句赫然在目。她臉紅，心想這是個不懷好意的傢伙。他握住她的手，她的手心出汗，他又掏出一條手帕塞進她的掌心──張允和寫道：「她雖然沒有允許為他洗淨了罪惡，可是當她的一隻手被他抓住的時候，她就把心交給了他。」這一握就是六十七年！他正攙著她的手跨入二十一世紀呢。

「多情人不老，到老情更好。」一對老幽默，兩位老壽星！

蝶戀花

——吳作人與蕭淑芳

蝶戀花，曲牌名，原名鵲踏枝、鳳棲梧。大概字面本就極富愛情的詩意，歷史上蘇軾、歐陽修、柳永乃至毛澤東都以此曲牌，為後人留下「衣帶漸寬終不悔，為伊消得人憔悴」、「我失驕楊君失柳」等千古絕唱；也許正因字面過於直白，為歷代畫家所不取。人棄我取，著名畫家蕭淑芳（1912-2005）於望九之年作了幅〈蝶戀花〉。畫面簡潔，花叢中，幾莖百合花昂首玉立，或盡情綻放或含羞孕苞，素雅淡致，暗香浮動：一隻蝴蝶凌空而降，向微顫的花蕊翔來。畫作意境平實，唯兩行題句令讀畫人無不稱奇。

〈蝶戀花〉，是一首頗具神話色彩、哀婉的愛情詩。

1997年5月28日，風和日麗的江南。「吳作人藝術館」在蘇州舉行隆重的開館典禮。這是1996年底由蘇州方面擬定的日子，孰料它正是吳作人（1908-1997）的「七七」忌日。有人説是「巧合」，也有人説是「天意」。

開館同時舉行吳作人作品捐贈儀式，由吳夫人蕭淑芳女士將吳作人生前親自遴選的油畫、國畫、速寫、書法作品九十幅及蕭淑芳本人的花卉作品十幅，以及吳作人兄姐、祖父畫作十幅一併無償捐獻。儀式在「吳作人藝術館」鄰近的雙塔公園大殿舉行。正當蘇州市政府領導致詞感謝吳作人先生對鄉梓的厚愛時，蕭淑芳手持鮮花端坐在側，此刻，凌空翔來一隻白蝴蝶徑臥蕭淑芳持的花束上，頃間又飛出，騰入鄰坐的花叢中；俄頃，復又折回蕭淑芳手上的花束，縈繞花蕊，久久徘徊……出席開幕式的吳作人的親人們不約而同在心裏驚呼：「作人回來了！」、「爸爸回來了！」、「公爺爺回來了！」鑒此，蕭淑芳灑淚濡墨揮毫作〈蝶戀花〉。題詞為：

吳作人與蕭淑芳

1997年5月28日蘇州吳作人藝術館舉行開館典禮時忽由空中飛來白蝴蝶一隻，往復兩次飛入我手持花束中久久停留，作人

其來乎？同年七月阿梅畫並記。

「阿梅」是蕭淑芳專致吳作人的暱稱。梅，「玉雪為骨冰為魂」，吳作人一生喜梅，蕭淑芳早年的作品即署名為「梅」。

　　吳作人先生，祖籍安徽涇縣，生於蘇州。詩曰：「周王壽考，遐不作人。」父親命其名為壽，號作人。祖父吳長吉是蘇州享有盛名的畫家。吳作人生活在有十二個兄弟姐妹的大家庭，排行第十，三歲喪父，在饑餓貧困中長大。他本是學建築的，與秦邦憲（博古）同窗，學校裏設美術課，他漸漸地愛上了美術。當年吳作人在秦邦憲組織下，以筆為旗，出諷刺畫欄，反對帝國主義的侵略，揭露軍閥對工人、學生運動的鎮壓，少年吳作人即把一腔熱血獻諸於革命。1927年起，吳作人先後就讀上海藝術大學、南國藝術學院，並加入南國社，師徐悲鴻學畫，從田漢學戲劇，備受器重。不久，徐悲鴻到南京中央大學執教，吳作人遂以旁聽生的身分轉到「中大」。同為旁聽生的還有蕭淑芳。蕭淑芳廣東中山人，生於書香門第。父親行醫，叔父蕭友梅是哲學博士，任職於國民政府。優裕的家境、書香的薰陶，培育了蕭淑芳溫順、典雅兼有孤芳自封的個性。在人地生疏的「中大」，她比較羞怯，不善交際，加之那時社會風氣保守，活動的圈子很小。他們雖是同在徐悲鴻門下的師兄妹，但極少過從。一次，蕭淑芳持她的新畫作向徐悲鴻請益，適巧吳作人也在場。他好奇地湊上去欣賞一番，見她畫的是靜物〈一筐雞蛋〉。吳作人靈感陡至，想結識一下這位師妹，幽默地說：「你畫的一筐雞蛋都是買來的嗎？」不知怎的，蕭淑芳沒有答話，只向他掃了一眼而已。吳作人討了個沒趣，心中有

點不悅。時已初嶄頭角的吳作人，心想，他在南國藝術學院從來沒哪個女生敢如此冷落自己。此後，在同窗半年的日子裏，他也不再與蕭淑芳有交往。

陰差陽錯，兩顆畫壇的新星就這樣失之交臂，在自己的軌道上運行天際。他們各自讀書、學畫、留學。吳作人先後留學法、德、奧、英、意國，主攻油畫。1935年應徐悲鴻之邀回「中大」執教，到大漠寫生並創作。蕭淑芳留法，專攻水彩，學成後歸國。

蝶戀花，花眷土，祖國是他們的根。

人生是一個圓，命運之神又使他們戲劇性地重逢。那是抗戰勝利後的1946年，上海美術家協會剛成立，為張正宇、吳作人、丁聰等舉辦聯展。八年的戰亂，生靈塗炭。吳作人多麼想在會上見到離散多年的故舊一訴衷腸。他在人群中驚喜地發現了文弱、典雅的老同學蕭淑芳，好不高興。闊別十多年了，歲月的變更，使他們的人生各自發生了深刻的變化，世事的滄桑，已使他們成熟了。蕭淑芳誠邀師兄到舍間做客，欣賞她的遣愁之作。吳作人欣然前往。席間，彼此為當年的年少氣盛和幼稚而覺好笑，同時更為各自人生的不幸而哀歎。蕭淑芳那時正處在個人生活不幸的苦悶彷徨中，身體又不好，正在養療。吳作人仍處在元配夫人李娜及其子意外殤逝的悲哀中。兩人的生活有著共同的不幸，心上都有創痕。吳作人尤為蕭淑芳獨立的人格精神與魅力所感染，頓生傾慕。同情、友情，猶如一泓清泉，滋潤著兩人乾涸的心田。雙手盈盈一握，盡在不言中。吳作人為蕭淑芳畫像，又以〈勝利之見滬上〉遺贈：「三月煙花亂，江南春色深。相逢情更怯，未語淚沾襟。」這濃得化不開的情思，熨帖了蕭淑芳的心靈之創。這

一切，他們的恩師徐悲鴻歷歷在目，並樂為月老。

1946年，吳作人應徐悲鴻之邀擔任北平美專教務長，蕭淑芳亦在此執教。

1948年6月5日，在北京「黑蝶休」西餐館這對有情人終成眷屬。徐悲鴻親自作「證婚人」，並繪〈雙駿圖〉作賀禮。畫上，兩匹駿馬揚頸奮蹄，他祝願兩位高足並駕齊驅，攀登藝術峰巔。並題七言絕句：「百年好合休嫌晚，茂實英聲相接攀。譬如行程千萬里，得看世界最高山。」當時，吳作人年四十，蕭淑芳三十七矣。

家，人生的港灣。居安業樂。吳作人別具神韻的〈金魚〉就問世於斯時。

1949年南京解放，路人奔相走告，他們夫婦也在街頭爭搶「號外」，吳作人以蕭淑芳為模特兒作油畫〈南京解放號外〉，震動畫壇。解放後，他們伉儷一直以躬耕杏壇為樂，門牆林立，為新中國培養了一大批畫壇精英。自1955年吳作人出任中央美院副院長後，一直做美術界的領導工作，直至畫壇盟主地位。

共同的旨趣，使他們有著永遠討論不完的共同話題。吳作人學識廣博，是位學者型的畫家。通古今、善詩詞，語言幽默。他擅畫動物：鷹、鴿、雁、象、金魚、駱駝和熊貓等中華神品，他的畫風簡潔，意境高遠，既不同古人，也不和時人，完全是出於自己的獨創。蕭淑芳博學達識，嫻雅可親，善畫植物。她不喜趨時，「花中王」的牡丹、茶花，她從不屑；愛畫類似不為人注目的、謙卑淡雅的馬櫻花之類：丁香、繡球、扶桑、紫鳶、杜鵑和鬱金香等，她的畫風雅潔端莊，意幽神美。一個畫油畫，一個畫水彩；一個畫動物，一個畫植

物。倘將他兩人的畫並列，則妙韻橫生，相得益彰。有人說齊白石、黃賓虹是中國近代美術史上空的雙子星座；徐悲鴻、林風眠是現代美術史上空的雙子星座；吳作人、李可染是當代美術史上空的雙子星座，而我要說，吳作人、蕭淑芳是中國當代美術史上唯一一對齊名的伉儷星座。蕭淑芳在國內外辦過無數次畫展，出過多部畫集，齊白石評價她的作品「墨潤筆秀殊可觀也」。但是她

吳作人畫作

的名聲終不能與吳作人相提，終附驥於吳作人。那是因為她把太多的時間與精力都用在做吳作人的後勤上。早年承攬家務、教育子女，晚年為吳作人延醫求藥，充當秘書、保健醫生、保姆、外交部長等多種角色。吳作人被稱為「畫、書、詩、論四重奏」的絕響者，先後榮獲法國藝術文學最高勳章、比利時王冠榮譽勳章，誰能説這勳章沒有蕭淑芳的一半！蕭淑芳就是站在吳作人後面的無名英雄。

　　杖國之年的蕭淑芳，還陪吳作人到雲、貴寫生，伴他出國講學、訪問、辦畫展，當他的參謀、助手和拐棍一過馬路她都攙著他，「要跌倒一齊跌倒」，他稍一頭痛腦熱，她就急壞了、忙壞了。偶爾吳作人單獨外出，兜裏總裝著蕭淑芳叮囑他的「八項注意」。吳作人有相當多的重要畫作都是在八十年代完成的。自結縭以後，蕭淑芳是他畫作的第一個讀者、鑒賞者、評論者和「檢驗員」。「廢品不能出門！」當年吳作人畫〈齊白石像〉時，是蕭淑芳把白石老人接到家中，坐在豹皮舊沙發上。白石老人年事已高，時間稍長就昏昏入眠，這時，由蕭淑芳當「替身」，穿上齊白石的衣服，擺出老人的坐姿，讓吳作人寫生。吳作人對蕭淑芳總是全心呵護。1969年4月，吳作人被關押時，第一次回家，那時，銀行存款被凍結，他每月的生活費只有十二元，卻用二十二元錢買了隻電熨斗送給蕭淑芳。1996年，蕭淑芳做心臟手術，住院三周，已思緒不清、語言困難的吳作人，坐臥不安，讓女兒轉告蕭淑芳：「祝她早日康復！」一次夜間醒來，他擔心著蕭淑芳的病情，急得用手直敲床板。小阿姨問他，他説：「問奶奶好，讓她放心，家裏沒有事，我也很好，讓她放心。」鶼鰈情深。1996年蘇州政府來人邀請吳作人出席「吳作人藝術館」開幕式，重病

中的吳作人無力而為，他指著蕭淑芳請她作代表，詼諧地說：「她辦事，我放心。」一句話概括了一切。

吳作人是「以得天下英才而教育之」的美術教育家。五十年代中葉，為提高學生的畫藝，「不讓十個指頭生銹」，蕭淑芳襄助他創辦名為「十張紙畫齋」的晚畫會。所謂十張紙畫齋，即每晚每人畫十張速寫也。每當夕陽西下，華燈初上，蕭淑芳把美院有名望的教師請到家中，輔導學生畫速寫，練基本功。蕭淑芳竟把丁玲、艾青、張仃等大名人抓來當模特兒，可謂用心良苦。她既要當老師，又要當女主人，還要充當僕人的角色，續茶倒水，打掃衛生，迎來送往，樂此不疲。這首餘音繞梁的小插曲，令他們夫婦的一些老學生至今難以忘懷。想不到這嘔心瀝血的為人作嫁之舉，文革時還被誣作「裴多菲俱樂部」，竟與「三家村」並列問罪（時吳作人常為鄧拓發表詩、小文章配畫）。吳作人蕭淑芳同被黑幫圈入打倒之列。

文革狼煙烽起，吳作人被作為「頭號黑幫」，首當其衝。家被抄、被佔、被封。先關押牛棚，身已患重病，仍被發配到河北磁州強行「勞動改造」。凄風苦雨，蕭淑芳在為吳作人健康擔憂中度日如年。吳作人安慰蕭淑芳：

> 我仔細地回顧了我的一生，絕沒有做過對不起國家對不起黨的事情，我心中有數，沒有什麼可怕的。

她與女兒蕭慧去探看他，問他被關時有沒有挨打，吳作人以幽默寬慰親人：「毛主席講革命不是請客吃飯嘛。」吳作人、蕭淑芳謙誠待

人，淡泊明志有目共睹；清操自守的品格更令人欽佩。在歷次政治風雲中，吳作人都難逃劫難。但他濯清泉以自潔，絕不隨波逐流，據實表態，堅持一個正直文人的氣節。五、六十年代，畫壇申斥印象派的現象甚囂塵上，他實話實說，堅持提出「中國油畫的面貌，就是印象派畫的面貌」。1973年海外記者趙浩生採訪他，他不顧四人幫橫行，對齊白石的藝術創作承前啟後的功績予以肯定，因此而獲咎，並不屈服。八十年代，「西風」勁吹，一些人迷向，他斷然提出：「既要反對泥古不化，又要反對泥洋不化。」成了一粒砸不扁、打不爛、響噹噹的「銅豌豆」！安能以皓皓之白，而蒙世俗之塵埃乎！

「藝術有我，人生無我」是吳作人一生恪守的座右銘。

在生活上，吳作人淡泊得出奇。平時衣著儉樸、隨便，八十年代他還穿打補丁的衣服。他特別愛穿土藍布罩衣，他說既保暖，又可當工作服，上面有四個口袋，便於裝些紙筆雜物。一次他穿這件衣服到附近小店去買膠水，售貨員把他誤認為老木工，勸他這把年紀，應該享福了。但是，1987年他與蕭淑芳在法國辦畫展，聽說東北大興安嶺發生大火災，巴黎旅法僑胞舉辦的「救援中國北方火災義賣畫展」上，吳作人破例當場作畫，與蕭淑芳共同捐出自己心愛的作品，獲得十一萬法郎，傾囊而出，為這項活動總款額的三分之二。1988年，他的心臟剛做過手術，他帶著心臟起搏器作大幅〈奔騰齊進〉，捐給亞運會……

作為一個人生經歷坎坷的藝術家，晚年的吳作人感慨地說：「我是過來人，深知在藝術道路上有許多艱難困苦。我願以自己的勞動籌集資金，為後來者提供一些機會、創造一些條件。」此議得到蕭淑芳

及家屬的大力支持。為籌集資金，他們夫婦拿出收藏多年的個人幾十幅作品舉行義賣。於1989年正式成立基金會，蕭淑芳親任董事長。吳作人健在時，基金會已為海峽兩岸青年畫家頒發過「青年美術創作獎」和「美術教育獎」；出版了《吳作人文選》、《美術交流》和《美術版權保護》等，受到華人社會各界的譽讚。1996年至1997年間，吳作人基金會在全國七個省市舉辦十九所藝術院校學生速寫和教師作品邀請展。為保護原作，八十五歲高齡的蕭淑芳與大家一道用卡紙和小膠條排版面，累得腰酸背疼。巡展最後一站在上海美術館開幕的當天夜裏，吳作人溘然長眠。吳作人過世後，基金會的重擔落在蕭淑芳的肩上。她年屆望九，身體又多病，但她仍親自領導、督促基金會的工作。為壯大基金會的經濟實力，蕭淑芳親自出面徵集畫作，吳作人當年的朋友關山月、老學生艾中信、侯一民、沈左堯及臺灣的著名畫家蕭勤等積極支持，現已徵到作品一百多幅。蕭淑芳説，她現在的最大的心願和全副精力都用在基金會上，為弘揚民族文化，為獎掖後人多做點貢獻。她認為，這是對吳先生最好的紀念。

有人把婚姻喻為貝殼的兩瓣，男女各一半，不能有縫隙，天衣無縫者才是完滿的。吳作人蕭淑芳伉儷即是。

1997年4月9日，吳作人牽著他心愛的駱駝，進行他的天國之旅。蕭淑芳悲慟欲絕，親手繪製以朵朵紅梅和「壽」字（作人先生病中手書）相映輝的被面，覆在吳作人的身上，為他送行。

她題的輓聯是：

人生無我，鞠躬盡瘁育桃李；

藝術有我，師法造化奪天工。

這是對吳作人先生的一生所作的最科學、最經典的概括。

吳作人、蕭淑芳的藝術，植根於二十世紀中國文化的厚土之上。

蝶戀花，花眷根。

《曾經風雅》圖片來源

還有一個劉文典

劉文典	劉平章提供
劉文典在上課	同上
劉文典在西南聯大	同上
劉文典在夜讀	同上

陳寅恪：唯大英雄能本色

陳寅恪在廣州	張杰，《追憶陳寅恪》，社會科學出版社，1999 年版。
陳寅恪墓園	同上

梁漱溟的生前與身後

梁漱溟	梁培寬提供
梁漱溟在「孔研會」上講話	同上
梁漱溟手跡	同上
梁漱溟在延安訪問毛澤東	同上

顧頡剛：恩怨是非知多少

顧頡剛（1937）	顧頡剛，《顧頡剛自述》，河南人民出版社，2005 年版。
顧頡剛	同上

吳宓：是真名士自風流

吳宓	李繼凱編，《追憶吳宓》，社會科學出版社，2001 年版。
吳宓與前妻在東南大學	同上
毛彥文	《往事》，百花文藝出版社，2007 年版。
吳宓寫在日曆上的日記	李繼凱編，《解析吳宓》，社會科學出版社，2001 年版。

施蟄存恩怨錄

施蟄存	沈建中攝
施蟄存手跡	沈建中提供
魯迅	熊治祁編，《中國近現代文人圖鑒》湖南人民出版社 2002 年版。
郭沫若	同上
沈從文	同上
馮雪峰	同上
丁　玲	同上

邵洵美是隻「壺」

邵洵美	邵綃紅提供
邵洵美與盛佩玉	同上
項美麗	同上
邵洵美漫畫像	同上

王映霞的最後歲月

晚年的王映霞	王映霞生前提供
王映霞與陳立夫夫婦	同上
「呵，有點印象」	李泓冰攝

俯仰柯靈

柯靈	張昌華攝
柯靈與趙朴初	《懷念柯靈》，上海文藝出版社編輯，2001 年版。

施蟄存恩怨錄布衣學者張中行

張中行北大畢業照	張中行生前提供
張中行（2004）	張昌華攝
張中行與啟功	張中行生前提供

走近錢鍾書

錢鍾書畢業證書	湯晏，《一代才子錢鍾書》，上海人民出版社，2005 年版。
錢鍾書	紀紅攝
錢鍾書和楊絳	同上
錢鍾書夫婦和女兒	楊絳，《我們的錢瑗》，三聯書店，2005 年版。
錢鍾書夫婦與女兒錢瑗	同上

難忘蕭乾

蕭乾	張昌華攝
蕭乾與文潔若在北京醫院（1999）	同上
舒乙為蕭乾作漫畫像祝壽	文潔若提供
蕭乾為陳源日記注文	張昌華提供

季羨林及其師友

季羨林	張昌華攝
胡適	孫郁，《胡適影集》，山東畫報 出版社，2000年版。
湯用彤	圖書資料
胡喬木	同上

愛說「閒話」的吳祖光

吳祖光	張昌華攝
《吳祖光閒文選》書影	吳祖光生前提供
新鳳霞	張昌華攝
吳祖光贈作者書法	張昌華提供
吳祖光、新鳳霞書畫展宣傳頁	張昌華提供

陳從周：中國園林第一人

陳從周	陳勝吾提供
陳從周閒章	同上

博物君子王世襄

王世襄	張昌華攝
王世襄玩鷹	王世襄提供
王世襄手跡	同上
王世襄在幹校	同上

書香黃裳

黃裳	張昌華攝
黃裳的收藏	黃裳提供
張充和贈黃裳字	同上

塵香如故——胡風與梅志

胡風與梅志	梅志生前提供
梅志	張昌華攝
梅志在北京寓所	同上

一對老幽默——周有光與張允和

周有光與張允和結婚照	周有光提供
悄悄話	張昌華攝
周有光一百歲	同上
周有光教張允和學電腦	同上

蝶戀花——吳作人與蕭淑芳

吳作人與蕭淑芳	蕭淑芳生前提供
吳作人畫作	張昌華提供

世紀映像叢書

1. 百年記憶－中國近現代文人心靈的探尋
   蔡登山‧著

2. 青山有史－台灣史人物新論
   謝金蓉‧著

3. 雪泥鴻爪－近代史工作者的回憶
   陶英惠‧著

4. 大師的零玉－陳寅恪，胡適和林語堂的一些瑰寶遺珍
   劉廣定‧著

5. 玫瑰，在她如此盛開的時候－探索女性文學的綺麗世界
   朱嘉雯‧著

6. 錢鍾書與書的世界
   林耀椿‧著

7. 徐志摩與劍橋大學
   劉洪濤‧著

8. 魯迅愛過的人
   蔡登山‧著

世紀映像叢書

世紀映像叢書

世紀映像叢書

世紀映像叢書

國家圖書館出版品預行編目

曾經風雅：文化名人的背影 / 張昌華著.
-- 一版. -- 臺北市 : 秀威資訊科技, 2008.09
面； 公分. -- (史地傳記 ; PC0050)

ISBN 978-986-221-027-7(平裝)

1.作家　　2.傳記　　3.中國當代文學

782.248　　　　　　　　　　　97009978

史地傳記　PC0050

曾經風雅——文化名人的背影

作　　者 / 張昌華
主　　編 / 蔡登山
發 行 人 / 宋政坤
執行編輯 / 詹靚秋
圖文排版 / 陳湘陵
封面設計 / 蔣緒慧
數位轉譯 / 徐真玉、沈裕閔
圖書銷售 / 林怡君
法律顧問 / 毛國樑　律師
出版印製 / 秀威資訊科技股份有限公司
　　　　　台北市內湖區瑞光路583巷25號1樓
　　　　　電話：02-2657-9211　傳真：02-2657-9106
　　　　　E-mail：service@showwe.com.tw
經 銷 商 / 紅螞蟻圖書有限公司
　　　　　台北市內湖區舊宗路二段121巷28、32號4樓
　　　　　電話：02-2795-3656　傳真：02-2795-4100
　　　　　http://www.e-redant.com

2008 年 09 月　BOD 一版
定價：　420 元

讀 者 回 函 卡

感謝您購買本書，為提升服務品質，煩請填寫以下問卷，收到您的寶貴意見後，我們會仔細收藏記錄並回贈紀念品，謝謝！

1.您購買的書名：＿＿＿＿＿＿＿＿＿＿＿＿＿＿＿＿

2.您從何得知本書的消息？

　　□網路書店　□部落格　□資料庫搜尋　□書訊　□電子報　□書店

　　□平面媒體　□ 朋友推薦　□網站推薦 □其他＿＿＿＿＿

3.您對本書的評價：(請填代號　1.非常滿意 2.滿意 3.尚可 4.再改進)

　　封面設計＿＿　版面編排＿＿　內容＿＿　文/譯筆＿＿　價格＿＿

4.讀完書後您覺得：

　　□很有收穫　□有收穫　□收穫不多　□沒收穫

5.您會推薦本書給朋友嗎？

　　□會　□不會，為什麼？＿＿＿＿＿＿＿＿＿＿＿＿＿＿

6.其他寶貴的意見：＿＿＿＿＿＿＿＿＿＿＿＿＿＿＿＿

　＿＿＿＿＿＿＿＿＿＿＿＿＿＿＿＿＿＿＿＿＿＿＿

　＿＿＿＿＿＿＿＿＿＿＿＿＿＿＿＿＿＿＿＿＿＿＿

　＿＿＿＿＿＿＿＿＿＿＿＿＿＿＿＿＿＿＿＿＿＿＿

讀者基本資料

姓名：＿＿＿＿＿＿＿＿＿　年齡：＿＿＿　性別：□女 □男

聯絡電話：＿＿＿＿＿＿＿　E-mail：＿＿＿＿＿＿＿＿

地址：＿＿＿＿＿＿＿＿＿＿＿＿＿＿＿＿＿＿＿＿

學歷：□高中(含)以下　　□高中　　□專科學校　□大學

　　　□研究所(含)以上 □其他＿＿＿＿＿＿

職業：□製造業 □金融業 □資訊業 □軍警 □傳播業 □自由業

　　　□服務業 □公務員 □教職　□學生 □其他＿＿＿＿＿

To：114

台北市內湖區瑞光路 583 巷 25 號 1 樓

秀威資訊科技股份有限公司　　　收

寄件人姓名：

寄件人地址：□□□

（請沿線對摺寄回,謝謝!）

秀威與 BOD

BOD（Books On Demand）是數位出版的大趨勢，秀威資訊率先運用 POD 數位印刷設備來生產書籍，並提供作者全程數位出版服務，致使書籍產銷零庫存，知識傳承不絕版，目前已開闢以下書系：

一、BOD 學術著作—專業論述的閱讀延伸
二、BOD 個人著作—分享生命的心路歷程
三、BOD 旅遊著作—個人深度旅遊文學創作
四、BOD 大陸學者—大陸專業學者學術出版
五、POD 獨家經銷—數位產製的代發行書籍

BOD 秀威網路書店：www.showwe.com.tw
政府出版品網路書店：www.govbooks.com.tw

永不絕版的故事・自己寫・永不休止的音符・自己唱